JN441159

달러
투자

무작정 따라하기

달러 투자 무작정 따라하기

The Cakewalk Series – Dollar Investment

초판 1쇄 발행 2023년 9월 20일
초판 8쇄 발행 2025년 4월 18일
개정판 1쇄 발행 2026년 2월 20일

지은이 박성현
발행인 이종원
발행처 (주)도서출판 길벗
출판사 등록일 1990년 12월 24일
주소 서울시 마포구 월드컵로 10길 56(서교동)
대표 전화 02)332-0931 | **팩스** 02)323-0586
홈페이지 www.gilbut.co.kr | **이메일** gilbut@gilbut.co.kr

기획 및 책임 편집 이재인(jlee@gilbut.co.kr) | **디자인** 박상희
마케팅 정경원, 김진영, 최명주, 박민주, 류효정 | **유통혁신** 한준희
제작 이준호, 손일순, 이진혁 | **영업관리** 김명자, 심선숙, 정경화 | **독자지원** 윤정아

교정교열 정은아 | **전산편집** 김정미 | **표지 일러스트** 정민영
CTP 출력 및 인쇄 정민 | **제본** 정민

ISBN 979-11-407-1757-6 03320
(길벗도서번호 070572)

정가 25,000원

길벗

잃지 않는 안전한 투자 시스템

다이어트와 건강을 위해 1만 보 걷기를 했던 적이 있습니다. 멋진 한강변을 따라 가볍게 산책만 하는데도 운동이 된다니 하지 않을 이유가 없었죠.
하지만 문제가 있었습니다. 비나 눈이 오거나 너무 춥거나 너무 더울 때는 '산책'이 아니라 '고행'이 되었습니다. 그리고 평균 1시간 30분이라는 적지 않은 시간을 투자한 결과는 고작 '칼로리 소모량 350kcal'라는, 그러니까 '신라면 1개만큼'이라는 그리 만족스럽지 않은 결과를 가져다 주었습니다. 한마디로 로우 리스크, 로우 리턴(Low Risk, Low Return)의 운동이라는 이야기입니다.
만약 1분에 10kcal를 소모할 수 있는 달리기를 했다면 약 3분의 1의 시간만 투자했어도 가능한 일이었거니와, 같은 시간을 투자했다면 3배의 운동 효과를 얻을 수 있었을 것입니다.
하지만 달리기는 편안함과는 조금 거리가 있습니다. 그리고 여전히 비나 눈이 올 때 또는 춥거나 더울 때의 문제가 해결되지는 않습니다. 투자로 치면 하이 리스크, 하이 리턴(High Risk, High Return)의 운동이지만 힘들고 어려워서 엄두가 나지 않는 것입니다.

하지만 우리가 사는 세상은 걷기 아니면 달리기 두 가지 중 하나만 해야 한다고 누가 칼 들고 협박하지는 않습니다. 그리고 날씨의 문제가 있다면 이를 해결할 방법들도 무궁무진합니다. 이를테면 겨울에는 따뜻하고 여름에는 에어

컨이 있어 비가 오나 눈이 오나 바람이 부나 늘 한결같이 쾌적한 시스템을 유지하는 피트니스 센터에 가는 것처럼 말입니다.

그런 생각으로 시작했던 헬스를 저는 3년이 넘은 지금까지도 별문제 없이 잘 하고 있습니다. 물론 중간에 포기하지 않도록 원칙을 세워두어야 했습니다. 헬스를 매일 꼭 해야 하는, 절대 미루면 안 되는 가장 중요한 일로 처리하기로 한 것입니다. 그래서 지난 3년간 여러 가지 일 때문에 바쁜 날에도 운동이 우선순위에서 제외된 적은 거의 없었습니다.

그리고 운동하는 시간을 점심시간 직전으로 배치했습니다. 운동하러 가는 길에 '오늘 점심은 뭐 먹을까?' 하며 와이프와 함께 메뉴를 정하는 일이 매일 반복되다 보니, 마치 파블로프의 개처럼 운동을 떠올리면 침이 고이기까지 했습니다.

'운동하러 가는 길'을 '맛있는 점심을 먹으러 가는 길'로 바꿔 귀찮고 힘든 일이 아니라 기분 좋고 행복한 일로 느껴지도록 한 것입니다.

그렇다면 그 결과는 어땠을까요?

운동을 하기는 하지만 열심히 하는 것은 아니었던지라 체중이 크게 줄거나 힘이 세지지는 않았습니다. 하지만 1년도 되지 않아 그만두었던 1만 보 걷기와 비교했을 때 헬스는 3년이 지난 지금도 계속하고 있고 또 앞으로도 중단할 생각이 조금도 없는 것을 보면 지속 가능한 시스템을 구축하는 데는 성공한 것 같습니다.

처음엔 러닝머신 위에서 10분을 걸었지만 지금은 속도 10 이상으로 5분을 달립니다. 더 적은 시간 투자로 더 큰 운동 효과를 얻고 있는 것입니다. 그리고 1만 보를 걸을 때는 전혀 하지 않았던 근력 운동도 하게 되었습니다.

시간만 따져 본다면 1시간 30분을 투자했던 1만 보 걷기운동보다 30분을 투자하는 헬스가 훨씬 가성비가 좋은 운동인 것 같습니다.

우리는 '큰돈을 위험한 것에 투자'하면 문제가 생길 수 있다는 것을 잘 알고 있기에 '작은 돈을 위험하지 않은 것에 투자'합니다. 이를테면 소액으로 달러 투자를 하는 것 말입니다.

하지만 이것은 마치 1만 보 걷기처럼 로우 리스크, 로우 리턴식의 투자일뿐만 아니라 계속된 환율 하락 상황을 만나기라도 한다면 고행이 시작될 수도 있습니다.

그런데 이것도 1만 보 걷기를 헬스로 바꾼 것과 다르지 않게 시스템을 통해 문제는 줄이고 효과는 늘릴 수 있는 방법이 존재합니다. 내리면 나누어 사고, 오르면 나누어 파는 분할 매수, 분할 매도 전략으로 말입니다.

헬스를 한다고 해서 누구나 좋은 효과를 얻을 수는 없습니다. 중요한 것은 좋은 효과를 얻을 수 있는 시스템을 만드는 것입니다. 계획과 시스템을 무시하고 자신의 그릇에 맞지 않는 과도한 투자로 기회를 위기로 만들거나, 내릴 때 사고 오를 때 파는 것이 아니라 내릴 때는 공포에 질려 도망가고 오를 때는 탐욕에 눈이 멀어 무리한다면 '한 달 동안 두 번밖에 안 가서 돈만 아깝네…. 차라리 1만 보 걷기나 할걸' 하고 후회하게 될 수도 있다는 이야기입니다.

계획과 원칙을 세우고 이를 그대로 실천하는 것은 말처럼 쉬운 일이 아닙니다. 매우 어려운 일입니다.

매일 지각하던 사람이 더 이상 지각하지 않기 위해 '내일은 꼭 일찍 일어나야지!' 하며 굳은 마음을 먹는다고 해서 늦잠을 자는 습관이 하루아침에 고쳐지지는 않습니다. 인간의 멘털은 너무나도 나약하기 때문입니다.

하지만 '하이 빅스비! 매일 아침 7시에 깨워줘~'라는 말 한마디로 알람 시스템을 만들어놓는다면 지각하지 않을 가능성은 매우 높아질 것입니다.
알람 시스템이 이미 존재하는데도 지각을 한다면 문제 해결은 어렵지 않습니다. 알람이 울렸는데도 그냥 꺼 버리고 다시 잠을 청한 것일 테니 알람 시스템을 더욱 견고하게 만드는 것으로 해결이 가능합니다.
알람이 1분 간격으로 여러 번 울리게 하거나 알람을 종료하는 방법이 어려운 앱을 이용하는 것이 그 방법이 될 수 있습니다. 미적분 문제를 풀어야 알람을 끌 수 있다면 단언컨데 저는 그 알람 앱을 삭제하기 전에는 절대로 알람을 끄지 못할 것입니다.
하루에 100만 원 이상의 추가 매수는 하지 않기로 계획과 원칙을 세워두었는데 그게 잘 지켜지지 않는다면 하루 예금 인출 한도가 100만 원인 계좌를 만들어 전체 투자금을 넣어 두면 어렵지 않게 해결이 가능할 것입니다.
조그만 자극에도 깨지는 유리 멘털을 강철 멘털로 당장 바꿀 수는 없지만 보호 필름이라도 여러 겹 붙여놓으라는 얘기입니다.
사람은 고쳐 쓸 수 없지만, 시스템은 고쳐 쓸 수 있습니다. 이 책을 통해 '세상에서 가장 쉽고 안전한 달러 투자'를 '돈이 되는 달러 투자'로 만들 수 있기를 바랍니다.

박성현

차 례

첫째마당 달러 투자의 매수/매도 타이밍 찾기

셋째 마당

절대 잃지 않는 세상에서 가장 안전한 달러 투자

넷째 마당 달러리치로 쉽게 달러 투자하기

다섯째 마당 원화 투자 무작정 따라하기

일곱째 마당 달러 스테이블코인 투자 무작정 따라하기

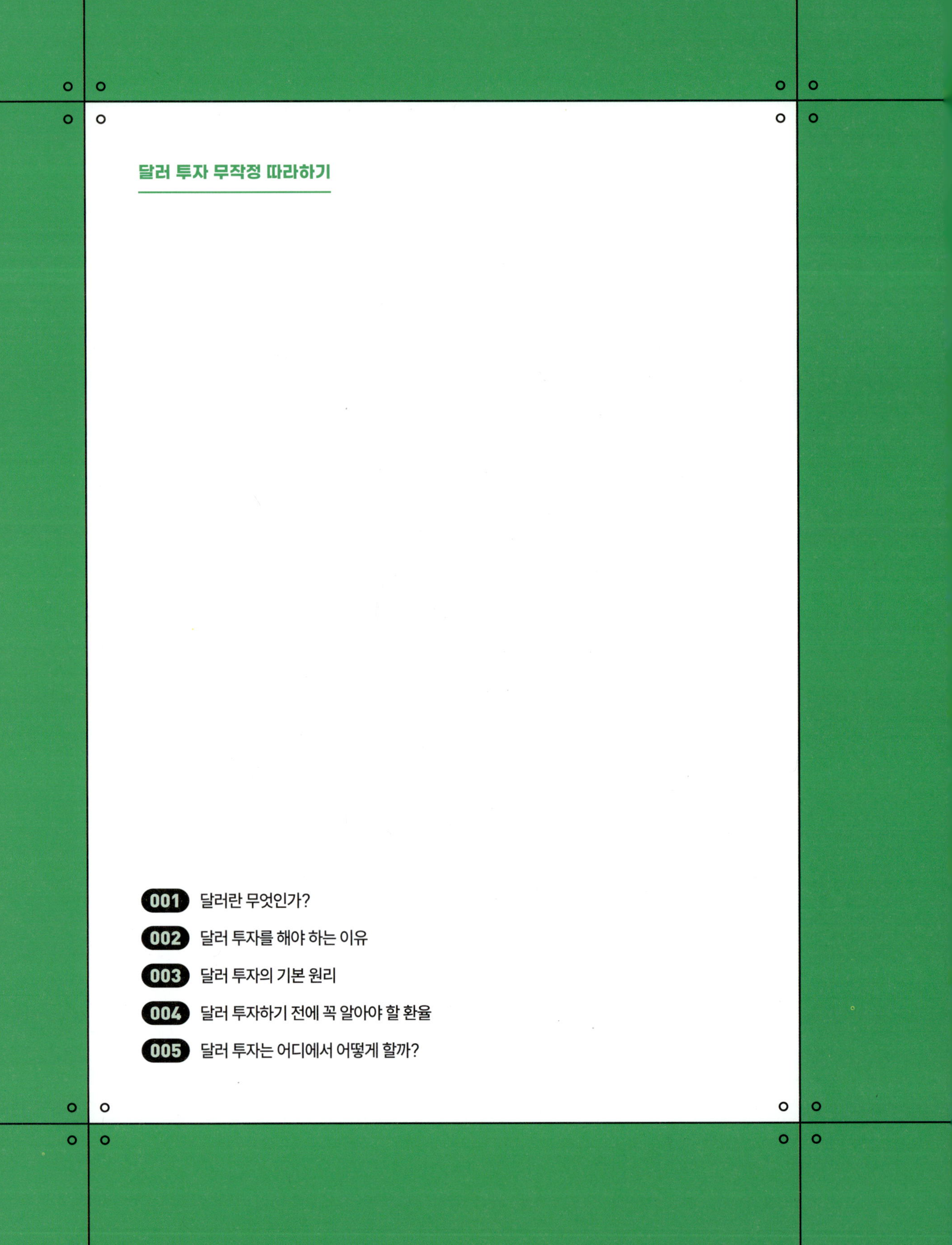
달러 투자 무작정 따라하기
001 달러란 무엇인가?
002 달러 투자를 해야 하는 이유
003 달러 투자의 기본 원리
004 달러 투자하기 전에 꼭 알아야 할 환율
005 달러 투자는 어디에서 어떻게 할까?

달러 투자 감 잡기

투 자 이 야 기

세상에서 가장 쉬운 투자

돈으로 돈 버는 방법은 다양합니다. 하지만 그 난이도는 제각각입니다.

부동산 투자도 아파트, 상가, 빌딩, 토지 등 그 종류에 따라 기본적으로 갖추어야 할 지식이 다릅니다. 그리고 차익형, 수익형, 경매, 공매 등 그 방식에 따라서도 필요한 공부의 양에 차이가 납니다.

심지어 공매처럼 비교적 난이도가 낮은 것이 있는 반면, 특수물건경매처럼 많은 경험과 노하우를 가진 투자의 고수가 아니라면 절대로 욕심내서는 안 될 고차원의 영역도 존재합니다.

이런 점에서 있어 달러 투자는 돈으로 돈을 버는 방법 중 기초 중의 기초, 누구나 할 수 있는 위험성과 난이도가 가장 낮은 투자라고 할 수 있습니다. 이 말은 곧 달러 투자를 통해 투자 메커니즘을 이해하면 달러 투자뿐만 아니라 부동산이나 주식 같은 다른 투자들의 기초도 탄탄하게 다질 수 있다는 것입니다.

투자는 예측이 아니라 대응의 영역이라고 합니다. '예측'이 빗나갈 경우 큰 문제가 발생하기 때문입니다. 하지만 계획에 의한 '대응'이 꼭 필요한 일입니다.

▼ **예측과 대응의 차이**

구분	환율 하락 예상 시	환율 상승 예상 시
예측	미리 판다.	미리 산다.
대응	매수를 위한 현금을 준비한다.	수익을 기대하며 기다린다.

예측과 대응의 차이가 느껴지시나요? 예측은 예상에 의해 어떠한 행동을 하는 것이고, 대응은 계획에 의한 준비만 할 뿐 실제로는 아무런 행동도 취하지 않습니다. 대응에서의 행동은 예상한 그 일이 실제로 일어났을 때만 실행하는 것입니다.

예측이 어려운 달러 투자도 계획을 통한 대응을 하면 세상에서 가장 쉽고 안전한 투자가 됩니다. 예를 들면 이렇습니다. 환율 하락이 예상될 때는 달러를 살 준비를 합니다. 미리 준비하는 일이라면 고작 '계좌에 투자금을 이체해놓는 것' 정도일 뿐입니다.

그런데 만약 예상이 빗나가면 어떻게 될까요? 아주 당연하게도 아무런 일도 일어나지 않습니다. 아직 아무런 행동도 취하지 않았으니까요. 투자의 세계에서는 행동이 수반된 예측은 위험한 일이지만, 행동이 없는 준비는 안전한 일입니다. 예측이 불가능한 달러 투자도 철저한 계획과 준비를 한다면 잃지 않는 안전한 투자가 될 수 있다는 얘기입니다. 게다가 예측이 불가능하다는 것은 흔히 기울어진 운동장이라고 불리는 주식시장과 비교 우위의 투자가 가능하다고 할 수도 있습니다.

기업의 좋은 정보와 해석 능력, 미래에 대한 통찰력까지 갖춘 사람들과 경쟁해야 하는 주식시장에서는 그런 정보와 능력을 갖추지 못한 사람들은 쉽게 패배하고 돈을 잃을 수밖에 없습니다. 하지만 환율 예측은 신 외에는 그 누구도 불가능하기 때문에 그 어떤 투자보다도 공정한 상황에서의 투자가 가능합니다. 소위 세력이라 불리는 자들의 시세 조작이나 작전 같은 위험에서 자유로울 수 있다는 얘기입니다.

달러 투자는 세상에서 가장 쉽고 안전하고 공정한 투자입니다.

001

달러란 무엇인가?

전 세계에서 사용하는 달러

현대의 돈은 국가가 발행하고 보증하는 화폐입니다. 우리나라에서는 원화를 사용하듯 미국에서는 달러를 사용합니다. 그런데 원화와 달러는 사용 범위에서 큰 차이를 보입니다. 원화는 우리나라 안에서만 사용이 가능하지만, 달러는 전 세계 어디에서나 사용이 가능합니다. 이렇게 전 세계에서 사용할 수 있는 돈을 '기축통화[1]'라고 합니다. 기축통화는 국제 간의 결제나 금융 거래의 기본이 되는 통화를 말하는데, 무역 거래 시 대금 결제를 기축통화인 달러로 하는 것입니다.

현대의 화폐를 신용화폐라고 하는데, 해당 화폐를 발행한 국가의 신용에 따라 그 가치가 달라집니다. 미국이 발행한 화폐인 달러는 세계에서 가장 강력한 군사력과 풍부한 에너지, 그리고 거대한 경제 규모를 지닌 나라가 보증하는 돈이기 때문에 전 세계 어디서나 사용이 가능한

기축통화인 달러

알아두세요

1 기축통화의 조건

- 군사적으로 지도적인 입장에 있어 전쟁으로 국가의 존립이 문제되지 않을 것
- 다양한 재화나 서비스를 생산할 것
- 통화가치가 안정적일 것
- 고도로 발달한 외환시장과 금융·자본시장을 가질 것
- 대외 거래 규제가 없을 것

기축통화로서의 기능을 할 수 있게 된 것입니다. 이것이 바로 달러가 가진 가장 강력한 힘입니다.

환율, 그러니까 원화와 달러의 교환 비율은 차치하더라도 만약 전 재산을 원화 혹은 달러 중 하나를 선택해 보유해야 한다면 원화보다는 달러를 보유하는 것이 더 유리하겠죠.

잠깐만요 은행에서 달러 환전 목적을 물어본다면?

달러 투자를 하다 보면 은행에 직접 방문해서 현찰 달러를 수령해야 하는 경우도 있습니다. 그럴 때 보통 이런 질문을 받게 됩니다.

"환전 목적이 어떻게 되시나요?"

저 역시도 달러 투자 초창기에 이런 질문을 받으면 당황하면서 혹시 잘못 대답하면 문제라도 생기는 것은 아닌지 걱정했습니다. 괜한 자격지심으로 '내가 무슨 환치기나 자금 세탁이라도 할 법한 범죄자처럼 생겼나?' 같은 생각이 들면서 불쾌하기도 했습니다.

하지만 은행 직원의 이러한 질문은 은행의 업무 매뉴얼대로 하는 지극히 일상적이고 당연한 질문일 뿐입니다. 즉 누구에게라도 똑같은 질문을 한다는 얘기입니다. 이럴 때는 아주 당당하게, 있는 그대로, 이렇게 얘기하면 됩니다.

"소지 목적입니다." 또는 좀 더 명확하게 "투자를 위한 소지 목적입니다."

그렇습니다. 달러 투자는 몰래 해야 하는 범죄 행위가 아니라 당당하게 밝혀도, 그 금액이 아무리 크더라도 전혀 문제될 것이 없는 정상적인 투자 행위입니다. 은행에서는 혹시 있을지 모르는 보이스 피싱 범죄나 해외 자금 밀반출 등에 달러가 활용되는 것을 미연에 방지하고자 '1만 달러 이상 거래 등'을 확인하는 것일 뿐, 투자 행위 자체가 문제 될 일은 전혀 없습니다.

002

달러 투자를 해야 하는 이유

1. 낮은 위험성

앞에서 살펴본 바와 같이 달러는 기축통화로 슈퍼 초강대국인 미국이 보증하는 안전한 돈입니다. 또한 우리나라는 수출 의존도가 높고 내수시장 규모는 상대적으로 작아 환율의 영향을 많이 받기 때문에 환율이 안정적인 범위 내에서 유지되는 것이 좋습니다.

그래서 환율이 너무 낮으면 수출 기업의 경쟁력이 약화될 수 있어 미국의 환율조작국[1] 지정 가능성을 감수하고서라도 시장에서 달러를 사들이는 등 환율을 높이려는 노력을 합니다. 또한 반대로 환율이 너무 높으면 수입 물가 증가로 인해 내수 경기가 침체될 수 있어 환율을 낮추려는 조치들을 취합니다. 따라서 이 둘의 균형을 맞추려면 환율이 적당한 지점에서 유지되도록 해야 합니다.

달러 투자자의 입장에서는 이러한 원/달러 환율의 특성을 이용해 중간 지점 아래에서 사면 환율이 올라 환차익을 얻을 수 있습니다. 그리고 중간 지점 위로 오르더라도 기다리다 보면 또다시 투자의 기회가 생기기 때문에 수익을 얻을 수 있습니다.

알아두세요

1 **환율조작국** 자국의 수출을 늘리고 자국 제품의 가격 경쟁력을 확보하기 위해 정부가 인위적으로 외환시장에 개입해 환율을 조작하는 국가를 말하며, '심층분석 대상국'이라고도 합니다. 미국은 2016년부터 매년 4월과 10월 〈환율보고서〉를 통해 환율 조작국을 지정하고 있습니다.

원/달러 환율이 적정한 범위 안에서 움직인다는 특성을 이용하면

1. 원/달러 환율이 낮을 때 사면 추후 오를 때 환차익을 얻을 수 있다.
2. 원/달러 환율이 오르더라도 기다리면 다시 투자의 기회가 온다.

2. 낮은 거래비용

달러 투자는 현존하는 모든 투자 대상 중 거래비용이 가장 낮습니다. 엄청난 중개 수수료와 취득세, 보유세와 양도세가 부과되는 부동산 투자와는 비교 대상이 될 수 없습니다. 그리고 주식 투자와 비교해도 3분의 1 정도 수준입니다.

주식 투자의 경우 거래 수수료와 증권거래세를 합하면 100만 원의 투자금을 기준으로 했을 때 약 3,000원(약 0.3%)의 거래비용이 소요됩니다. 하지만 달러 투자의 경우에는 거래 수수료라고 할 수 있는 환전 수수료가 약 1,000원(약 0.1%)이며, 세금도 전액 비과세됩니다.

▼ 주식 투자와 달러 투자 시 거래비용 비교

구분	수수료	세금
주식 투자	약 0.3%	양도소득세, 배당소득세, 증권거래세
달러 투자	무료~약 0.1%	없음

변동성이 작은 환율의 특성에도 불구하고 달러 투자가 단기 트레이딩에도 적합한 이유는 거래비용이 적기 때문입니다.

달러 투자는 거래비용이 적고, 세금이 없기 때문에 단기 투자에도 적합하다.

잠깐만요 달러 투자 수익은 정말 세금이 없나요?

저도 궁금했습니다. 환차익은 과세 대상이 아니라는 얘기를 듣기는 했지만 정말로 그런지는 의심이 있었습니다. 그리고 달러 투자를 통한 수익이 늘어나기 시작했을 무렵에는 그 의심이 더욱더 커졌습니다.

'혹시라도 수익이 너무 클 경우에는 과세 대상이 될 수도 있지 않을까?'

그래서 국민 신문고를 통해 2018년 1월경 국세청과 기획재정부 쪽에 각각 민원을 통한 서면 질의를 했습니다. 다소 복잡한 설명이 필요한 내용은 따로 전화 통화를 통해 답변을 받았습니다. 그리고 세금 관련 사항은 근거로 남겨두기 위해 서면으로 따로 답변서를 보내줄 것을 요청했습니다. 그리고 얼마 후, 제가 받은 답변은 이랬습니다.

[유선종결 요약]
1. 안녕하십니까? 귀하께서 국민신문고를 통해 기획재정부 업무와 관련하여 질의하신 민원(1AA-1801-058872)에 대해 안내드립니다.

2. 귀하의 민원내용은 "외국환거래규정상 외국통화의 매입.매각"에 관한 것으로 이해됩니다.

3. 귀하의 질의사항에 대해 검토한 의견은 다음과 같습니다.

ㅇ 민원인의 질의내용과 관련하여 외국환거래규정상 외국통화의 매입.매각에 대하여 설명하였습니다.

4. 귀하의 질문에 만족스러운 답변이 되었기를 바라며, 답변 내용에 대한 추가 설명이 필요한 경우 기획재정부 외환제도과 김[illegible] 관(044-21[illegible]8, [illegible]mosf@korea.kr)에게 연락주시면 친절히 안내해 드리도록 하겠습니다. 감사합니다.

개인사업자의 경우 사업과 관련하여 발생한 외환 차익은 소득세법 시행령 제 97조에 의거 사업소득 총 수입금액에 포함되는 것이나, 사업자가 아닌 개인이 외환 등을 환전함으로서 발생한 환차익은 소득세법상 과세대상 소득에 해당하지 않습니다.

[참고법령]

소득세법 제97조 【외화자산 · 부채의 상환손익 등】
① 법 제39조를 적용할 때 사업자가 상환받거나 상환하는 외화자산 · 부채의 취득 또는 차입 당시의 원화기장액과 상환받거나 상환하는 원화금액과의 차익 또는 차손은 상환받거나 상환한 날이 속하는 과세기간의 총수입금액 또는 필요경비에 산입한다.
② 외화자산 · 부채를 평가하여 장부가액을 증액 또는 감액한 사업자는 과세표준확정신고서에 기획재정부령으로 정하는 조정명세서를 첨부하여야 한다.

[참고예규]

소득, 서면인터넷방문상담1팀-1160 , 2007.08.21.

민원 질의 결과

결국 개인이 외환 등을 환전하면서 발생한 환차익은 소득세법상 과세소득에 해당하지 않으므로 세금이 부과되지 않습니다.

3. 낮은 기회비용

달러 투자는 돈으로 돈을 사는 행위이기 때문에 투자가 지니는 위험성 중 하나인 돈이 특정 자산에 묶여서 생기는 기회비용이 발생하지 않습니다.

미국 주식 투자를 위해 달러를 사는 것과 달러 투자를 위해 달러를 사는 것은 비슷해 보이지만 다른 일입니다. 예를 들어, 원화로 주식이나 부동산에 투자한 경우 하락하면 다시 오를 때까지 기다리는 동안 기회비용이 발생합니다. 그리고 그 기간 동안에는 기회비용을 보전받을 다른 방법이 없습니다. 하지만 원화를 달러에 투자하면 그 자체가 돈이기 때문에 은행의 이자 수익이나 또 다른 투자를 통해 기회비용을 보전받을 수 있는 방법이 있습니다.

고금리 상황에서 외화 정기예금을 활용하면 거의 무위험으로 기회비용을 상쇄할 수도 있습니다. 참고로 2025년 12월 기준, KB국민은행의 6개월 만기 외화 정기예금[2]의 이자율은 3.3%가 넘습니다.

이러한 특성으로 달러 투자는 기회비용 부담이 큰 장기 투자에도 적합합니다.

달러 투자는 투자 대상에 돈이 묶일 위험이 없으므로 기회비용이 발생하지 않아 장기 투자에도 적합하다.

알아두세요

2 외화 정기예금 우리가 원화를 정기예금 상품에 가입해 이자를 받듯 달러도 외화 정기예금 상품에 가입해 이자를 받을 수 있습니다. 이에 대한 좀 더 자세한 내용은 〈둘째마당〉에서 다루도록 하겠습니다.

잠깐만요 달러 투자가 세상에서 가장 쉬운 투자인 이유

성공적인 투자를 위해 필요한 두 가지 요인이 있습니다.

첫 번째는 '어디에 투자하느냐?'입니다.

주식 투자를 하는 게 좋은지 부동산 투자를 하는 게 좋은지도 정해야 합니다. 그리고 삼성전자를 살지, 현대차를 살지, 아파트를 살지, 상가를 살지도 정해야 합니다. 수천 개의 회사 중에 어떤 회사의 주식을 사느냐, 수많은 아파트 중 어디에 위치한 아파트에 투자하느냐에 따라 투자의 성패가 달라진다는 것은 상식 중에 상식입니다. 그래서 처음 투자하는 초보자들이 궁금해하는 것은 '어디에 투자해야 하나?'입니다.

하지만 달러 투자는 이것을 고민할 필요가 없습니다. 튀르키예의 리라화를 사야 할지, 러시아의 루블화를 사야 할지, 필리핀의 페소를 사야 할지를 판단할 필요가 없다는 얘기입니다. 그냥 '미국의 달러'만 사면 됩니다. 투자의 성패를 가르는 가장 중요한 요인 중 하나인 '어디에 투자하느냐?'의 고민이 시원하게 해결되니 이 얼마나 쉬운 투자입니까?

성공적인 투자를 위해 필요한 두 가지 요인 중 첫 번째를 이야기했으니 두 번째도 궁금할 것입니다. 그것은 바로 '어떻게 투자하느냐?'입니다.

이는 성공적인 달러 투자를 위해 알아야 하는 전부라고 할 수 있으며, 앞으로 이 책을 통해 알게 될 것입니다.

003

달러 투자의 기본 원리

원/달러 환율일까, 달러/원 환율일까?

환율의 사전적 의미는 '한 나라의 화폐와 외국 화폐의 교환 비율'입니다. 우리나라 돈인 원화와 미국의 돈인 달러의 교환 비율은 원/달러 환율, 혹은 달러/원 환율이라고 부릅니다. 사실 우리가 혼용하여 사용하고 있는 원/달러 환율과 달러/원 환율은 그 의미가 다릅니다. 먼저 달러/원 환율은 1달러를 바꾸기 위해 필요한 원화의 가격을 말합니다. 달러/원 환율이 1,000원이라면 1달러를 바꾸기 위해서는 1,000원이 필요한 것입니다.
그리고 원/달러 환율은 1원을 바꾸기 위해 필요한 달러의 가격을 말합니다. 달러/원 환율이 1,000원이라면 1원을 바꾸기 위해 필요한 달러는 0.001달러가 되는 것입니다.

· 달러/원 환율: 1달러를 바꾸기 위해 필요한 원화의 가격 → 달러/원 환율이 1,000원일 때 1달러를 바꾸기 위해서는 1,000원이 필요하다.
· 원/달러 환율: 1원을 바꾸기 위해 필요한 달러의 가격 → 달러/원 환율이 1,000원일 때 1원을 바꾸기 위해서는 0.001달러가 필요하다.

우리가 흔히 사용하고 있는 원/달러 환율이라는 말은 사실 달러/원 환율이라고 해야 정확한 표현입니다. 참고로 혼란을 방지하기 위해 지금부터 사용하는 모든 달러/원 환율에 대한 언급과 표기는 '원/달러 환율'이라고 칭하겠습니다. 달러 투자는 원/달러 환율의 등락에 따라 수익이나 손실이 결정되기 때문에 이에 대한 이해가 꼭 필요합니다.

원/달러 환율이 상승했다는 것은 1달러를 얻기 위해 필요한 원화의 가격이 상승했음을 의미합니다. 1,000원이었던 원/달러 환율이 1,100원으로 상승했다면 1달러를 얻기 위해 1,000원이 있으면 되었던 것이 지금은 1,100원이 필요하게 되었음을 의미합니다. 반대로 원/달러 환율이 하락했다는 것은 1달러를 얻기 위해 필요한 원화의 가격이 하락했음을 의미합니다.

원/달러 환율의 상승과 하락

그런데 원/달러 환율은 어떤 자산의 가격을 표기하는 것이 아니라 '원화와 달러의 교환 비율'을 표기한 것이기 때문에 각 화폐의 가치 등락에 따라 환율의 상승과 하락의 성격이 달라집니다.

달러의 가치가 상승하면 원/달러 환율 역시 상승하게 되고, 반대로 하락하게 되면 원/달러 환율도 하락합니다. 그런데 환율은 가격이 아닌 비율이다 보니 달러의 가치에 따라 가격이 등락하는 것뿐만 아니라, 원화의 가치에 따라서도 움직이는 구조를 지닙니다.

먼저 원/달러 환율이 상승하는 경우, 그 요인은 크게 두 가지로 구분할 수 있습니다.

원/달러 환율이 상승하는 경우

1. 달러의 가치가 상승할 때
2. 원화의 가치가 하락할 때

마찬가지로 원/달러 환율이 하락하는 경우에도 그 요인은 크게 두 가지로 구분됩니다.

원/달러 환율이 하락하는 경우

1. 달러의 가치가 하락할 때
2. 원화의 가치가 상승할 때

많은 사람이 환율에 대해 이해하는 것을 복잡하게 생각하는 이유이기도 한데, 사실 알고 보면 어렵지 않습니다. 물물 교환을 예로 들어 사과 농장 주인과 감자 농장 주인이 거래한다고 가정해보겠습니다.

사과와 감자의 가치가 서로 같을 때는 사과 10개를 주면 감자 10개를 얻을 수 있지만, 감자의 가치가 상승하게 되면 사과 20개를 주어야 감자 10개를 얻는 상황이 발생할 수도 있습니다. 반대로 감자의 가치가 하락하게 되면 사과 5개만 주어도 감자 10개를 얻을 수 있습니다.

그런데 이것은 사과의 가치 등락에 따라서도 똑같이 적용됩니다. 사과의 가치가 상승하면 감자 20개를 주어야 사과 10개와 교환할 수 있을 것이고, 반대로 사과의 가치가 하락하면 감자 5개를 주면 사과 10개을 얻을 수 있습니다.

▼ 쉽게 이해하는 원/달러 가치의 변동(기준: 감자 10개=사과 10개)

구분	감자 10개	사과 10개
가치 상승	사과 20개	감자 20개
가치 하락	사과 5개	감자 5개

원/달러 환율도 이와 마찬가지로 달러의 가치 등락에 따라 달러의 가격, 곧 환율의 등락이 결정되기도 하지만 원화의 가치가 상승하면 원/달러 환율은 하락하고, 원화의 가치가 하락하면 원/달러 환율이 상승하기도 합니다.

원/달러 환율이 하락한 이유에 주목하라

원/달러 환율이 상승하든 하락하든 그 원인이 무엇인지를 판단하는 것은 달러 투자에 있어 좋은 기회를 포착할 수 있는 신호라고 할 수 있습니다.

만약 원/달러 환율이 하락해서 달러를 매수해야겠다고 생각하고 그 요인을 파악해보았더니 달러의 가치 하락이 아닌 원화의 가치 상승 때문이라면 더 좋은 매수 기회라고 할 수 있습니다.

원/달러 환율이 하락한 이유가

1. 달러 가치가 하락했기 때문이라면 달러 가치가 상승해야 수익을 얻을 수 있다.
2. 원화 가치가 상승했기 때문이라면 원화 가치가 하락해야 수익을 얻을 수 있다.

우리가 보유하고 국내에서 사용하고 있는 원화는 가치 등락에 따라 효용성에 큰 변화가 없기 때문에 환율이 상승했을 때의 100만 원과 하락했을 때 100만 원의 가치는 크게 다르지 않습니다. 하지만 달러 투자를 할 때는 얘기가 달라집니다. 달러의 가치는 그대로인데 더 싸게 달러를 살 수 있는 기회가 되기 때문입니다.

이와 달리 원화의 가치는 그대로인데 달러의 가치 하락으로 인해 보다 싼 가격에 달러를 사게 된다면 그것은 비싼 것을 싸게 사는 것이라기보다는 싼 것을 싸게 산 것이기 때문에 원화 가치가 상승할 때의 달러 매수와 비교했을 때 그리 유리한 상황은 아니라고 할 수 있습니다.

이 개념은 매수할 때뿐만 아니라 매도할 때도 활용할 수 있습니다. 원/달러 환율의 상승 요인이 원화의 가치 하락 때문인지, 아니면 달러의 가치 상승 때문인지를 파악해보면 비싸게 잘 팔게 된 것인지, 원래 비싸진 것을 비싸게 팔게 된 것인지를 파악해 수익을 극대화하는 데 이용할 수 있습니다.

국가 부도 위기급 상황이 아닌 이상 원화 가치의 등락은 원화 베이스의 생활권에 살고 있는 우리로서는 크게 신경 쓰지 않아도 될 만한, 즉 대응이 가능한 일입니다. 하지만 달러 가치의 등락은 예측할 수 없는 일이기 때문에, 대응의 영역에서 다뤄야 하는 달러 투자를 할 때는 이 둘의 상관관계를 잘 파악하는 것이 중요합니다.

참고로 달러 가치의 등락은 달러 지수, 혹은 달러 인덱스라고 부르는 지표를 통해 파악이 가능한데 이는 뒤에서 좀 더 자세히 다루도록 하겠습니다.

환전과 재환전 사이의 환차익을 노려라

달러 투자는 원화로 달러를 사놓았다가 달러의 가치가 올랐을 때 팔아 수익을 얻는 것을 말합니다.

우리는 해외여행을 갈 때 달러로 환전합니다. 쉽게 말해 원화를 달러와 교환하는 것인데, 환전이라는 것을 하고 나면 원래 가지고 있던 원화는 사라지고, 대신 그만큼의 달러가 생깁니다. 원화는 매도하고 달러는 매수하는 것이라고 할 수 있습니다. 이를 다시 정리해보면, 달러 투자에 있어 환전은 곧 달러의 매수를 뜻하는 것입니다.

또 이와 반대의 상황이 있을 수 있습니다. 여행에서 돌아와 쓰고 남은 달러가 있다면 재환전을 통해 달러를 원화로 교환해야만 한국에서 사용이 가능합니다. 원화는 매도하고 달러는 매수하는 것을 환전이라고 했듯, 재환전은 이와 반대로 원화는 매수하고 달러는 매도하는 것을 뜻합니다.

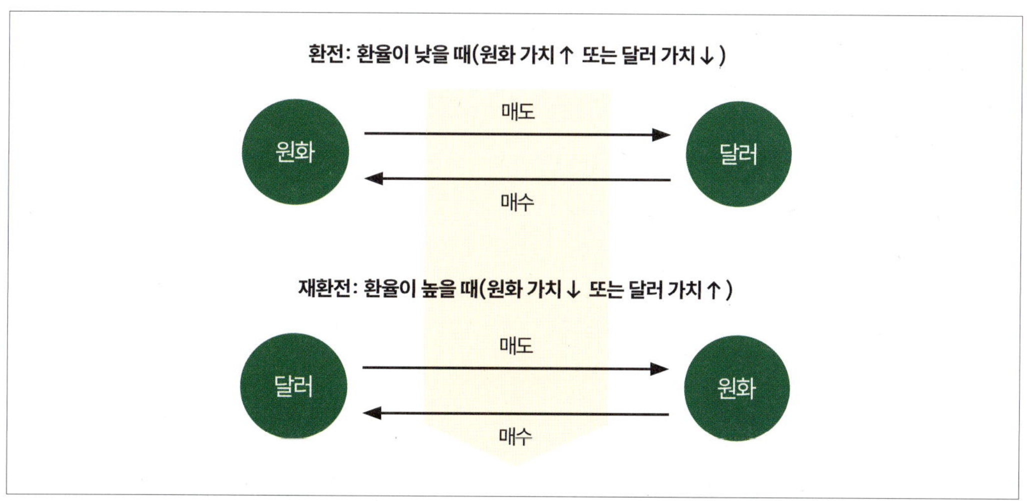

환율이 낮을 때 환전을 하고, 환율이 높아졌을 때 재환전을 하면 환차익이 발생합니다. 즉 환율이 낮을 때 달러를 매수한 후, 환율이 높아졌을 때 달러를 매도하면 달러 투자 수익이 발생하는 것입니다.

004

달러 투자하기 전에 꼭 알아야 할 환율

국내에서 달러를 거래할 때 사용되는 기준환율

네이버에서 '환율'을 검색해보면, 원/달러 환율을 쉽게 확인할 수 있습니다. 그런데 [매매기준율]이라는 선택 옵션을 보면 '현찰 살 때, 현찰 팔 때, 송금 보낼 때, 송금받을 때' 등 다양한 기준의 환율이 존재한다는 것을 알 수 있습니다.

네이버에서 '환율'을 검색한 화면

매매기준율은 말 그대로 환전과 재환전을 할 때, 그러니까 달러의 매도와 매수, 곧 매매의 기준이 되는 환율을 뜻합니다. 이를 '기준환율'이라고 하는데 개인적으로는 매매기준율이라는 말보다는 기준환율이 더 쉽고 직관적인 표현이라고 생각합니다. 그래서 앞으로는 기준환율로 용어를 통일하겠습니다.

우리가 흔히 얘기하는 환율은 바로 이 기준환율을 말하는데, 이 기준환율에 따라 살 때(매수)의 환율과 팔 때(매도)의 환율이 결정됩니다.

이 기준환율은 국내 은행이나 증권사에서 고시하는데 대부분 비슷한 기준환율을 보일 때도 많지만, 환율의 급등락 상황에서는 조금씩 차이가 나며 달라지기도 합니다.

이는 해당 은행이나 증권사가 얼마의 환율로 달러를 거래할 것인지를 자율적으로 정하기 때문인데, 똑같은 물건이라도 쇼핑몰마다 가격이 다른 것과 비슷하다고 이해하면 됩니다.

그렇기 때문에 우리는 똑같은 물건을 조금이라도 더 싸게 사기 위해 가격을 비교하듯, 달러 투자도 수익을 극대화하기 위해서는 기준환율을 비교해야 합니다.

이 기준환율은 일반적으로 오전 8시 30분경에 최초의 1회 차 고시가 진행되어 몇 초, 혹은 몇 분 간격으로 계속해서 등락하다가 오후 6시경부터 밤 12시에 마지막 마감 고시를 합니다. 따라서 마감 고시를 오후 6시경에 한 은행과 밤 12시에 한 은행 간에는 기준환율 차이가 커지기도 합니다. 그리고 밤 12시 이후에도 환율 변동성이 클 경우, 마감 시간 후에도 기준환율을 변경하는 경우가 있어 그 차이가 더 커지기도 합니다.

달러 투자에 있어 기준환율에 대한 이해가 중요한 이유는 매매의 기준이 되는 환율이므로 달러를 낮은 가격에 사고, 비싼 가격에 팔기 위해서는 살 때는 기준환율이 낮은 곳에서, 팔 때는 기준환율이 높은 곳에서 팔아야 하기 때문입니다.

국외에서 달러를 거래할 때 사용되는 실시간 환율

달러는 전 세계에서 사용되는 돈이기 때문에 우리나라에서 기준환율이 마감된 밤이나 새벽에도 외국 어디에서는 계속 거래되고 있습니다. 따라서 국내가 아닌 해외에서 원화를 달러로 바꾸거나, 달러로 원화를 바꾸는 경우에는 국내에서 적용되는 기준환율이 아닌 별도의 환율을 기준으로 삼습니다.

사실 이 역시도 매매의 기준이 되는 환율, 즉 기준환율이라고 할 수 있지만 국내에서는 역내 환율, 그리고 해외에서는 역외 환율이라는 용어를 사용합니다. 이를 정리해보면 기준환율은 국내에서 사용하는 역내 환율과 해외에서 사용하는 역외 환율이 존재하는 것입니다.

기준환율은 국내 은행이나 증권사가 고시를 마감하는 오후 6시경 혹은 밤 12시경부터 다음 날 1회 차 환율이 고시되는 오전 8시 30분경까지는 등락하지 않는 경우가 일반적입니다. 반면에 역외 환율은 24시간 등락하며 움직입니다.

따라서 기준환율이 움직이는 낮 시간에는 기준환율과 역외 환율 모두 실시간으로 등락하지만, 기준환율이 마감되는 밤이나 새벽 시간에는 역외 환율만 실시간으로 등락하게 됩니다. 이렇게 24시간 실시간으로 움직이는 특성이 있어 저는 개인적으로 역외 환율을 '실시간 환율'이라고 부릅니다.

참고로 기준환율은 네이버나 각 은행 홈페이지, 그리고 증권사에서 조회할 수 있습니다. 실시간 환율은 인베스팅닷컴, 야후 파이낸스, 구글, 위불, 트레이딩뷰, 한국투자증권 등에서 확인이 가능합니다.

기준환율은 실시간 환율을 참고해 국내 은행이나 증권사가 고시하는 환율이므로 달러 투자를 할 때 두 환율을 모두 확인하는 것이 중요합니다.

잠깐만요 환율 쉽게 확인하는 법

기준환율과 실시간 환율은 시시각각 변합니다. 심지어 은행마다, 또 환율 정보를 제공하는 서비스마다 환율이 모두 다릅니다. 그리고 평소에는 큰 차이가 없는 플랫폼 간 환율은 거래가 많지 않은 밤이나 새벽에 환율 변동성이 클 때는 더 커지기도 합니다. 달러 투자를 도와주는 앱 서비스인 '달러리치'에서는 [환율] > [환율 비교] 메뉴를 통해 환율을 한눈에 비교하여 확인할 수 있습니다.

각 은행의 기준일자와 기준시간에 따른 기준환율을 확인할 수 있을 뿐 아니라, 'GAP'이라는 항목을 통해 인베스팅닷컴, 야후 파이낸스 등에서 제공하는 실시간 환율 정보와 각 은행의 기준환율이 얼마나 차이가 나는지도 확인이 가능합니다.

달러리치 앱을 활용하여 달러 투자하는 법은 〈넷째마당〉에서 설명하겠습니다.

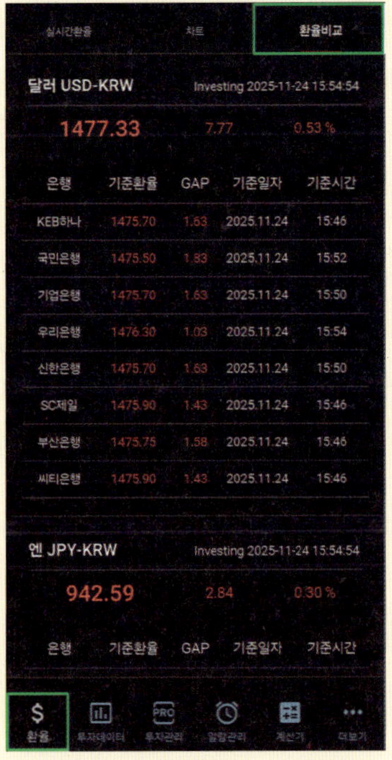

'달러리치' 앱의 [환율 비교] 화면

환전 수수료인 환율 스프레드

해외여행이나 출장을 가기 위해 환전을 해본 경험이 있다면 원화로 달러를 바꿀 때, 그러니까 달러를 매수할 때의 가격이 기준환율과 다르다는 것을 알고 있을 것입니다. 네이버에서 본 기준환율은 1달러당 1,000원이었는데 막상 은행에 가서 환전하려고 하니 1.75%나 비싼 1달러당 1,017.5원이라고 합니다. 이처럼 기준환율과 달러를 사고팔 때의 환율이 다른 이유는 거래 수수료 때문입니다.

달러를 매매할 때 수수료를 내는 것은 아파트를 매매할 때 부동산 중개업소에 중개 수수료를 내는 것과 비슷합니다. 일종의 환전 중개 수수료인 것입니다. 달러를 거래할 때의 환율은 기준환율에 거래 수수료가 포함된 환율이라고 생각하면 되고, 이때 발생하는 거래 수수료는 은행의 수익이 되는 구조입니다.

거래 수수료는 달러를 살 때는 기준환율에 더해진 형태로, 달러를 팔 때는 기준환율에서 차감된 형태로 나타납니다. 예를 들어, 기준환율이 1달러당 1,000원이고 거래 수수료가 1달러당 10원이라면 살 때의 환율은 1,010원, 팔 때의 환율은 990원이 되는 것입니다.

달러를 살 때는 기준환율보다 높은 환율에, 그리고 달러를 팔 때는 기준환율보다 낮은 가격에 매매하는 이유입니다. 둘 다 기준환율에서 거래 수수료만큼 차감되는 구조이기 때문입니다. 이때의 수수료를 '환율 스프레드'라고 합니다. 생소해서 어렵게 느껴질 수 있지만, '거래 수수료가 포함되지 않은 환율과 포함된 환율 간의 차이'라고 생각하면 됩니다.

일반적으로 달러를 매수할 때와 매도할 때의 스프레드는 같습니다. 환율 스프레드가 1%라고 하면 매수 환율 스프레드도 1%이고, 매도 환율 스프레드도 1%라고 할 수 있습니다. 달러를 사고파는 경우에는 총 2%의 거래비용이 발생하게 됩니다. 기준환율이 1달러당 1,000원인 경우 살 때는 1%인 10원을, 그리고 팔 때도 1%인 10원의 거래 수수료가 발생해 총 2%, 그러니까 20원의 거래비용이 발생하는 것입니다.

은행의 경우 환율 스프레드[1]는 일반적으로 1.75%를 적용하기 때문에 달러 매매 시 거래비용은 매수 환율 스프레드와 매도 환율 스프레드를 더한 3.5%라고 할 수 있습니다. 증권사의 경우에는 대부분 은행보다 낮은 0.5~1% 정도의 환율 스프레드를 적용하여 거래비용은 1~2% 정도가 됩니다.

같은 기준환율로 달러를 거래하더라도 더 싸게 사고 더 비싸게 팔고 싶다면 환율 스프레드가 낮은 증권사가 환율 스프레드가 높은 은행보다 더 유리합니다. 환율 스프레드는 은행이나 증권사마다 자율적으로 다르게 적용하고 있을 뿐만 아니라, 시기와 상황에 따라 바뀌기 때문에 거래하기 전에 반드시 확인해보는 것이 좋습니다.

알아두세요

1 **은행보다 증권사의 스프레드가 낮은 이유** 은행은 현찰 달러를, 증권사는 전신환을 취급하기 때문입니다. 하나은행의 FX마켓 같은 FX거래소의 경우에는 전신환이어서 증권사와 비슷한 스프레드로 서비스하고 있습니다.
현찰과 전신환은 본문에서 자세히 설명하겠습니다.

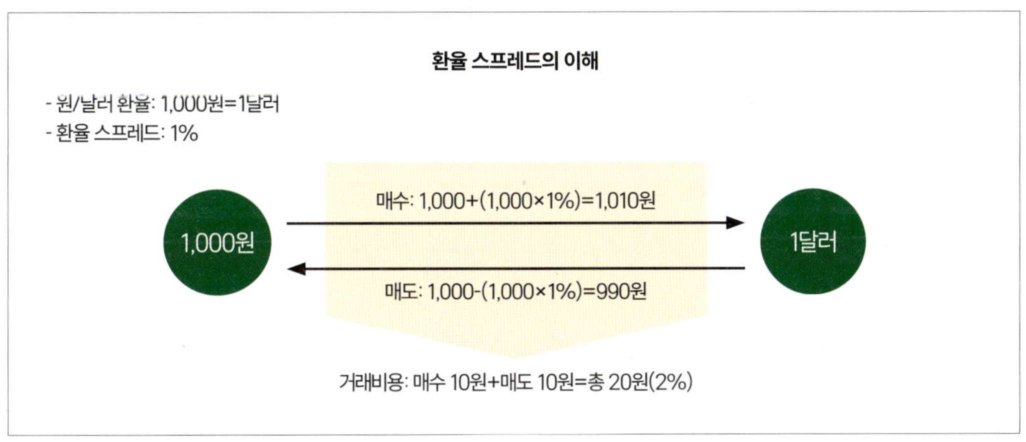

달러 투자의 최종 환율, 적용환율

앞에서 살펴보았듯 은행의 거래 수수료는 보통 1.75%나 되기 때문에 달러를 샀다가 팔기만 해도 총 3.5% 정도의 높은 거래비용이 발생합니다.
이는 곧 기준환율이 3.5% 이상 상승해야 달러 투자로 수익을 얻을 수 있다는 뜻입니다. 기준환율이 1달러당 1,000원이라면 1달러당 35원의 거래비용을 부담해야 하므로, 환율이 35원 이상 상승해야 수익을 얻을 수 있는 것입니다.
많은 사람이 달러 투자로 수익을 내기 힘들다고 생각하는 이유는 바로 이 높은 거래비용 때문인데, 아주 다행스럽게도 각 은행이나 증권사에서는 거래 수수료를 할인해주는 경우가 대부분입니다. 이 거래 수수료 할인을 '환전 수수료 우대'라고 부르며, 그 할인 폭을 '환전 수수료 우대율'이라고 부릅니다.
키움증권의 경우 대한민국 국민이라면 누구나 환율 스프레드 1%에 환전 수수료 우대율 95%를 적용해주는데, 이를 해석해보면 기준환율과 달러를 살 때 환율의 차이는 1%이고, 이 1%의 거래 수수료에 대해 95%의 할인율을 적용해 실제 거래비용은 0.05%가 되는 것입니다.
기준환율이 1달러당 1,000원인 경우 환율 스프레드는 1%인 10원이지만 이 환율 스프레드에 95%를 할인한 5%만 적용하면 0.5원 정도로 낮아지게 됩니다. 환율이 1원 이상 상승하면 수익을 얻을 수 있는 것입니다. 즉 기준환율이 1,000원일 때 산 달러는 기준환율이 1,001원 이상에서만 팔면 수익을 얻을 수 있습니다.

환율이 단 1원만 상승해도 수익을 얻을 수 있는 구조이므로 높은 거래비용 때문에 장기 투자만 가능하다고 생각했던 달러 투자가 단기 트레이딩도 가능하다는 것을 알 수 있는 부분입니다.

이렇게 낮아진 거래비용을 1달러당 1,000원인 기준환율에 포함시키면 1달러당 1,000.5원이 되는데 이를 바로 '적용환율'이라고 합니다. 기준환율에 환율 스프레드와 환전 수수료 우대율이 적용된 최종 환율인 것입니다.

적용환율은 달러를 살 때의 적용환율뿐만 아니라 달러를 팔 때의 적용환율도 존재하는데, 각각 매수 적용환율과 매도 적용환율이라고 합니다. 달러 투자는 기준환율을 기준으로 매수 적용환율로 사서, 매도 적용환율로 파는 것이라고 생각하면 됩니다.

참고로 키움증권의 환전 수수료 우대 이벤트는 서비스 정책에 따라 일시적으로 중단되거나 세부 내용이 변경될 수도 있습니다. 이러한 경우 이벤트가 다시 진행될 때까지 기다리거나 고객센터에 직접 연락해 요청하는 방법도 있습니다.

또 유사한 이벤트를 진행 중인 다른 증권사를 찾아 보는 것도 좋은 방법입니다. 증권사마다 화면이나 단어가 조금씩 다르기는 하지만 환전 방법은 크게 다르지 않습니다. 따라서 키움증권의 환전 프로세스를 알고 이해하면 다른 증권사의 환전 서비스를 이용하는 것도 어렵지 않을 것입니다.

현찰 달러와 전신환 달러

달러 투자를 하다 보면 환전 수수료, 곧 거래 수수료 외에도 현찰 수수료라는 것이 발생하는 경우가 있습니다. 현찰 수수료는 은행에 현찰 달러를 입금할 때나 출금할 때 발생하기도 하고, 경우에 따라서는 환전을 통해 매수한 달러를 다른 은행이나 증권사로 이체할 때 발생하기도 합니다.

일반적으로 현찰 수수료는 1.5% 정도인데 거래 수수료처럼 환전 수수료 우대율은 적용되지 않는 경우가 많기 때문에 이유를 불문하고 최대한 피해야 하는 비용입니다.
현찰 수수료는 보통 은행에서 환전하는 경우에 발생하게 되는데, 각 은행의 환전 서비스 정책에 따라 다르기도 하고 바뀌기도 합니다. 때문에 거래하기 전에 반드시 확인해야 합니다.
현찰 수수료에서 비교적 자유로운 은행으로는 KB국민은행이 있습니다. 현찰 달러를 입금할 때는 물론 출금이나 외화를 이체할 때도 현찰 수수료를 부과하지 않습니다.
이와 달리 현찰 수수료를 반드시 확인해봐야 하는 은행 중에는 하나은행이 있는데, 달러를 입금할 때는 현찰 수수료가 발생하지 않지만 입금한 후에 거래일을 기준으로 7일 이전에 출금하게 되면 현찰 수수료가 부과됩니다. 참고로 하나은행은 현찰 달러를 출금할 때 뿐만 아니라 환전, 곧 달러를 매수한 후 타 은행으로 외화 이체를 하는 경우에도 현찰 수수료가 발생하기도 합니다.

지금까지 살펴본 현찰 수수료 외에도 은행 간의 외화 이체 시에도 각 은행에서 정한 이체 수수료가 발생하는 경우도 있습니다. 당행 이체인 경우에는 수수료를 면제해주는 경우가 일반적이며, 타행으로 이체할 경우 건당 3,000~5,000원 정도의 수수료가 발생합니다.
외화 이체 수수료는 이체하는 거래 금액을 기준으로 차이가 있을 수 있으며, 은행의 고객 등급에 따라 할인해주는 경우도 있으니 거래하는 은행의 환전 서비스 정책을 잘 파악해두는 것도 달러 투자를 할 때 꼭 필요합니다.

▼ 은행별 현찰 수수료 비교(2025년 12월 기준)

구분	현찰 수수료	
	전신환을 현찰로 출금 시	타행 이체 시
KB국민은행	1.5%	없음
하나은행	1.5%	1.5% (입금 후 거래일 기준 7일 이내 출금 시)
우리은행	1.5%	없음
신한은행	1.5%	없음
기업은행	1.5%	없음
NH농협은행	1.5%	없음

※ 수수료 정책은 자주 바뀌므로 정확한 수수료는 각 기관에서 확인

현찰 달러를 입·출금할 때 현찰 수수료가 발생하는 이유는 현찰 달러는 말 그대로 실물인 돈이기 때문에 은행의 입장에서는 이를 운송하고 보관하는 데 비용이 발생하게 됩니다. 그래서 은행은 편의를 위해 현찰 달러와 구별되는 전신환을 거래하는 경우 환율 스프레드와 환전 수수료 우대율을 비교적 낮게 적용해주는 경우가 많습니다.

전신환은 쉽게 말해 숫자로만 표시되는 달러라고 할 수 있는데, 매매하거나 이체하는 경우에는 현찰 달러와 똑같이 활용할 수 있습니다. 하지만 현찰 달러로 출금할 때는 앞에서 설명한 1.5% 정도의 현찰 수수료가 발생하게 된다는 단점이 있습니다. 이것은 곧 해외여행이나 출장 등을 위해 현찰 달러가 필요한 것이 아니라면 전신환으로 거래하는 게 더 유리할 수 있다는 것입니다.

현찰 달러와 전신환, 이 두 가지 형태의 달러를 모두 취급하는 은행과는 달리 증권사의 경우에는 전신환에 한해서만 거래할 수 있습니다. 이런 이유로 증권사가 은행보다 환율 스프레드가 낮고 환전 수수료 우대율이 높은 것입니다.

005

달러 투자는 어디에서 어떻게 할까?

달러 투자는 어디에서 할까?

달러를 사고팔 수 있는 곳은 크게 은행과 증권사 두 곳으로 나눌 수 있습니다. 그리고 은행은 인터넷 뱅킹, 환전 모바일 앱, FX거래소[1] 3개의 형태로 다시 구분됩니다.

앞에서 살펴본 것처럼 은행에서는 현찰 달러와 전신환을 거래할 수 있고, 증권사에서는 전신환만 거래가 가능합니다. 최근에는 은행이나 증권사뿐만 아니라 달러 매매만 전문으로 하는 서비스도 등장했는데, 이 모든 곳을 통틀어 저는 '달러 투자 플랫폼'이라고 부릅니다.

싸게 사서 비싸게 파는, 아주 기본적인 달러 투자만 한다면 환율 스프레드가 낮고 환전 수수료 우대율이 높은 증권사에서만 달러 투자를 해도 됩니다. 하지만 앞에서도 살펴보았듯 각 달러 투자 플랫폼 간에 기준환율이 다르므로 효율적인 달러 투자를 하기 위해서는 다양한 달러 투자 플랫폼의 특징과 특성을 파악해 복합적으로 활용해야 합니다.

예를 들어, KB국민은행의 기준환율은 1,000원인데, 키움증권의 기준환율은 1,001원이라면 어느 달러 투자 플랫폼에서 달러를 매수하는 것이 더 유리한지 알고 있어야 투자 수익을 극대화할 수 있습니다.

단편적으로 숫자로만 비교해보면 기준환율이 더 낮은 KB국민은행에서 달러를 매수하는 것이 달러를 더 싸게 살 수 있을 거라고 생각할 수도 있습니다.

알아두세요

1 **FX거래소** 달러 등의 외환 투자를 좀 더 쉽고 간편하게 할 수 있도록 주로 은행들이 서비스하고 있는 외환 투자 플랫폼입니다. 하나은행의 FX마켓, KB국민은행의 Star FX마켓이 대표적입니다.

하지만 환율 스프레드가 1.75%에 환전 수수료 우대율이 90%인 KB국민은행의 적용환율은 1,001.75원이지만, 환율 스프레드 1%에 환전 수수료 우대율이 95%인 키움증권의 적용환율은 1,001.5원이기 때문에 실제로는 키움증권에서 달러를 매수하는 게 더 유리하다는 것을 알 수 있습니다.

· KB국민은행에서 달러 매수 시: 1,000+(1,000×1.75%×0.1)=1,001.75원
· 키움증권에서 달러 매수 시: 1,001+(1,001×1%×0.05)=1,001.50원
→ 키움증권에서 매수할 경우 KB국민은행보다 0.25원 더 저렴하게 살 수 있다.

이는 달러를 매수할 때뿐만 아니라 매도할 때도 똑같은 메커니즘의 비교가 필요합니다. 달러를 매수할 때는 매수에 필요한 매수 대금, 곧 원화를 거래하려는 은행이나 증권사로 이체하기만 하면 됩니다. 하지만 달러를 매도할 때는 이체 과정에서 현찰 수수료나 외화 이체 수수료까지 계산에 넣어야 하기 때문에 좀 더 복잡한 셈이 필요합니다.

달러 투자 플랫폼 간에는 이처럼 기준환율과 적용환율의 차이만 있는 것이 아니라 거래시간에도 차이가 있습니다.

키움증권의 경우에는 오후 4시 30분부터 익일 오전 2시까지 야간 환전이 가능하지만, 수수료가 가산되기 때문에 환전 우대율이 불리하게 적용됩니다. 하지만 KB국민은행의 환전 모바일 앱인 KB스타뱅킹의 환전 서비스를 이용할 경우 24시간 거래가 가능합니다. 또 KB국민은행은 KB Star FX라는 달러 투자 플랫폼도 서비스하고 있는데, 이 플랫폼을 통해 오전 9시부터 익일 2시까지 거래할 수 있습니다.

KB스타뱅킹의 환전 서비스는 현찰 달러를 사고팔 수 있지만 전신환을 거래할 수 있는 KB Star FX와 비교했을 때 환율 스프레드가 높기 때문에 투자 전략에 따라 어디에서 거래할지를 정하는 것이 좋습니다.

또한 플랫폼별로 환전 한도액도 제각각이기 때문에 기준환율, 환율 스프레드, 환전 수수료 우대율, 거래 가능 시간과 함께 다각적인 검토와 비교가 필요합니다.

잠깐만요 달러 투자 시 키움증권과 KB국민은행의 특징

구분		스프레드	우대율	거래 가능 시간	거래 금액 한도
키움증권		1%	누구나 최고 95%	09:00 ~ 16:30	무제한
KB국민은행	환전 모바일 앱	1.75%	누구나 최고 90%	24시간	일 2,000달러
	FX거래소	1%	누구나 최고 90%	09:00 ~ 익일 02:00	건당 100만 달러 (사실상 무제한)
	인터넷 뱅킹	현찰 1.75%, 전신환 1%	고객 등급별로 다르게 적용	09:00 ~ 16:00	무제한

※ 환전 정책이나 서비스는 수시로 변경될 수 있습니다.

※ 2026년 1월 기준

장·단기 투자가 모두 가능한 달러 투자

달러 투자도 주식 투자나 부동산 투자처럼 장기적인 관점의 장기 투자와 단기적인 관점의 트레이딩이 존재합니다.

지금은 해외 주식 투자 등 달러 투자의 수요가 늘어남에 따라 환율 스프레드도 낮아지고 환전 수수료 우대율도 높아져 비교적 긴 시간을 기다려야 투자 수익을 기대할 수 있는 장기 투자뿐만 아니라, 며칠이나 몇 시간, 혹은 몇 분, 심지어 몇 초 만에도 달러 투자를 통해 수익을 기대하는 것이 가능해졌습니다.

부동산 투자의 경우 매매할 때 세금과 거래 수수료가 비싸기 때문에 장기 투자에 적합한 대상이라고 할 수 있습니다. 달러 투자 역시 예전에는 비싼 거래 수수료 때문에 단기 트레이딩이 불가능했습니다. 하지만 요즘 달러 투자는 거래비용이 현존하는 투자 대상 중 최저 수준이기 때문에 장기 투자와 더불어 단기적인 시세 차익까지 기대할 수 있는 단기 트레이딩도 할 수 있게 되었습니다.

장기적인 관점에서 달러 투자를 한다면 수익을 얻는 데 1년 이상의 시간이 소요된다는 단점이 있지만, 비교적 높은 수익률을 추구할 수 있다는 장점이 있습니다.

글로벌 경제 위기 때마다 원/달러 환율이 크게 상승했음을 알고 있다면 장기적인 달러 투자는 위기 상황에 대비한 투자에 적합하다고 할 수 있습니다. 하지만 원/달러 환율은 부동산이나 주식의 가격처럼 장기적으로 우상향하는 흐름을 보이는 것이 아니라, 파동의 형태를 띠며 상승과 하락을 반복하면서 어느 정도 상승한 후에는 다시 하락합니다. 때문에 안정적인 투자가 가능하다는 장점만큼이나 큰 단점으로 수익률의 한계를 꼽을 수 있습니다.
하지만 이러한 원/달러 환율의 특성을 잘 이용하면 안정성과 수익률의 두 마리 토끼를 모두 잡을 수 있는 투자 방법이 존재하는데, 이는 전략적인 매매를 통한 단기 트레이딩을 하는 것입니다. 거래비용이 낮고 변동성이 작은 한편, 변동이 잦다는 특성을 활용해 거래 횟수를 늘리면 수익률 향상을 기대할 수 있습니다.
1,000원에 산 달러를 1년 동안 기다려 1,200원에 팔면 단 한 번의 거래로 달러당 200원의 수익을 얻을 수 있습니다. 하지만 한 달에 20원씩 1년 동안 12번의 거래로 수익을 거둔다면 달러당 240원의 수익을 얻을 수 있습니다.

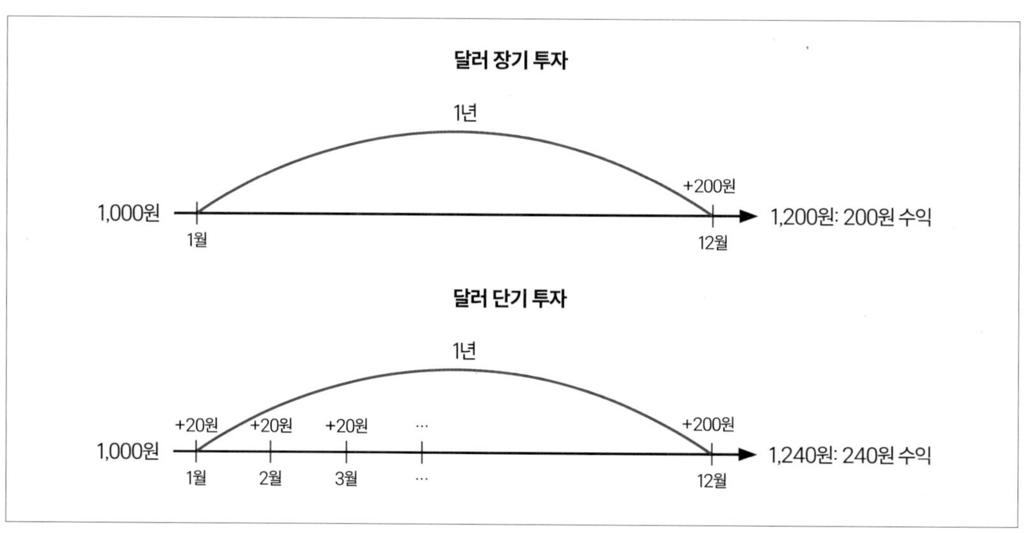

참고로 이 책에서 다루는 달러 투자의 방법은 장기 투자를 하는 데도 적용할 수 있지만, 단기 트레이딩에 더 초점을 맞췄습니다.
좀 더 자세한 투자 전략과 방안에 대해서는 따로 다루도록 하겠습니다.

MEMO

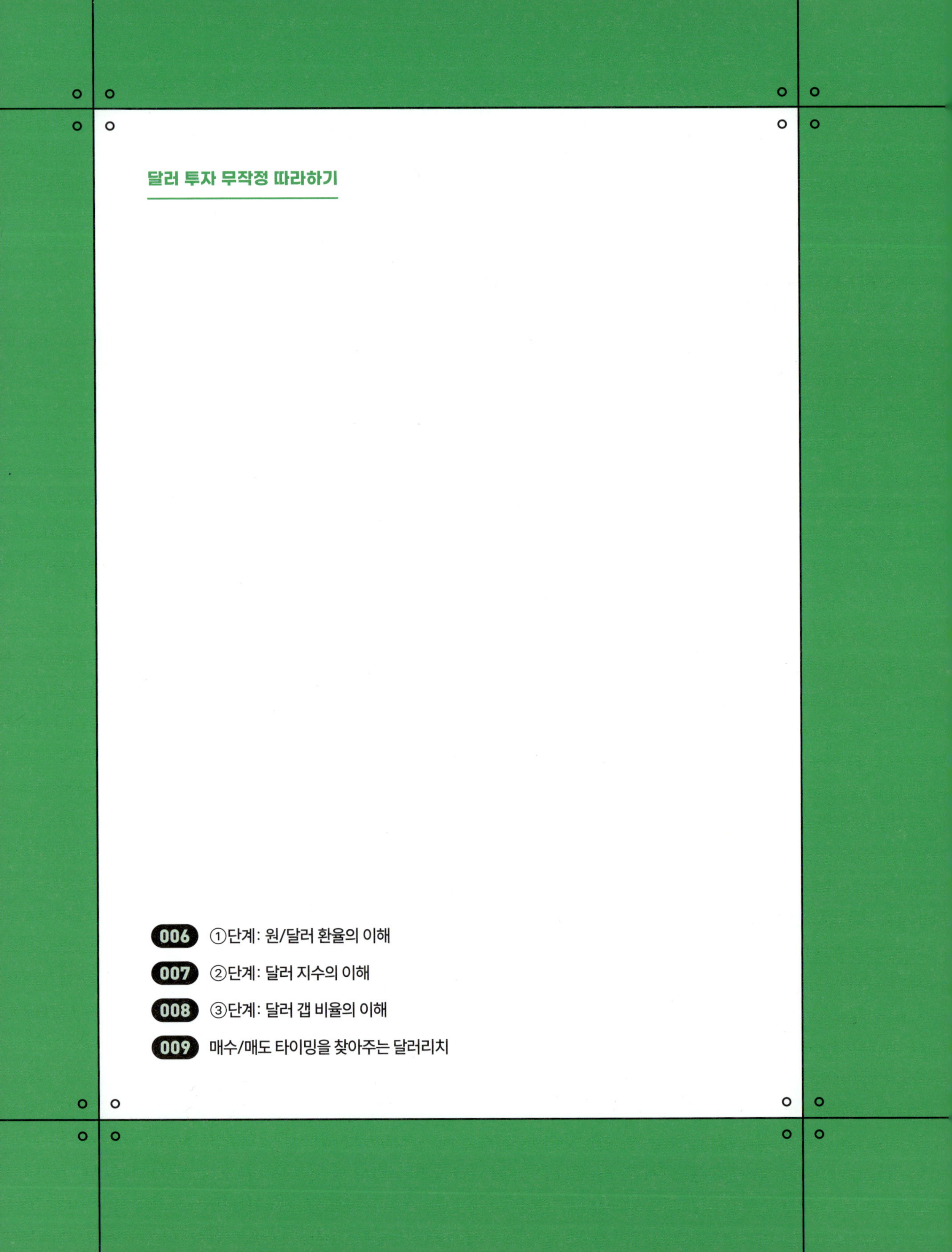
달러 투자 무작정 따라하기
006 ①단계: 원/달러 환율의 이해
007 ②단계: 달러 지수의 이해
008 ③단계: 달러 갭 비율의 이해
009 매수/매도 타이밍을 찾아주는 달러리치

달러 투자의 매수/매도 타이밍 찾기

투 자 이 야 기

공포에 사서 환희에 팔아라?

'부정적인 부자는 없다'라는 말이 있습니다.

긍정의 에너지, 우주의 기운 이런 것들은 차치하더라도 투자의 관점에서 보았을 때 이 말은 어느 정도 맞는 말일 가능성이 있습니다.

'공포에 사서 환희에 팔아라'는 말도 있습니다.

가격이 하락하면 부정적인 생각들이 스멀스멀 기지개를 켜기 시작하면서 막연한 공포 때문에 좋은 기회를 놓치게 됩니다. 긍정적인 부자들은 기회를 잡고, 부정적인 사람들은 기회를 놓치는 경우가 많습니다. 긍정적인 부자들은 더 부자가 되고, 부정적인 사람들은 점점 더 가난해지게 되는 것입니다.

가격이 떨어질 때는 부정적인 생각이 더 많이 듭니다. 긍정의 생각만 하는 것보다는 부정의 생각도 해야 현실을 직시해서 위험을 피할 수 있는 것 아니냐고 생각할 수도 있습니다. 하지만 부정적인 생각들은 일반적인 상황이나 오히려 가격이 오를 때 필요한 얘기이지, 공포를 이겨내야 기회를 잡을 수 있는 하락 상황에서는 별 도움이 되지 않습니다. 그렇다고 해서 근거 없는 막연한 긍정으로 전 재산을 투자해 인생 역전을 꿈꾸라는 얘기도 아닙니다.

투자의 세계에서는 오르는 것도 내리는 것도, 그리고 그 어떤 것도 예측하는 것이 불가능합니다. 때문에 부정한 생각은 멀리하고 긍정의 에너지로 가격이 내릴 때는 나누어 사며 더 큰 하락에 대응하고, 가격이 오를 때는 나누어 팔며 더 큰 상승에 대응해야 하는 것입니다.

006

①단계: 원/달러 환율의 이해

달러 투자의 적정 환율은 얼마일까?

삼성전자 주식의 적정가는 얼마일까요?

2024년의 적정가, 2025년의 적정가. 이렇게 특정 시기에 따른 주가는 기업의 가치 측정을 통해 어느 정도 산출할 수 있지만, 시기를 특정하지 않는다면 그 적정가를 이야기하는 것이 어려울 것입니다. 그 이유는 주식의 가치는 인플레이션에 의해 우상향하기 때문입니다. 화폐의 가치 하락은 기업이 가지고 있는 자산이나 매출을 상대적으로 증가시키기 때문에 부동산이나 주식 같은 자산의 가격은 끊임없이 우상향합니다. 하지만 원/달러 환율은 어떤 자산의 '가격'이 아니라 원화와 달러의 교환 '비율'이기 때문에 시기에 관계없이 적정가를 이야기할 수 있습니다.

원/달러 환율이 고정환율제에서 변동환율제[1]로 바뀌며 움직이기 시작한 1970년대경부터 2025년 현재까지 50여 년간의 원/달러 환율 차트를 보면 1,200원 정도를 중심으로 등락을 반복해왔음을 알 수 있습니다. 그 값이 우상향하지 않는다는 환율의 특성상 부동산 가격이나 주가처럼 급격하게 움직일 가능성은 작다고 할 수 있습니다.

알아두세요

1 **고정환율제와 변동환율제** 고정환율제는 외환 시세의 변동을 전혀 인정하지 않고 고정시켜 놓은 환율 제도를 말합니다. 반면, 변동환율제는 환율을 외환시장의 수요와 공급에 의해 자유롭게 결정되도록 하는 환율 제도입니다.

출처: FRED

수출 실적이 곧 경제의 성적표가 될 만큼 수출 의존도가 높은 우리나라는 특히 환율에 민감한 경제 구조를 가지고 있습니다. 환율이 너무 낮으면 수출 기업의 가격 경쟁력이 낮아져 경제 위기를 초래하게 됩니다. 또 환율이 너무 높으면 수입 물가 상승으로 인해 원자재 가격이 높아져 내수 경기가 침체에 빠지게 됩니다.

이런 경제 위기를 막기 위해서는 원/달러 환율이 너무 낮지도, 너무 높지도 않게 유지되어야 하기 때문에 정부는 환율 안정을 위해 많은 노력을 기울입니다.

정부는 환율이 너무 낮으면 시장에 있는 달러를 사들이는 것으로 달러 수요를 증가시켜 환율 상승을 유도합니다. 반대로 너무 높으면 보유하고 있던 달러를 시장에 공급해 환율 하락을 유도합니다. 원/달러 환율이 어느 정도 오르면 떨어지고, 또 어느 정도 떨어졌다 싶으면 오르는 이유입니다.

▼ 원/달러 환율에 따른 시장 변화의 결과

구분		시장 변화	결과
원/달러 환율이 낮을 때	국내	수출 기업의 가격 경쟁력 하락 → 경제 위기 초래 → 정부의 달러 회수	원/달러 환율 상승
	국외	외국인 투자 수요 감소 → 원화 선호 감소 → 달러 수요 증가	
원/달러 환율이 높을 때	국내	수입 물가 상승 → 원자재 가격 상승 → 내수 경기 침체 → 정부의 달러 공급	원/달러 환율 하락
	국외	수출 기업 강세 → 외국인 투자 증가 → 원화 가치 상승	

뿐만 아니라 고환율의 수혜로 수출 기업들이 호황을 맞게 되면 국내 기업에 투자하려는 외국인들의 원화 매수세가 증가하면서 원화 가치의 상승으로 인해 원/달러 환율이 하락하는 일이 생기기도 합니다. 반대로 저환율로 인해 외국인의 투자 수요가 줄고, 원화 자산을 팔고 달러로 바꿔 가져가려는 수요가 많아지는 원화 가치의 하락과 달러 수요의 증가가 동시에 일어나면 원/달러 환율은 상승하게 됩니다.

정부의 개입뿐만 아니라 우리나라 경제 구조에 따라서도 환율은 아주 자연스럽게 등락을 거듭합니다.

환율이 낮을 때 달러를 사서 환율이 높을 때 달러를 팔아 수익을 얻는 달러 투자자들은 이러한 환율의 파도를 타며 내리면 사고, 오르면 파는 것을 반복하여 수익을 만들어낼 수 있습니다. 하지만 너무 높은 환율에 달러를 사게 되면 수익 실현의 기회가 줄어들 수밖에 없습니다. 반대로 너무 높은 환율에 달러를 팔려고 기다리기만 하는 것도 수익에 큰 도움이 되지 않을 것입니다.

원/달러 환율의 중간가라고 할 수 있는 1,200원을 중심으로 1,200원보다 낮을 때 달러를 매수하면 1,200원 이상이 되었을 때 수익을 얻을 수 있습니다. 그리고 1,200원보다 높을 때 달러를 매수하게 되면 손실의 가능성이 커진다고 할 수 있습니다.

잠깐만요 원/달러 환율 그래프 보기

원/달러 환율 그래프는 달러리치, 인베스팅닷컴과 같은 모바일 앱을 통해서도 확인할 수 있습니다. 하지만 1년 이상 비교적 긴 기간의 환율 추이를 보다 정확하게 확인하고 싶다면 스마트폰의 좁은 화면이 아닌 PC의 큰 화면으로 확인하는 것이 좋습니다.

인베스팅닷컴의 경우 스마트폰 앱으로도 원/달러 환율 그래프를 볼 수 있지만 PC를 통해 웹으로도 확인이 가능합니다.

인베스팅닷컴의 원/달러 환율 화면

원/달러 환율의 중간가 구하기

원/달러 환율이 1,200원 이하라는 것을 전제로 했을 때 52주[2], 그러니까 최근 1년 동안의 원/달러 환율 데이터를 통해 달러를 매수하기 좋은 가격을 도출해낼 수 있습니다.

만약 52주 기간 동안 최고로 높았던 환율이 1,200원이었고 가장 낮았던 환율이 1,000원이었다면 이 두 가격의 중간가인 1,100원 이하가 되었을 때 달러를 매수하면 환율 상승으로 인해 수익을 얻을 가능성이 커집니다.

알아두세요

2 **52주인 이유** 52주는 1년입니다. 만약 보다 공격적인 투자를 하고 싶다면 이 데이터 산정 기간을 더 줄일 수도 있는데 6개월, 혹은 1개월 정도로 산정하는 것도 가능합니다. 일반적인 투자자들은 연 단위로 투자 성과와 수익률을 산정하기 위해 투자 계획을 세울 때도 연 단위로 구분하는 경우가 많습니다.

무작정 따라하기

52주 원/달러 환율의 중간가로 투자 판단하기

원/달러 환율의 중간가 구하는 법을 참고하여 다음의 예제를 풀어봅시다.

예제 1 **52주간 원/달러 환율 그래프를 통해 알게 된 원/달러 환율의 연간 최저가와 최고가가 다음과 같을 때 해당 기간 원/달러 환율의 중간가는 얼마인가요?**

해설 1 52주 원/달러 환율의 중간가는 최저 환율 1,000원과 최고 환율 1,300원을 더한 후 2로 나눈 값인 1,150원입니다. 만약 현재의 환율이 중간가인 1,150원보다 낮다면 투자하기에 좋은 가격이라고 판단할 수 있습니다.

예제 2 **52주간 원/달러 환율 그래프는 다음과 같습니다. A씨가 1달러당 1,150원에 구매했다고 할 때, 해당 기간의 중간가 대비 A씨는 달러를 비싸게 산 것인가요, 싸게 산 것인가요?**

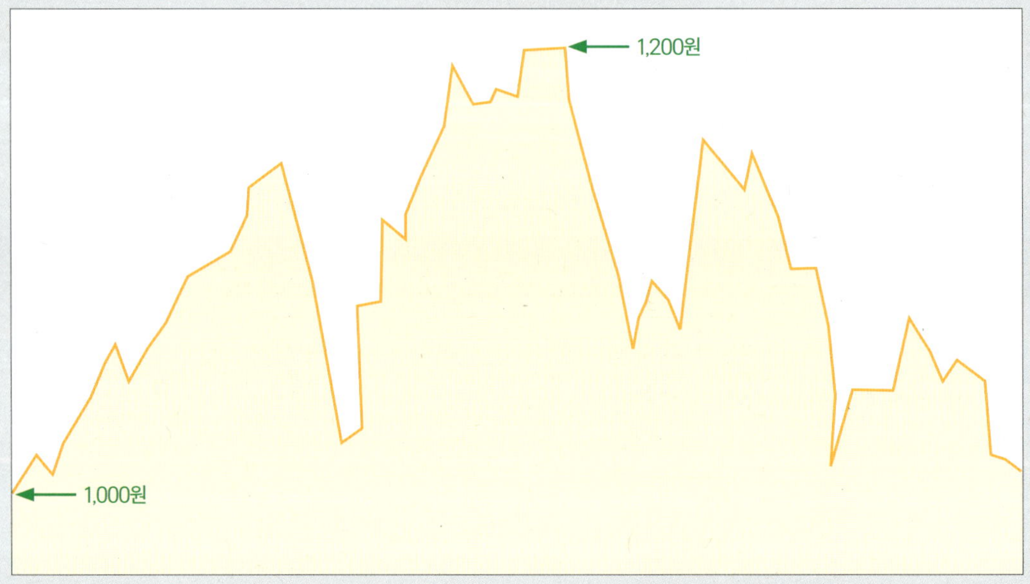

해설 2 52주 원/달러 환율의 중간가는 (1,200+1,000)÷2=1,100원입니다.

A씨는 달러를 1,150원에 샀기 때문에 중간가인 1,100원보다 50원 더 높은 가격에 달러를 샀습니다. 물론 원/달러 환율이 더 올라 수익을 얻을 수도 있겠지만 확률적으로 봤을 때는 좋은 선택이 아니라고 할 수 있습니다.

007

②단계: 달러 지수의 이해

달러의 가치와 가격

모든 투자 대상은 가격과 가치가 따로 존재합니다. 이것이 서로 일치할 때도 있지만 거품이 일어 가격이 가치보다 높을 때도 있고, 제대로 된 가치평가를 받지 못해 가격이 가치보다 낮을 때도 있습니다. 또한 가치와 가격이 일치했을 때 투자한다고 해도 가치 자체가 하락하거나 상승함에 따라 투자의 성패가 좌우되기도 합니다.

투자는 가격이 낮을 때 사서 가격이 높을 때 팔아 그 차이로 수익을 얻는 일이기 때문에 가격과 가치의 관계를 잘 파악하는 것은 매우 중요합니다.

달러 투자도 가치와 가격을 파악하는 것이 중요한데 이때 원/달러 환율은 '달러의 가격'이라고 할 수 있습니다. 환율은 원화와 달러의 교환 비율이기 때문에 가격이라는 표현이 적합해 보이지 않을 수 있습니다. 하지만 1달러를 사는 데 필요한 원화의 가격이기 때문에 환율은 곧 달러의 가격이라는 등식이 성립됩니다.

그렇다면 달러의 가치는 어떻게 알 수 있을까요?

달러의 가치를 측정하기 위해서는 달러가 전 세계에서 사용하는 기축통화이기 때문에 나라마다 인정하는 달러의 가격을 산출하면 됩니다.

원/달러 환율이 원화와 달러의 교환 비율이듯, 각 나라는 달러를 중심으로 자국 화폐의 가격을 환율이라는 이름으로 표시합니다. 유로화와 달러의 교환 비율도 있을 것이고, 일본 엔화와 달러의 교환 비율도 있을 것입니다.

유로화와 엔화처럼 준 기축통화 지위에 있는 화폐와 주요 선진국들의 화폐 가치와 달러의 가치를 비교해 만든 것이 바로 '달러 지수[1]'입니다. 달러 지수는 달러 인덱스라고도 하는데 비교적 객관적인 데이터를 통해 산출해낸 달러의 가치라고 할 수 있습니다.

일반적으로 달러의 가치가 상승하면 원/달러 환율 역시 상승하며, 달러의 가치가 하락하면 원/달러 환율 역시 하락하게 됩니다.

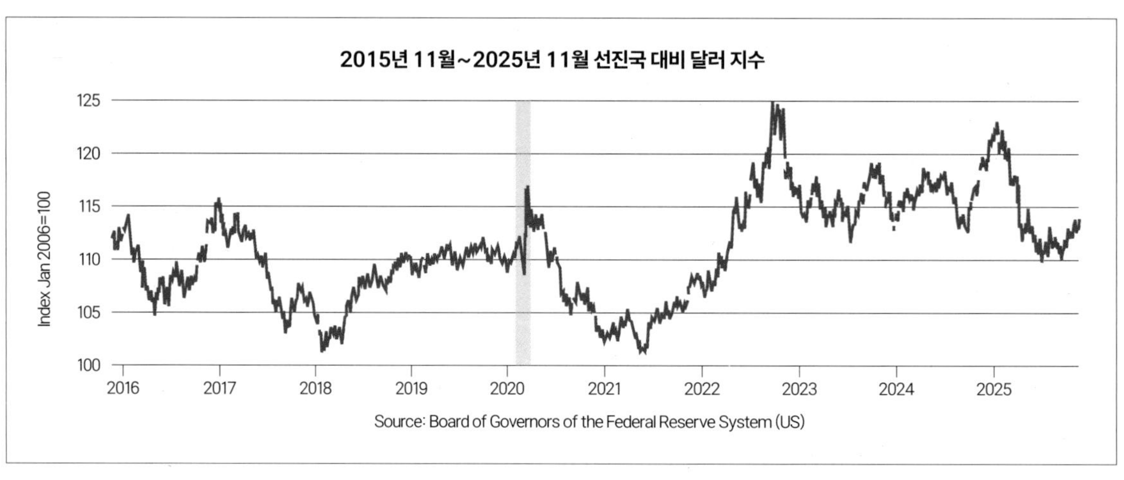

출처: FRED

참고로 달러 지수는 최초에 100에서 출발한 지표로 원/달러 환율의 중간가가 1,200원 수준인 것처럼, 최근 10년간 달러 지수의 중간가는 97~98 정도의 수준입니다.

달러 지수 또한 원/달러 환율과 마찬가지로 어떤 자산의 가격이 아닌 비율이기 때문에 시간이 지남에 따라 우상향하는 게 아니라 중간가를 중심으로 상승과 하락을 반복하는 성격을 지니고 있습니다.

알아두세요

1 **달러 지수** 미국의 중앙은행인 연방준비제도에서 발표하는 달러 지수(달러 인덱스)는 유로, 캐나다, 일본, 영국, 스위스, 호주, 스웨덴의 화폐 가격과 달러를 비교한 것으로 ICE(대륙간거래소) 달러 지수와 비슷한 값을 가집니다. 연방준비제도 달러 지수의 기준점은 2006년으로, 현재 달러 인덱스가 150이라면 2006년에 비해 달러의 가치가 50만큼 올랐다는 뜻입니다.

잠깐만요 달러 지수 그래프 보기

달러 지수 그래프 역시 앞에서 살펴본 원/달러 환율 그래프처럼 달러리치, 인베스팅닷컴 같은 모바일 앱을 통해 확인이 가능합니다. 또한 원/달러 환율 그래프와 마찬가지로 스마트폰보다는 PC로 확인해야 더 정확하고 상세하게 그래프를 볼 수 있습니다.

달러 지수는 'DX'라는 '미국 달러 지수 선물'의 티커로 검색하는 것이 좋습니다. 참고로 티커는 주식 종목이나 지수의 약어 또는 심볼이라고 할 수 있는데, 달러 지수의 티커인 'DXY'를 검색해보면 시간과 함께 '지연'이라는 단어를 발견할 수 있습니다. 그런데 달러 지수 선물, 곧 'DX'로 검색하면 달러 지수와 10분 정도의 시간차를 두고 '실시간 CFD'라고 표시된 것을 볼 수 있습니다.

결과적으로 DXY와 DX는 둘 다 같은 값의 데이터지만 DX를 통해 더 최신의 데이터를 확인할 수 있습니다.

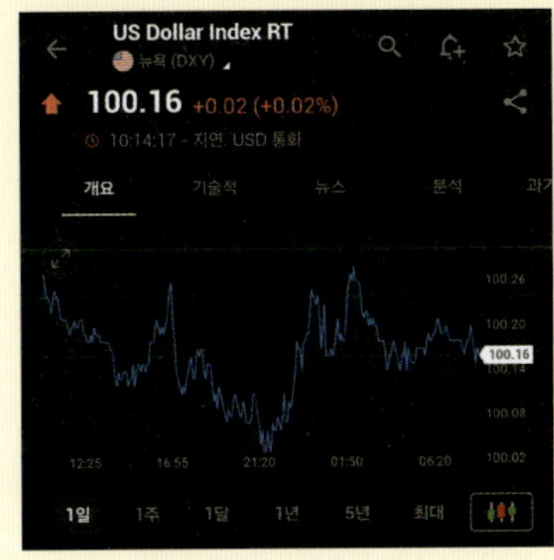

'DXY'로 검색한 화면

'DX'로 검색한 화면

달러 지수의 중간가 구하기

달러 지수 또한 앞서 살펴본 원/달러 환율과 마찬가지로 52주의 기간 동안 가장 높았을 때와 낮았을 때의 중간가를 통해 안전한 매수 타이밍을 찾을 수 있습니다.

원/달러 환율이 중간가를 기준으로 등락을 반복하며 중간가 이하일 때 매수하는 것이 유리하듯, 달러 지수도 중간가보다 낮을 때 달러를 매수하면 달러 가치가 상승할 가능성이 더 큽니다.

무작정 따라하기

52주 달러 지수의 중간가로 투자 판단하기

다음의 예제를 풀어보면서 달러 지수를 제대로 이해했는지 점검해보세요.

예제 1 **52주간 달러 지수 그래프가 다음과 같을 때 해당 기간의 달러 지수 중간가는 얼마인가요?**

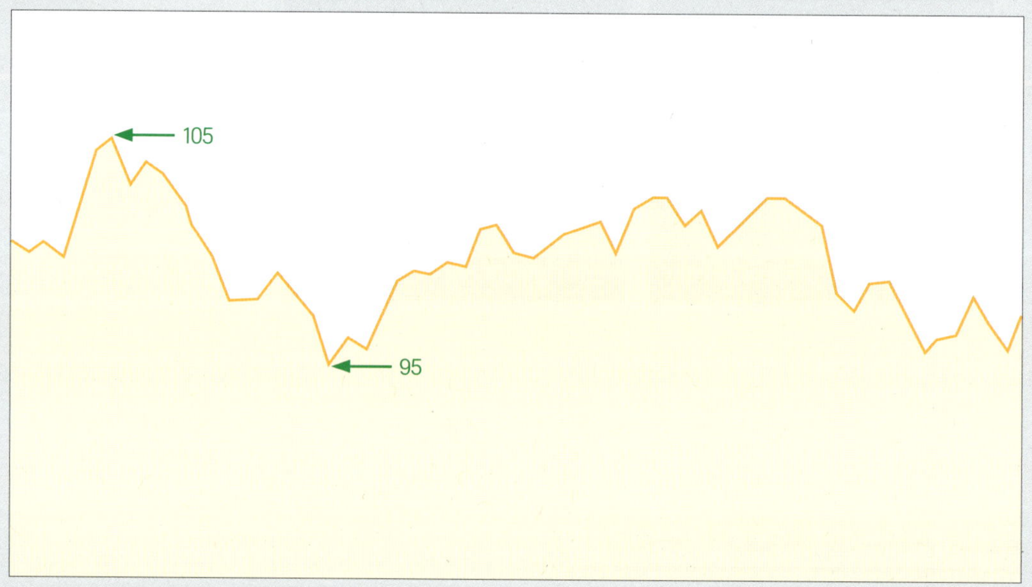

해설 1 52주 달러 지수의 중간가는 최저 달러 지수 95와 최고 달러 지수 105를 더한 후 2로 나눈 100입니다. 만약 현재의 달러 지수가 100보다 낮으면 투자하기에 좋은 가격이라고 할 수 있습니다.

예제 2 **52주간 달러 지수 그래프는 다음과 같습니다. B씨가 달러를 구매했을 때의 달러 지수가 100이었다면 해당 기간의 달러 지수 중간가와의 차이는 얼마인가요?**

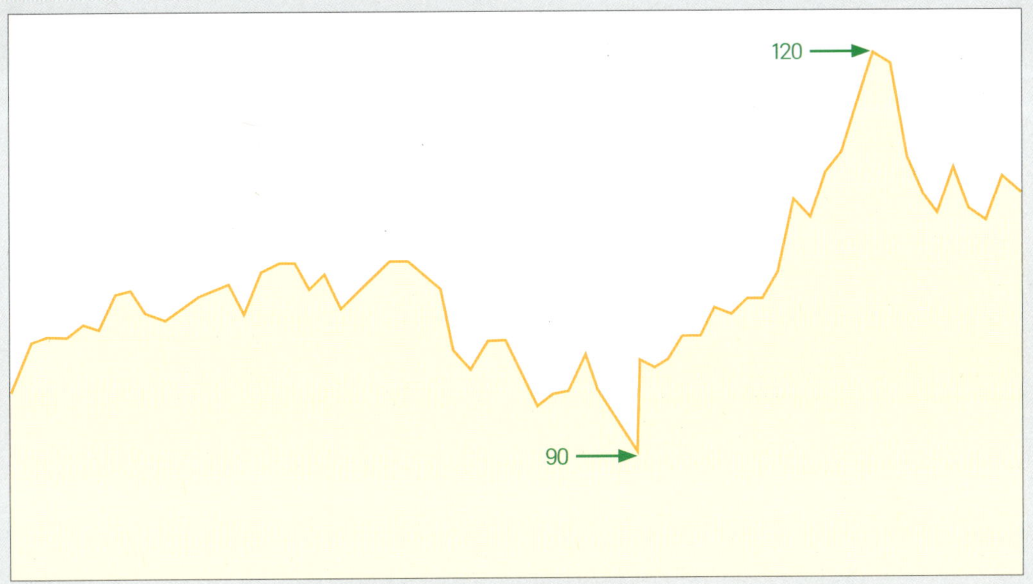

해설 2 52주 달러 지수의 중간가는 (120+90)÷2=105입니다. B씨가 달러를 샀을 때의 달러 지수는 100이었기 때문에 그 둘의 차이는 5입니다.

결과적으로 달러 지수가 낮을 때 달러를 살수록 투자에 유리한데 52주 달러 지수 중간가보다 5만큼 낮을 때 달러를 샀기 때문에 확률적으로 봤을 때는 좋은 선택이었다고 할 수 있습니다.

008

③단계: 달러 갭 비율의 이해

달러 갭은 가치와 가격의 격차

달러는 전 세계에서 사용되는 기축통화이기 때문에 그 가치 측정값이 비교적 개관적이라고 할 수 있습니다. 하지만 원화는 우리나라에서만 사용한다는 한계가 존재할 뿐만 아니라, 그 가치 등락이 비교적 가볍기 때문에 원/달러 환율과 달러 지수는 약간의 시간 차이를 두고 같은 방향으로 움직입니다.

가격은 결국 가치에 수렴하기 때문에 달러 지수가 상승하면 곧이어 원/달러 환율도 상승하고, 달러 지수가 하락하면 원/달러 환율도 하락하는 경우가 많습니다. 물론 원/달러 환율이 달러 지수에 수렴하기도 전에 달러 지수가 움직임의 방향을 바꾸면 원/달러 환율 역시 방향이 바뀔 수 있습니다.

달러 지수(가치)가 움직이면 원/달러 환율(가격)도 따라 움직인다.

예를 들어, 달러 지수가 100에서 1% 상승해 101이 되었다면 1,000원이었던 원/달러 환율도 달러 지수를 따라 1,010원이 될 가능성이 커집니다. 하지만 원/달러 환율이 달러 지수에 수렴하기도 전에 2% 하락해 99가 된다면 원/달러 환율은 1,010원으로 상승하는 것이 아니라 990원으로 하락할 수도 있습니다. 달러 지수를 맹목적으로 원/달러 환율의 상승, 하락을 예측하는 도구로 사용할 경우 잘못된 판단을 하게 될 수도 있다는 것입니다.

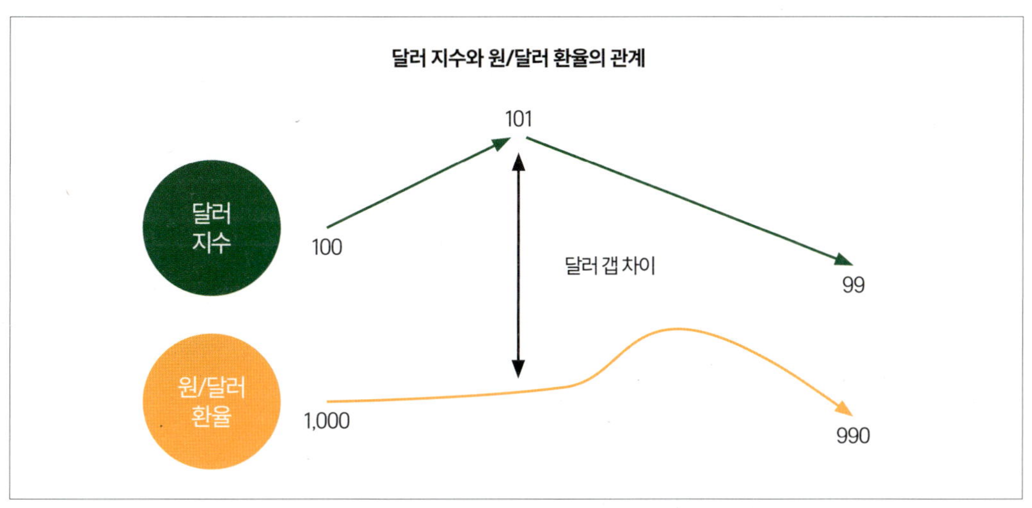

하지만 원/달러 환율이 달러 지수를 추종하는 데 시간이 걸리거나 원화 가치의 등락으로 인해 그 차이, 그러니까 갭이 커지게 되면 달러 지수를 통해 원/달러 환율의 움직임을 파악할 수 있는 확률이 높아지게 됩니다.

예를 들어, 달러 지수가 100에서 10% 상승해 110이 되었는데도 1,000원이었던 원/달러 환율은 그대로라면 이는 가격이 가치에 수렴하는 데 그 시간이 지체[1]되었거나, 일시적인 원화 가치의 상승으로 인해 발생한 일이라고 판단할 수 있습니다.

가격은 가치에 수렴하려는 성질을 가지고 있으며, 원화 가치의 등락은 달러 가치의 등락보다 움직임이 가볍고 일시적이며 개관적이지 않습니다. 때문에 달러의 가치가 하락하게 되더라도 원/달러 환율의 상승 이벤트는 그 폭이 제한되겠지만 방향성이 달라지지는 않을 것입니다.

한마디로 달러 지수와 원/달러 환율, 즉 가치와 가격의 갭이 작을 때보다 클 때가 달러의 매수에 더 유리한 상황이라고 할 수 있습니다.

알아두세요

1 **시간이 지체되는 경우** 가격이 가치에 수렴하는 환율은 금리, 경기 상황, 정책 변화, 외환시장의 거래량 등 수많은 요인에 영향을 받습니다. 만약 북한이 대규모 핵실험을 하는 등 우리나라만의 지정학적 리스크가 발생하게 되는 경우 원화의 가치는 일시적으로 하락하게 됩니다. 이런 상황에서는 달러 지수가 상승한다 하더라도 국내의 문제가 해결되거나 시간이 지나야 원화의 가치가 제자리로 돌아오면서 원/달러 환율도 달러 지수에 수렴하게 될 것입니다.

달러 갭 비율의 평균가 구하기

원/달러 환율의 52주 중간가와 달러 지수의 52주 중간가를 통해 52주 평균 달러 갭 비율을 산출해낼 수 있습니다. 예를 들어, 원/달러 환율의 52주 중간가가 1,000원이고 달러 지수의 52주 중간가가 100이라면 52주 평균 달러 갭 비율 평균가는 '100÷1,000×100=10'이 됩니다.

$$\text{달러 갭 비율 평균가} = \frac{\text{달러 지수 중간가}}{\text{원/달러 환율 중간가}} \times 100$$

달러 갭 비율이 클수록 달러를 매수한 후 상승 가능성이 커집니다. 때문에 현재의 달러 갭 비율이 52주 평균 달러 갭 비율보다 크다면 달러 매수의 기회라고 할 수 있습니다.

예를 들어, 52주 달러 갭 비율의 평균이 10이라고 해봅시다. 현재 원/달러 환율의 중간가가 1,000원이고 달러 지수의 중간가가 달러 가치의 상승으로 120이 되었다면 현재의 달러 갭 비율은 '12'입니다. 현재 달러 갭 비율이 52주 달러 갭 비율의 평균가보다 크기 때문에 원/달러 환율 역시 달러 가치의 상승 폭만큼 오를 가능성이 크다고 판단할 수 있는 것입니다. 반대로 달러 가치가 하락했다면 달러 갭 비율 역시 낮아질 수밖에 없을 것이고, 이를 통해 달러의 매도 타이밍을 가늠해볼 수 있습니다.

달러 갭 비율로 적정 환율 구하기

52주 달러 갭 비율의 평균가는 매수와 매도 타이밍을 가늠하는 척도로 사용할 수 있습니다. 뿐만 아니라, 현재의 적정 환율을 산출하는 데도 좋은 데이터로 활용될 수 있습니다. 만약 52주 달러 갭 비율의 평균가가 10인데 달러 지수는 120이라면 적정 환율은 '10×120=1,200원'이 됩니다.

적정 환율 = 52주 달러 갭 비율의 평균가 × 달러 지수

현재의 환율이 달러 갭 비율과 달러 지수를 고려해서 산출해낸 적정 환율보다 낮다면 매수의 기회로 삼을 수 있는 것입니다.

잠깐만요 달러 지수는 낮아도 높아도 투자에 유리하다

도대체 이게 무슨 소리일까요? 달러 지수는 1973년 3월에 100에서 출발한 지표입니다. 이보다 낮을수록 원래의 가치대로 회귀할 가능성이 커진다고 할 수 있습니다. 그렇다면 달러 지수가 낮았을 때 투자하는 것이 유리하겠지요? 하지만 원화의 가격과 비교했을 때는 달러 지수가 높았을 때 사는 것이 더 유리하다고 할 수 있습니다. 예를 들어, 환율은 동일하게 1,000원인데 달러 지수가 90일 때와 80일 때를 비교하면 전자가 더 유리한 상황이라고 할 수 있습니다. 원/달러 환율은 가격이 아닌 교환 비율이기 때문입니다. 전자의 상황은 비싼 달러를 싸게 사는 것이고, 후자의 상황은 그냥 싸구려가 된 달러를 싸게 사는 것입니다.

이는 원화의 가치 변화 때문입니다. 전자의 상황은 원화의 가치에 거품이 끼어 고평가됐을 가능성이 크기 때문에 거품이 꺼지면 원/달러 환율은 쉽게 상승하게 됩니다. 하지만 후자의 경우에는 달러 가치의 하락이 그 주요 요인이기 때문에 미국과 세계의 경제 상황에 따라 회복에 적지 않은 시간이 소요될 가능성 또한 큽니다.

그런데 환율이 1,000원이고 달러 지수는 100인 상황과 환율이 1,100원이고 달러 지수도 110인 상황에서는 달러 지수가 낮은 경우가 투자하기에 더 유리한 상황이라고 할 수 있습니다. 후자의 경우에는 달러 지수 자체가 하락할 가능성도 크기 때문입니다.

결과적으로 보면 달러 지수가 평균가보다 낮은 상황에서, 그럼에도 불구하고 원화의 가치에 비해서 높을수록 투자에 유리한 상황이라고 할 수 있는 것입니다. 달러 투자 데이터에서 달러 지수뿐만 아니라 달러 갭 비율도 함께 확인하는 이유입니다.

1. 달러 지수가 평균가보다 낮을수록 유리
2. 같은 환율이라면 달러 지수가 높을수록 유리

무작정 따라하기

52주 달러 갭 비율의 평균가로 투자 판단하기

앞서 공부한 내용을 바탕으로 다음 예제를 풀어보세요. 처음에는 복잡하다고 느껴질 수 있지만 문제를 풀다 보면 금방 이해할 수 있을 거예요.

예제 1 **52주간 원/달러 환율의 그래프와 달러 지수의 그래프가 다음과 같을 때 달러 갭 비율의 평균가는 얼마인가요?**

52주 원/달러 환율 그래프

52주 달러 지수 그래프

해설 1 달러 갭 비율을 구하기 위해서는 먼저 원/달러 환율과 달러 지수의 52주 중간가를 확인해야 합니다. 52주 원/달러 환율 중간가는 '(1,050원+1,200원)÷2=1,125원'이며 52주 달러 지수 중간가는 '(90+110)÷2=100'입니다. 52주 평균 달러 갭 비율은 100을 1,125원으로 나누어 100을 곱한 값으로 약 8.88입니다.

예제 2 52주간 원/달러 환율의 그래프와 달러 지수의 그래프가 다음과 같습니다. 현재 달러 갭 비율이 100이라면 지금은 매수하기에 유리한 타이밍인가요?

52주 원/달러 환율 그래프

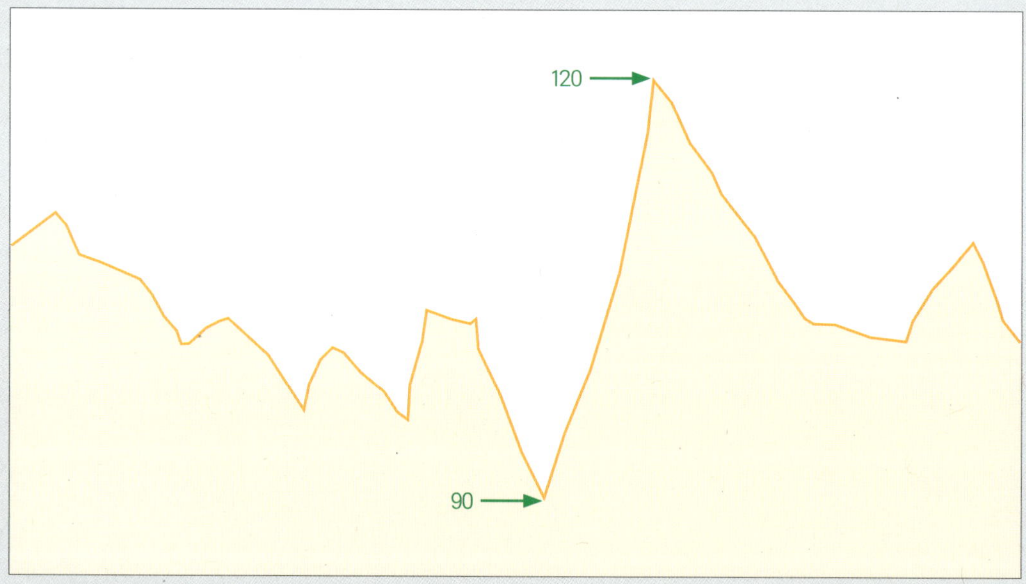

52주 달러 지수 그래프

해설 2 52주 원/달러 환율 중간가는 '(1,000원+1,500원)÷2=1,250원'이며 52주 달러 지수 중간가는 '(90+120)÷2=105'입니다. 52주 평균 달러 갭 비율은 105를 1,250원으로 나누어 100을 곱한 값인 8.4인데, 이는 현재의 달러 갭 비율 10보다 작은 상황입니다. 달러 갭 비율은 그 값이 클수록 유리하기 때문에 현재는 매수에 유리한 상황은 아닙니다.

예제 3 **52주간 달러 갭 비율의 평균가는 10이고, 현재의 달러 지수는 105일 때 적정 환율은 얼마인가요? 그리고 현재의 환율이 1,150원이라면 지금은 매수 타이밍인가요?**

해설 3 52주 평균 달러 갭 비율인 10과 현재의 달러 지수 105를 곱하면 적정 환율은 '10×105=1,050원'입니다. 현재의 환율은 1,150원으로 적정 환율보다 높기 때문에 달러를 매수하기에 좋지 않은 상황이라고 할 수 있습니다.

009

매수/매도 타이밍을 찾아주는 달러리치

달러 투자의 필수 앱, 달러리치

지금까지 달러를 언제 사면 좋을지 총 네 가지 달러 투자 데이터를 통해 살펴보았는데 초보 투자자에게는 이해하기도, 실제 투자에 활용하기에도 복잡하게 느껴질 것입니다. 그래서 달러 투자 데이터를 손쉽게 확인하고 자동으로 계산해주는 애플리케이션을 만들었습니다.

구글 플레이스토어나 아이폰 앱스토어에서 '달러리치'라는 앱을 무료로 다운로드받아 설치하면 달러 투자 데이터를 확인할 수 있습니다.

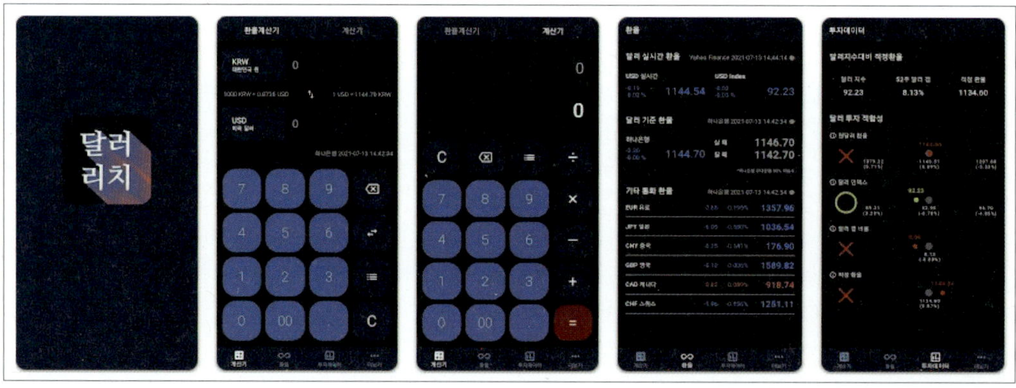

달러리치 앱

달러 투자 데이터마다 매수를 의미하는 '사자' 아이콘과 함께 초록색 ◯ 표시가 떠 있다면 매수에 적합한 상황임을 알 수 있습니다. 또한 현재의 값이 중간에 표시된 값과 가까운지 먼지에 따라서도 좋은 매수 타이밍을 가늠해볼 수 있습니다.

상단에 위치한 [기간]을 선택하면 52주간의 데이터를 통한 달러 투자 데이터뿐만 아니라 6개월, 3개월, 1개월의 다양한 상황에 따른 투자 전략에 도움이 됩니다.

이 책에서 다루는 달러 투자는 '세븐 스플릿'을 중심으로 하고 있습니다. 그래서 매도 타이밍도 철저하게 세븐 스플릿 투자 전략을 따릅니다. 핵보유국인 북한과 대치 중인 우리나라의 화폐인 원화는 비교적 위험한 돈입니다. 따라서 원화로 세계에서 가장 안전한 달러를 매수하는 행위는 비교적 안전한 일이라고 할 수 있습니다.

하지만 반대로 달러의 매도, 즉 달러로 원화를 사는 행위는 매우 위험한 일일 것입니다. 따라서 매수 타이밍은 투자 수익 극대화를 위해 여러 가지 데이터를 참고할 수 있지만 매도 타이밍은 철저하게 '수익이 발생했을 때'로 한정합니다.

즉 여러 가지 데이터를 통해 매도하는 게 좋다는 신호가 있다고 하더라도 세븐 스플릿 투자 원칙 중 하나인 '손절매를 하지 않는다'에 의해 수익이 날 때까지 기다리거나, 외화 정기예금이나 미국 주식 등에 투자하는 패자 부활전을 통해 투자 리스크를 헤지(Hedge)해야 합니다. 결론적으로 매도 타이밍은 '수익이 났을 때' 이외에는 존재하지 않습니다.

달러리치 앱 살펴보기

달러리치를 달러 투자에 이용하는 법은 〈넷째마당〉에서 자세히 설명하겠습니다. 여기서는 달러리치 앱에 어떤 기능이 있는지만 간단히 살펴보겠습니다.

[환율] 화면

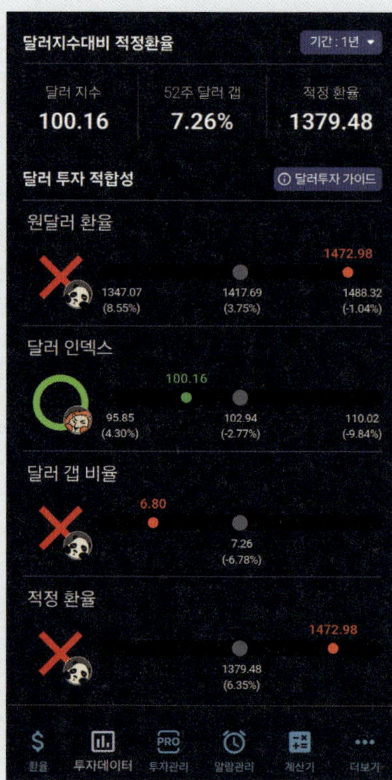

[투자 데이터] 화면

1. 환율 정보

달러의 실시간 환율(역외 환율)과 기준환율(역내 환율), 그리고 달러 지수를 확인할 수 있으며, 차트를 통해 원/달러 환율과 달러 지수의 변동 상황을 비교할 수 있습니다.

특히 [환율 비교] 메뉴에는 실시간 환율과 각 은행의 기준환율을 한눈에 볼 수 있어 달러 투자 플랫폼 간의 환율 차이를 이용한 투자에 활용할 수 있습니다.

2. 달러 투자 데이터

원/달러 환율의 중간가, 달러 지수의 중간가, 달러 갭 비율, 적정 환율 이렇게 네 가지 달러 투자 데이터를 각각 1년, 6개월, 3개월, 1개월 단위로 확인할 수 있습니다.

달러 투자 데이터를 일일이 계산할 필요 없이 현재의 원/달러 환율과 달러 지수가 어느 정도의 가격 위치에 있는지, 그리고 달러를 매수하기에 유리한 상황인지 여부를 ◯/✕로 간단하게 확인이 가능합니다.

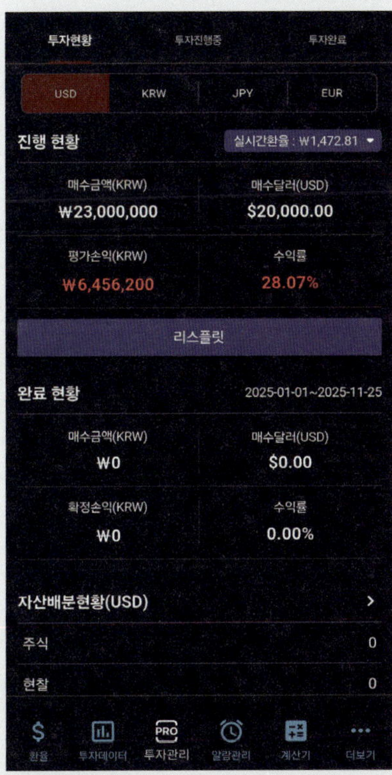

[투자 관리] 화면

[알람 관리] 화면

3. 투자 관리

달러 투자의 핵심 시스템이라고 할 수 있는 분할 매수, 분할 매도 내역을 손쉽게 관리할 수 있습니다. 투자 내역만 기록하면 수익률과 수익을 편리하게 확인할 수 있습니다.

4. 알람 관리

원/달러 환율이 달러의 매수나 매도를 위해 원하는 환율에 도달했을 때 알람을 통해 알려줍니다. 달러 투자 데이터가 매수에 적합한 상황이 되었을 때도 알람을 통해 알 수 있습니다.

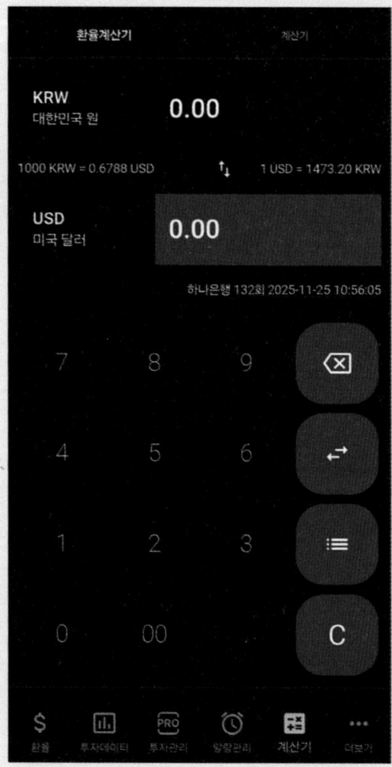

[계산기] 화면

5. 계산기

각종 계산이 필요한 달러 투자 특성에 맞게 계산기 기능이 포함되어 있습니다.

MEMO

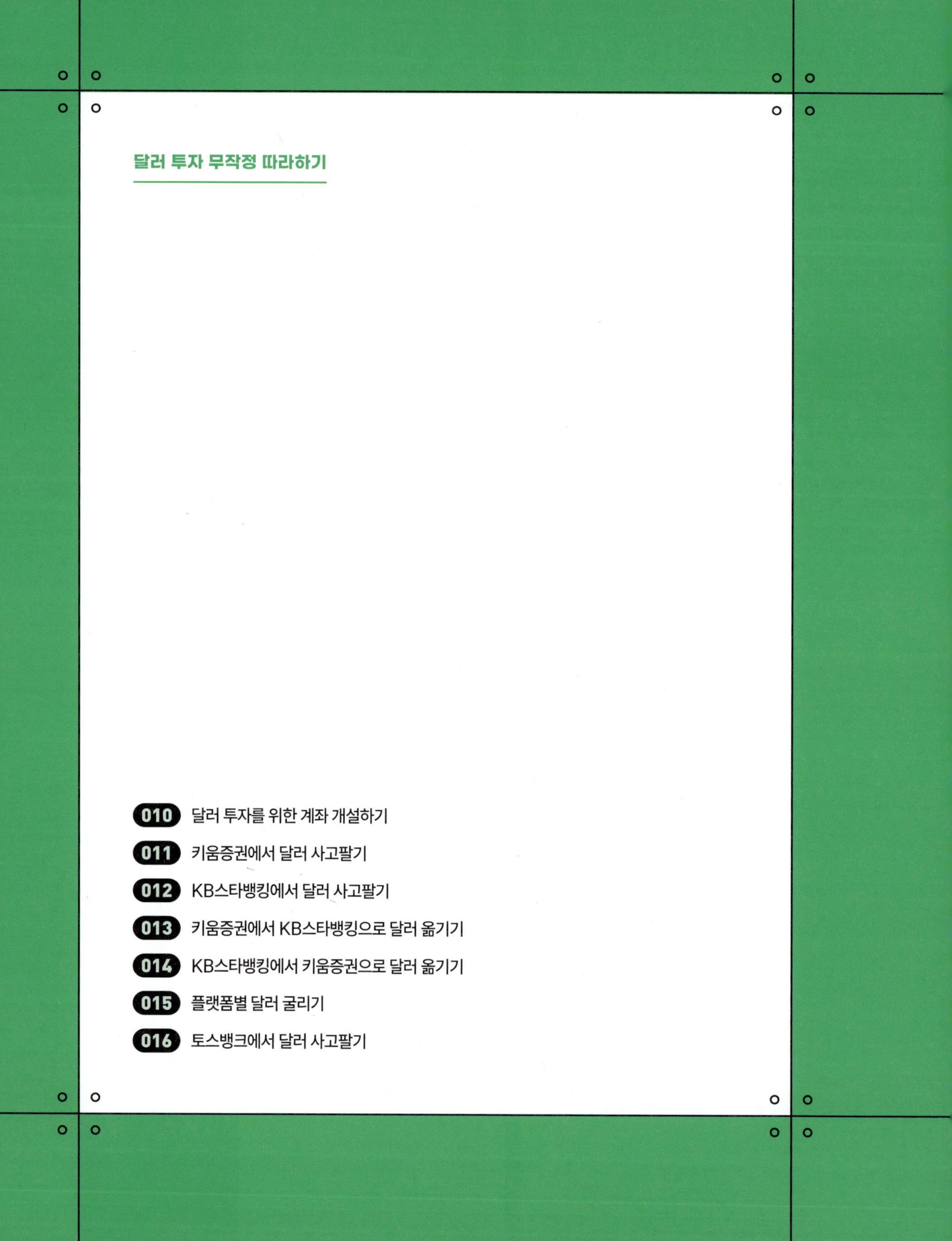

달러 투자 무작정 따라하기

실전!

달러 투자

투 자 이 야 기

투자 지식과 투자 경험

투자의 세계에서는 아는 것보다 백만 배는 더 중요한 것이 있습니다. 바로 '하는 것'입니다. 투자는 머리로만 하는 것이 아니라 멘털이나 경험도 그에 못지않게 중요하기 때문에 적은 금액으로라도 꾸준히 경험해보는 것이 필요합니다.

요즘은 몰라서 실패하는 경우가 많지 않은 세상입니다. 배울 수 있는 방법이 차고 넘치기 때문입니다. 하지만 아는 것과 하는 것에는 큰 차이가 있습니다.

백종원이 알려준 그대로 만든 김치찌개가 왜 내 입맛에는 맞지 않는 걸까요? 볼 때는 쉬워 보였는데 막상 해보면 잘 안 됩니다. 특히 투자는 더 그렇습니다. 투자의 고수들에게 배운 대로, 하락하면 더 사야 한다는 것을 알고 있는데도 공포에 질린 마음은 이미 매도 버튼에 가 있습니다. 투자에 있어 지식보다 더 중요한 멘털에 문제가 있는 것입니다. 인간의 멘털은 너무나도 나약해서 머리가 시키는 일을 마음이 거부하고, 투자를 망치게 하는 경우가 많습니다.

경험 많은 베테랑 악마인 스크루테이프가 인간을 유혹하는 임무를 맡아 고군분투하는 조카 웜우드에게 쓴 편지를 모아놓은 책《스크루테이프의 편지》에는 이런 내용이 나옵니다.

인간을 속이기 위해서는 계획 자체를 세우지 못하게 하는 것이 아니라 계획은 잘 세우도록 도와준 뒤, 다만 행동으로 옮기는 것은 내일부터 하게 하라는 것입니다. 심지어 행동으로 옮기는 것만 아니라면 무슨 짓이라도 하게 내버려둬도 된다는 조언을 덧붙이면서 말입니다. 하지만 막상 내일이 되면 어제의 내일은 다시 오늘이 되기에 결국 영원히 행동하지 못한다는 것을 악마 스크루테이프는 잘 알고 있었던 것입니다.

달러 투자를 하면서 지난 5년간 단 1원도 잃지 않은 성공적인 투자를 경험했고, 또 그것을 실제 투자를 통해 매일매일 증명해 보이고 있음에도 불구하고 행동으로 옮기는 것을 주저하고 있는 분들이 아직도 많은 듯합니다.

고백하건데 제 주위의 친구나 지인 중 달러 투자나 엔화 투자를 하는 사람이 단 한 명도 없을 정도이니 그렇게 신기한 일은 아닙니다.

큰돈이든 적은 돈이든, 수익이든 손실이든 투자 실력과 경험을 '무작정' 쌓아나가다 보면 나중에는 큰 수익을 얻을 수 있게 됩니다. 아는 것에서만 멈추지 말고 지금 당장 해보세요.

010

달러 투자를 위한 계좌 개설하기

은행과 증권사 둘 다 사용

달러 투자 플랫폼은 크게 두 가지로 구분할 수 있는데, 은행의 모바일 뱅킹을 이용한 달러 투자와 증권사의 MTS[1]를 활용한 달러 투자가 그것입니다. 앞에서 살펴보았듯 은행과 증권사는 달러 투자에 있어 각각의 장단점이 있기 때문에 둘 중 어느 하나의 플랫폼을 사용하는 것보다는 두 가지를 상황에 따라 적절하게 선택하여 사용하는 것이 좋습니다.

증권사를 통한 달러 거래 방법은 대부분 유사한데, 이 책에서는 비교적 환율 스프레드가 낮고 환전 수수료 우대율은 높은 '키움증권'을 예로 설명하려고 합니다.

키움증권의 환전 서비스는 환전과 재환전, 곧 달러의 매수와 매도를 은행과 비교했을 때 아주 간단하게 처리할 수 있다는 장점이 있어 초보 달러 투자자들이 어렵지 않게 거래할 수 있습니다.

은행을 통한 달러 거래는 주로 은행의 모바일 뱅킹을 통해 이용 가능한데, 이 책에서는 KB국민은행의 'KB스타뱅킹'을 예시로 들어 설명하려고 합니다.

알아두세요

1 **HTS와 MTS** HTS는 PC용 주식 거래 프로그램이고, MTS는 모바일용 주식 거래 프로그램입니다.

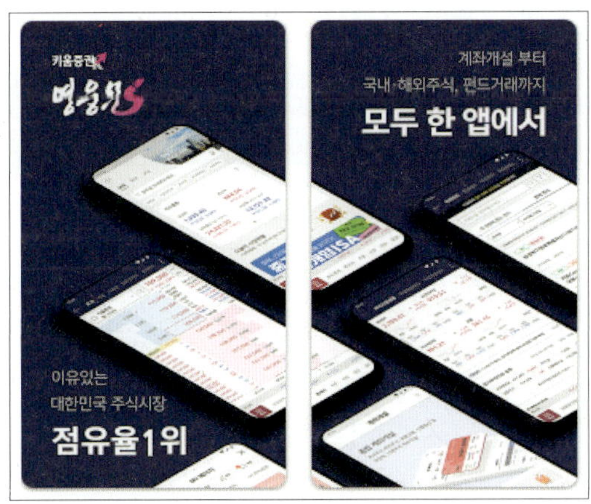

키움증권의 '영웅문S#' 앱

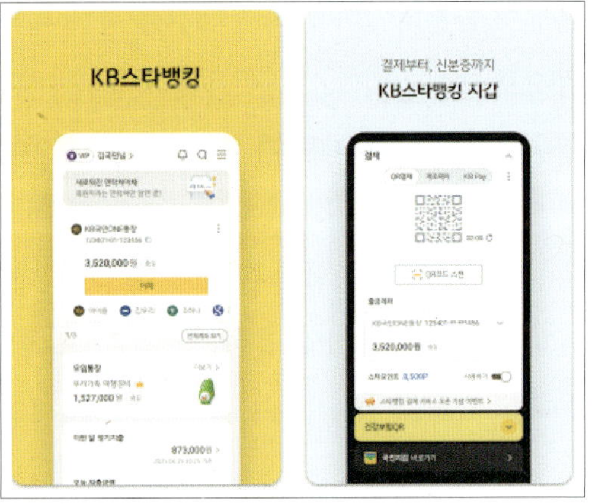

KB국민은행의 'KB스타뱅킹' 앱

1. 키움증권을 이용한 계좌 개설

키움증권의 증권 계좌를 개설하는 방법은 크게 두 가지가 있습니다. 은행 등의 영업점에 방문해 계좌를 개설하거나 앱스토어에서 '키움증권 계좌 개설' 앱이나 '영웅문S#' 앱을 다운로드받아 비대면으로 계좌를 개설할 수 있습니다.

비대면 계좌 개설을 추천하지만, 비대면 계좌 개설이 불가능한 만 19세 미만의 미성년자나 스마트폰 이용이 복잡하고 어렵게 느껴지는 경우에는 키움증권과 제휴한 은행에 직접 방문해 계좌 개설을 하면 됩니다.

참고로 계좌의 종류는 해외 주식 거래가 가능한 종합 계좌를 개설하면 됩니다. 증권 계좌를 개설한 후에는 주식 거래와 환전 서비스 이용을 위한 별도의 MTS 앱 '영웅문S#'을 다운로드받아 설치해야 합니다. '키움증권 계좌개설' 앱은 계좌 개설만을 위한 앱이고, '영웅문S#'은 실제 달러 투자를 위한 앱이라고 이해하면 됩니다.

2. KB국민은행을 이용한 계좌 개설

앱스토어에서 KB국민은행의 모바일 앱 'KB스타뱅킹'을 다운로드받아 설치하면 '외화머니박스'를 통해 달러를 거래할 수 있습니다. 하지만 KB스타뱅킹을 이용하기 위해서는 먼저 KB국민은행 계좌가 있어야 합니다.

만약 KB국민은행 계좌가 없다면 원화의 입출금이 가능한 일반 계좌로 개설하면 되는데 은행에 방문하거나 인터넷 뱅킹을 통해 비대면으로 계좌를 개설합니다.

참고로 외화머니박스를 이용해 환전과 재환전, 즉 달러를 매수하거나 매도하는 것은 원화 입출금 계좌만 있어도 가능합니다. 하지만 환전한 달러를 외화 통장에 보관하거나 증권사 등으로 이체하기 위해서는 별도로 외화 계좌를 개설해야 합니다.

KB국민은행의 외화머니박스를 포함해 하나은행, 우리은행, 신한은행, 기업은행 등 주요 은행들의 환전 모바일 앱은 대부분 스프레드 1.75%에 환전 수수료 우대율 최대 90%를 적용하고 있습니다.

잠깐만요 신규 입출금 계좌 개설 제한

은행과 증권사에서 신규 계좌를 개설하는 경우, '영업일 20일 제한 규정'이라는 것이 있습니다. 보이스 피싱 등 금융 사고 예방을 위해 금융감독원이 도입한 제도인데, 여기서 20일은 은행과 증권사의 영업일 기준입니다. 때문에 토요일과 공휴일까지 포함하면 대략 한 달 정도의 기간이라고 할 수 있습니다.

만약 A 은행에서 신규 계좌를 개설한 후 또 다른 B 은행에서도 신규 계좌를 개설하기 위해서는 약 한 달 후에나 가능한 것입니다. 하지만 몇몇 증권사의 경우에는 이 제한이 없는 곳도 있으니 인터넷이나 고객센터를 통해 미리 확인한 후에 계좌 개설을 하는 것이 좋습니다. 참고로 KB국민은행에 신규 계좌를 개설하고 난 후, 외화 계좌를 개설할 때는 이 영업일 20일 제한 규정에 걸리지 않습니다.

달러 투자 시 은행과 증권사의 차이

증권사와 은행에서 달러 거래를 할 때 장단점을 잠깐 짚고 넘어가 보겠습니다. 증권사에서 달러 거래를 하는 경우 키움증권을 기준으로 환율 스프레드 1%에 환전 수수료 우대율 95%를 적용하면 환전 수수료가 0.05% 정도로 매우 낮습니다. 또한 환전 금액의 제한도 거의 없기 때문에 원하는 만큼의 달러 투자가 가능합니다.

하지만 이렇게 강력한 장점과 대척되는 단점도 존재하는데 그것은 바로 거래 시간이 매우 제한적이라는 것입니다. 뒤에서 자세히 설명하겠지만, 가환율 시간에는 현실적으로 달러 투자가 불가능하기 때문에 실제 달러를 거래할 수 있는 시간은 평일을 기준으로 오전 9시부터 익일 오전 2시까지입니다.

한국투자증권이 유일하게 평일과 공휴일 상관없이 365일 거의 24시간 실시간 환율을 기준으로 달러를 매수하거나 매도할 수 있기는 합니다. 그러나 해외 주식 투자를 병행하지 않은 반복적인 달러 거래에 대해 특히 민감하게 제한하고 있어 달러 투자자로서는 이를 대체할 만한 달러 투자 플랫폼이 절실한 상황입니다.

하지만 은행에서의 달러 거래, 좀 더 정확히 말하면 은행 모바일 뱅킹의 환전 서비스들은 대부분 365일 24시간 달러의 매수와 매도가 가능하다는 장점이 있습니다. 또한 전신환만 거래가 가능한 증권사와는 달리 현찰 달러를 거래할 수 있어 투자로 확보한 달러를 해외 여행 등에 활용할 수 있다는 장점도 있습니다.

하지만 은행 역시 큰 장점과 대척되는 단점이 존재하는데 먼저 환율 스프레드가 1.75% 정도로 1% 정도인 증권사보다 높고, 환전 수수료 우대율도 90% 정도입니다. 즉 은행의 환전 수수료는 0.05%인 증권사보다 3배 이상 높은 0.175%입니다.

또한 거의 무제한으로 환전이 가능한 증권사와는 달리 환전 금액 한도가 하루 2,000달러 정도로 매우 낮아서 거래 규모가 비교적 클 수밖에 없는 달러 투자에는 활용이 불편한 경우가 많습니다.

그럼에도 달러 투자를 할 때는 은행과 증권사를 모두 활용해야 하는 경우가 많기 때문에 꼭 알아두어야 합니다.

키움증권 영웅문S# 설치하기

키움증권의 영웅문S#을 설치하고 환전 수수료 우대율을 적용받는 방법까지 알아보겠습니다.

① 스마트폰의 앱스토어나 구글 플레이스토어에서 '영웅문S#'을 검색하여 설치합니다.

② '영웅문S#'의 설치가 완료되었다면 앱을 실행하고 기존 회원이라면 로그인을, 신규회원이라면 안내에 따라 가입을 진행합니다.

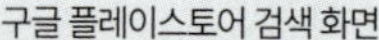
구글 플레이스토어 검색 화면

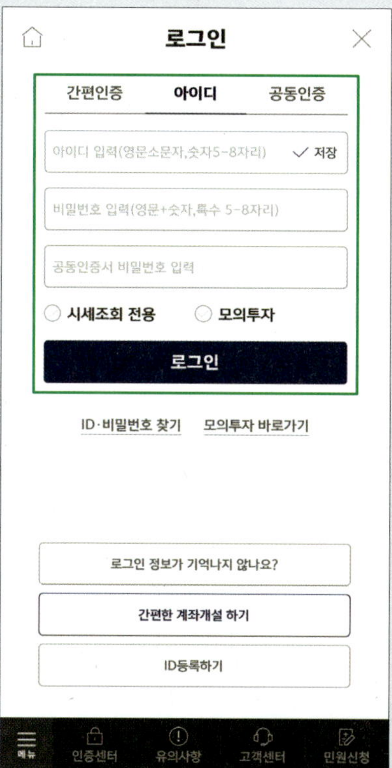

영웅문S# 로그인 화면

③ 증권 계좌 개설까지 모두 완료되었다면 마지막으로 환전 수수료 우대율 혜택을 받기 위한 별도의 신청이 필요합니다. 왼쪽 하단의 [메뉴]를 누르고 오른쪽 상단의 [이벤트] 메뉴를 누릅니다.

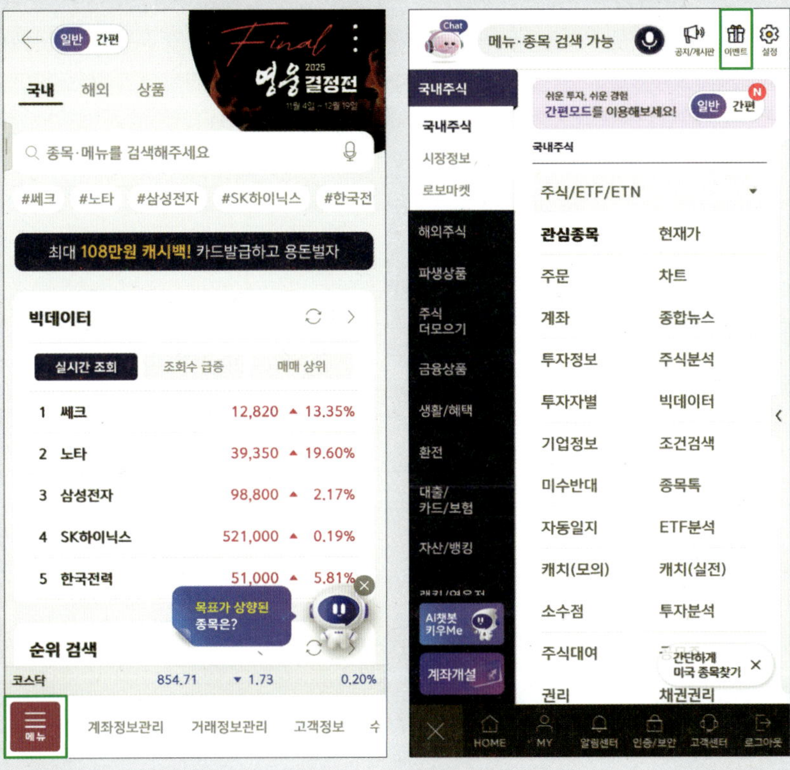

하단의 [메뉴] 선택

상단의 [이벤트] 선택

④ [진행 중 이벤트] 화면에서 [전체] > [해외 주식]을 선택합니다.

⑤ '해외 주식 수수료 0.07% + 95% 환율 우대'라는 이벤트를 확인할 수 있는데, 해당 이벤트를 신청하면 환율 스프레드 1%에 환전 수수료 우대율 95%를 적용받을 수 있습니다. 이벤트는 수시로 변경될 수 있습니다. 해당 이벤트를 찾을 수 없다면 고객센터에 문의하세요.

[전체] > [해외 주식] 선택

[해외 주식] 이벤트 화면

⑥ 환전 수수료 우대율 적용이 제대로 적용되었는지 확인하는 방법은 [메뉴] > [환전] > [환전]에서 보유 통화는 '한국 KRW', 환전 통화는 '미국 USD'를 선택한 후 하단의 '환율 우대'를 통해 확인할 수 있습니다. 환율 우대가 0%라면 환율 우대가 적용되지 않은 것이고, 95%로 표시되어 있다면 환율 우대가 제대로 적용된 것입니다.

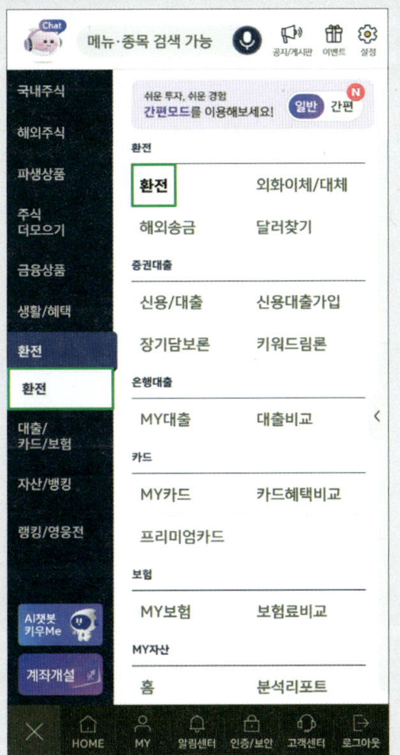

[메뉴] > [환전] > [환전] 선택

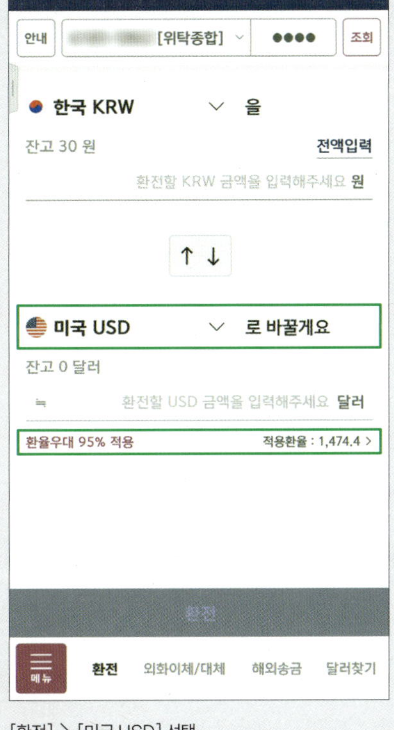

[환전] > [미국 USD] 선택

무작정 따라하기

KB국민은행 KB스타뱅킹 설치하기

KB국민은행 KB스타뱅킹을 설치하는 법을 알아보겠습니다.

① 스마트폰의 앱스토어 또는 구글 플레이스토어에서 'KB스타뱅킹'을 검색하여 설치합니다.

② 'KB스타뱅킹'의 설치가 완료되었다면 앱을 실행해 기존 회원이라면 로그인을, 신규회원이라면 안내에 따라 회원가입을 진행합니다.

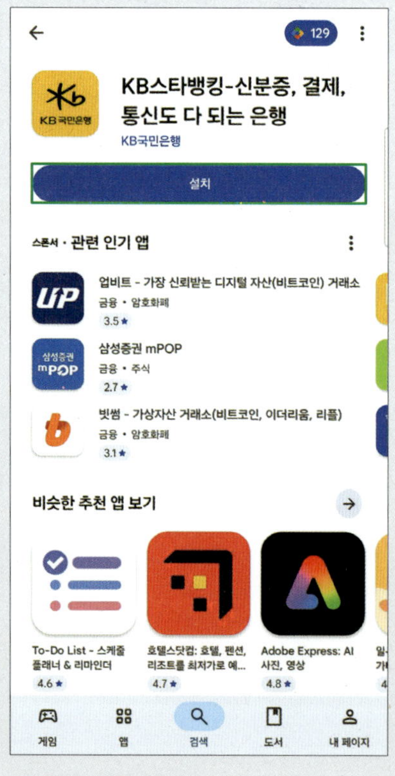

구글 플레이스토어 검색 화면

KB스타뱅킹 로그인 화면

앞서 소개한 '키움증권'과는 달리 KB스타뱅킹에서는 별도의 환율 우대 신청이 필요하지 않습니다. 하지만 환전하는 과정에서 환전 수수료 우대율이 제대로 적용되었는지 확인할 필요가 있습니다. 환전 진행 시 환전 예상 금액의 적용 환율과 우대율을 확인하면 됩니다.

추가로 KB스타뱅킹에서 외화머니박스를 이용해 달러를 매수, 매도하는 방법은 뒤에서 자세히 설명하겠습니다.

011

키움증권에서 달러 사고팔기

먼저 키움증권을 이용해 달러를 매수, 매도할 때 알아둬야 하는 개념들과 기능에 대해 알아봅시다.

가환율과 정산환율

2025년 12월을 기준으로 키움증권의 외화 환전 가능 시간은 영업일, 주말, 공휴일 기준 00:10~23:50까지입니다. 그러나 실시간 환전이 가능한 시간은 영업일 기준으로 주간 환전과 야간 환전으로 구분됩니다.

▼ 키움증권 실시간 환전(영업일 기준)

구분	처리 가능 시간(평일, 영업일 기준)
주간 환전	09:00~16:30
야간 환전	16:30~익일 2:00

이것만 보면 환전이 안 되는 시간은 23:50~익일 00:10까지를 제외하면 24시간 환전, 그러니까 달러를 사고파는 것이 가능하다고 생각할 수 있습니다.

하지만 실제 달러를 투자할 수 있는 시간은 '영업일 9:00~16:30'을 추천합니다. 그 이유는 주간 환전의 경우 우리가 알고 있는 것처럼 매매기준율에 스프레드 가산 및 우대율이 적용됩니다. 하지만 야간 환전의 경우 각각의 매수, 매도 기준환율에서 스프레드 가산 및 우대율이 적용되기 때문입니다.

스프레드 가산 및 우대율이 정확히 어느 정도인지 파악하기는 어렵지만, 수수료율이 주간 환전 시 약 0.05%, 야간 환전 시 약 0.1% 수준입니다. 따라서 소액이라면 야간 환전을 이용해도 괜찮지만, 큰 금액이라면 고민해봐야 합니다.

또 가환율이 적용되는 시간인 영업일 기준 익일 2:00~9:00에는 정확한 환율에 달러를 사고팔 수 없습니다. 단, 1월의 환율 차이에도 수익률과 손익이 달라질 수 있어서 정확하지 않은 환율에 달러를 거래하는 것은 매우 위험한 일입니다.

가환율 시간은 말 그대로 해당 증권사에서 임의로 정한 '가짜 환율'로, 거래한 후 영업일 오전에 정해지는 '정산환율'을 적용하는 것을 말합니다.

참고로 이 가환율은 영업일 기준 익일 2:00 직전에 고시한 환율을 기준으로 살때는 3% 높은 환율에, 그리고 팔 때는 3% 낮은 환율에 거래하게 됩니다. [환율 조회] 메뉴를 보면 26시경 환율 구분란에 '가환율'이라고 표시된 매수 환율과 매도 환율을 확인할 수 있습니다.

환율조회

환율알림 | 2025.11.24 | 미국(USD)

구분	시간	환율 매수	환율 매도
가환율	26:00:02	1,520.69	1,432.11
최종환율	25:59:39	1,491.30	1,461.50
고시환율	25:59:39	1,491.30	1,461.50
고시환율	25:59:05	1,491.30	1,461.50
고시환율	25:58:54	1,491.20	1,461.70
고시환율	25:58:01	1,491.20	1,461.60
고시환율	25:57:30	1,491.10	1,461.60
고시환율	25:57:02	1,491.30	1,461.50
고시환율	25:56:11	1,490.70	1,461.50
고시환율	25:56:00	1,491.20	1,461.50
고시환율	25:55:25	1,491.00	1,461.50
고시환율	25:54:00	1,491.10	1,461.50

확인

가환율이 고시된 화면

환율조회

환율알림 | 2025.12.05 | 미국(USD)

구분	시간	환율 매수	환율 매도
고시환율	09:12:26	1,488.00	1,459.80
고시환율	09:11:52	1,488.20	1,460.00
고시환율	09:10:26	1,488.00	1,459.80
정산환율	09:10:01	1,489.40	1,461.20
고시환율	09:09:31	1,489.50	1,461.30
고시환율	09:09:20	1,489.20	1,461.00
고시환율	09:09:09	1,488.30	1,460.10
고시환율	09:08:40	1,488.50	1,460.30
고시환율	09:07:46	1,488.30	1,460.10
고시환율	09:06:41	1,488.20	1,460.00
고시환율	09:06:28	1,488.40	1,460.20
고시환율	09:05:22	1,488.20	1,460.00

확인

정산환율이 고시된 화면

그리고 정산환율은 [환율 조회]를 선택하면 환율 구분란에 '정산환율'이라고 표시된 환율의 매매기준율로 확인할 수 있는데, 보통은 9:10경에 정산환율이 고시됩니다. 즉 가환율 시간에 달러를 사고팔게 되면 가환율로 임시 거래가 체결되고, 실제 정산은 다음 영업일 9:10경의 정산환율로 마무리되는 것입니다.

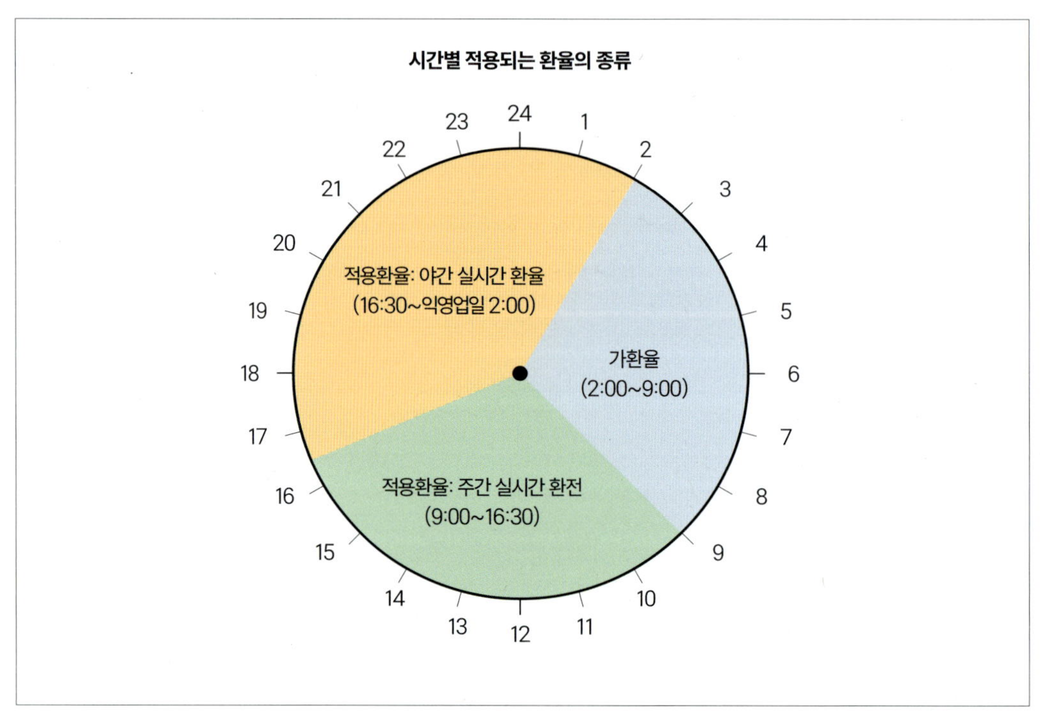

이것을 바꿔 말하면 2:00 이후에 가환율로 거래했다가는 2:00부터 9:00까지 무려 7시간 동안 얼마나 오를지 내릴지도 모르는 환율에 달러를 '묻지마 투자'하게 되는 상황이 될 수 있다는 얘기입니다.

만약 1,200원에 산 달러를 2:00 바로 직전의 기준환율인 1,205원에 팔아 수익을 얻고자 한 투자자가 가환율로 매도했다가는 9:10의 기준환율인 1,195원에 거래되어 결국 손실을 입게 될 수도 있는 것입니다.

따라서 키움증권에서 달러 거래를 하는 경우에는 반드시 가환율 시간을 피해 '영업일 9:00~16:30' 사이를 지키는 것이 좋습니다.

환차익 목적의 환전은 제한할 수 있다

증권사의 환전 서비스는 환전 서비스 그 자체를 금융 서비스의 하나로 제공하고 있는 은행과는 달리 그 목적이 조금 다릅니다.

증권사는 미국 주식 등 해외 주식을 거래할 수 있도록 환전 서비스를 제공하고 있다 보니 대부분 해외 주식 거래를 동반하지 않는 달러 환전 거래에 대해서는 환전 우대율 축소 등 제한적인 조치를 취하는 경우가 많습니다.

키움증권 역시 [안내] 메뉴를 통해 '환차익 목적의 반복적인 외화 거래가 확인되는 경우 환전 우대율이 종료될 수 있다'라고 안내하고 있습니다.

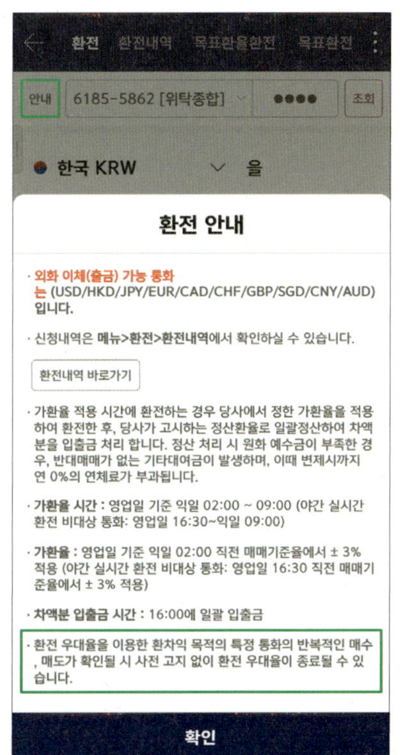

환전 제한 안내문

참고로 증권사는 물론 은행들의 환전 서비스 정책은 환율 상황 등 시장에 따라 바뀌는 경우가 많기 때문에 [안내] 메뉴를 자주 확인하는 습관을 들이는 것이 좋습니다.

2023년 2월 기획재정부에서 발표한 정책 뉴스에 의하면 '그동안 은행에서만 가능했던 외화 환전을 증권사에서도 가능하도록 개편하겠다'라는 내용이 있습니다. 이미 해외 주식을 거래하면서 증권사에서 환전해본 경험이 있다면 '원래부터 증권사에서 외화 환전이 가능했던 것이 아니었나?' 하는 생각이 들 수도 있습니다. 하지만 현행 외환법규에서는 대고객 '일반 환전' 등의 업무가 불가하지만 앞으로 이를 허용하겠다는 것입니다.

여기서 일반 환전이라는 것이 '주식 거래를 위한 환전'과 구별되는 것인지는 확실하지 않습니다. 그러나 증권사에서 그동안 환차익을 목적으로 한 환전을 제한했던 것은 곧 바뀌게 될 외환법규 때문이거나, 자체적인 환전 서비스가 아닌 은행과의 제휴를 통해서만 환전 서비스를 제공할 수 있다 보니 그 수익성이 좋지 않았기 때문일 수도 있겠다고 추측해봅니다.

하지만 해외 주식 투자에 있어 환율은 수익과 직결되는 아주 중요한 요인 중 하나입니다. 환율이 1,200원일 때 달러를 매수해 산 주식은 주가의 등락이 없음에도 환율이 1,100원으로 하락할 경우 약 10%의 손실을 입게 될 것입니다.

따라서 달러 거래를 통해 보다 낮은 환율로 달러를 확보하려는 넓은 의미에서의 달러 투자 행위가 온전히 '환차익'만을 위한 거래인지, 아니면 해외 주식을 보다 낮은 가격에 매수하려는 투자 전략 중 하나인지를 밝혀내기란 불가능에 가까운 일입니다. 때문에 증권사 측에서도 이를 제한할 수 있는 구체적인 조건을 제시하지 못하고 있는 것이 사실입니다.

키움증권의 경우 계좌별, 통화별 환전 횟수를 일별 10회로 제한하거나(이전에는 일 20회였던 적도 있었음), 해외 주식 거래를 전혀 하지 않고 환전하는 경우에 대해서는 환전 수수료 우대율을 축소하는 것과 같은 방법으로 제한적인 환전 서비스를 제공하고 있습니다. 때문에 환전 횟수를 줄이거나 애플 등의 안전한 미국 주식을 단 몇 주라도 보유하는 등 환전 우대율이 축소되는 것을 막으려는 노력이 필요합니다.

다만 한 가지 다행인 점은 2022년 말 엔/원 환율의 역사적 하락으로 엔화 거래가 폭증했을 때 엔화를 비롯한 유로화 등의 환전 수수료 우대율을 축소했었던 키움증권이 달러만은 예외로 두었던 것으로 보면, 달러 투자에 있어서는 환전 수수료 우대율 축소에 대해 크게 걱정하지는 않아도 될 듯합니다.

자동으로 환전해주는 '목표환율 자동환전' 서비스

'원/달러 환율이 1,200원 이하가 되면 추가로 더 사야겠다.'

이런 투자 계획을 세웠다면 이제 해야 할 일은 크게 세 가지로 나뉩니다.

1. 호가창을 뚫어져라 지켜본다. → 단순
2. 알람 기능을 설정한다. → 스마트
3. 낮잠을 잔다. → 무심

저는 주로 3번의 행동을 합니다. 1번은 경제적 자유와는 거리가 먼 투자 방법입니다. 돈의 주인이 되려다가 오히려 돈의 노예가 될 수 있습니다.

2번은 1번에 비해 좀 더 자유로울 수는 있으나 3번에 비해서는 오히려 비효율적일 가능성이 있습니다. 저는 1,200원 아래에서 달러를 매수하겠다는 '대응 계획'을 세운 것이지 1,200원에 달러를 매수할 거라는 '예측'을 한 것은 아니기 때문입니다.

낮잠에서 깨어 확인한 환율이 마침 1,200원 아래여서 달러를 살 수 있었다면 이는 우연의 일치가 있었을 뿐입니다. 만약 낮잠에서 깨어났을 때 이보다 환율이 높다면, 달러를 사지 않았을 것입니다.

그럼 싸게 살 수 있었던 기회를 놓치게 된 것 아니냐고요?

앞으로 원/달러 환율이 오를지 내릴지를 아는 사람은 이 세상에 아무도 없습니다. 만약 내일 원/달러 환율이 폭락한다면 '낮잠을 10분만 더 잘걸…' 하며 후회하게 될 수도 있을 것이라는 얘기입니다.

이와는 반대로 1,200원 아래에서 사기로 계획했지만 타이밍을 놓쳐 오히려 더 낮은 가격인 1,190원에 사게 되는 경우도 비일비재합니다.

제가 이 책을 통해 전하는 달러 투자의 기본 메커니즘은 계획에 따라 거래하는 것이 아니라, 대응을 하는 것에 중점을 두고 있습니다. 이미 산 가격보다 하락하면 더 사고, 이미 산 가격보다 오르면 수익 실현을 하면 됩니다.

알람을 켜놓는다는 것은 한편으로는 소극적 의미에서 예측을 한 것이라고 할 수 있습니다. 1,200원에 켜놓은 매수 알람은 1,190원에 살 수 있는 기회를 놓치게 할 수 있고, 1,210원에 켜놓은 매도 알람은 1,220원에 팔 수 있는 기회를 날리게 할 수 있습니다.

물론 이것은 개인의 투자 성향에 따라 자신에게 알맞은 방법을 적용하는 것이 바람직합니다. 다만 저의 경우에는 호가창의 노예가 되지 않으면서도 시장의 흐름에 자연스럽게 대응해나가는 방식을 더 선호합니다. 이것은 주식 투자를 할 때도 마찬가지입니다. '주식 투자에 성공하는 가장 좋은 방법은 주식 계좌 비밀번호를 잊어버리는 것'이라는 말은 결코 그냥 웃어넘길 만한 농담이 아닙니다.

계획은 예측으로 하는 것이 아니라 대응을 위한 것이어야 한다고 생각합니다. 그 일이 벌어질 것을 예측해 대비하지 말고, 그 일이 벌어졌을 때 대응하면 된다는 얘기입니다.

환율 변동이 워낙 잦다 보니 달러 투자를 할 때는 타이밍을 중요시하는 경우가 많습니다. 하지만 달러 투자의 경험이 많아질수록 드는 생각은 오히려 타이밍은 별로 중요하지 않다는 것입니다. 환율이 상승할지 하락할지 모르는 달러에 투자하면서 예측의 개념이 포함되어 있는 '예약 거래'를 한다는 것은 그리 효과적으로 보이지는 않습니다.

예를 들어, 원/달러 환율이 1,200원이 되면 매수하겠다고 계획했던 투자자가 예약 거래를 했다면 환율이 폭락해 1,200원을 거쳐 1,180원으로 하락한 후 다시 1,190원이 된 상황에서도 1,200원에 단 한 번의 매수 거래만 체결될 것입니다.

물론 아주 특별한 상황에 대한 예이기는 합니다. 하지만 이 투자자의 경우, 느긋하게 기다리다가 1,190원에 달러를 샀거나 1,200원과 1,180원에 두 번으로 나누어 달러를 매수한 투자자보다 불리한 투자 환경에 놓이게 된 것이라고 할 수 있습니다.

그럼에도 불구하고 계획적인 투자는 그렇지 않은 투자보다는 훨씬 더 나은 투자 방식이기 때문에 이를 활용해보는 것도 좋은 선택이 될 수는 있습니다.

키움증권에도 예약 거래를 할 수 있는 기능이 존재하는데 '목표환율 환전'이 그것입니다.

목표환율 환전의 가장 큰 단점은 목표환율을 단 하나로만 지정할 수밖에 없다는 것입니다. 이는 추가 매수 전략에 있어 환율 폭락이나 폭등 등의 상황에 유연하게 대응할 수 없다는 약점이 됩니다.

이러한 약점을 보완할 수 있는 방법은 예약 거래를 다중화하는 것, 즉 목표환율을 여러 개 설정할 수 있어야 해당 목표환율이 될 때마다 반복적인 추가 매수와 수익 실현이 자동으로 이루어질 수 있습니다. 하지만 아직 이러한 거래를 지원하는 달러 투자 플랫폼은 존재하지 않아 아쉬운 상황입니다.

[환전] > [목표환율 환전]

무작정 따라하기

키움증권에서 달러 사고팔기

① 키움증권 영웅문S#에 접속한 후 하단의 [메뉴]를 선택합니다. 그리고 [환전] > [환전]을 선택합니다.

'영웅문S#' 메인 화면에서 [메뉴] 선택

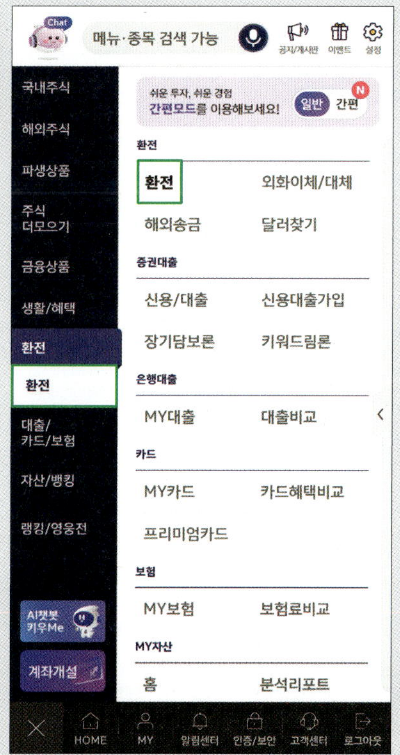

[환전] > [환전] 선택

② 원화로 달러를 매수하기 위해서는 보유 통화를 '한국 KRW'로 설정하고 환전 통화를 '미국 USD', 즉 달러로 선택하면 됩니다.

③ '매도 금액 입력'란에 거래 금액을 입력하면 아래에 순서대로 기준환율과 적용환율, 환율 우대가 몇 %인지 계산되어 나옵니다.

④ 하단의 [환전] 버튼을 눌러 거래를 실행하면 확인 안내창이 뜨면서 원화로 달러를 매수하는 것이 맞는지 확인할 수 있는 '환전 구분', 달러를 매수하는 원화 금액을 확인할 수 있는 '매도 금액', 달러 매수 거래가 체결되었을 때 보유하게 될 달러 금액을 확인할 수 있는 '매수 금액', 마지막으로 가장 중요한 확인 사항이라고 할 수 있는 '적용환율'이 표시됩니다.

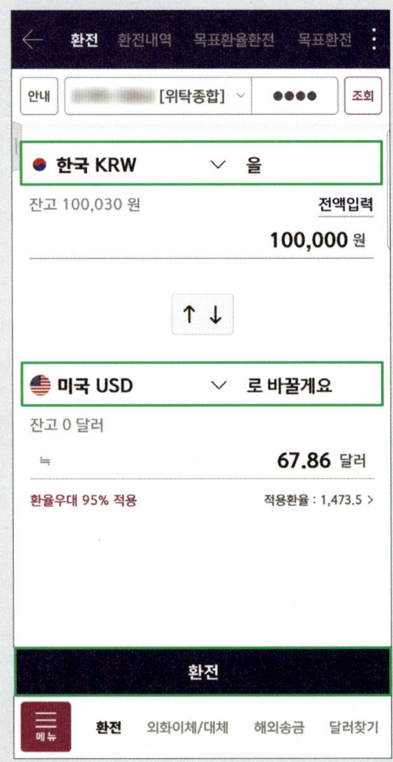

[환전]의 달러 매수 화면

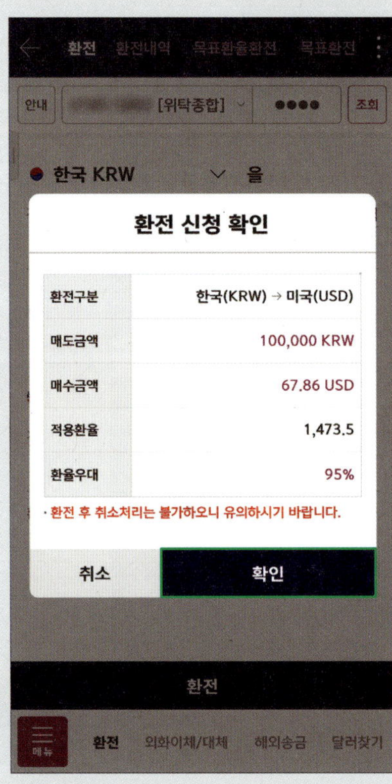

[확인] 버튼 선택

⑤ 매도 방법도 앞에서 설명했던 것과 동일한 과정을 거치게 됩니다. 보유 통화를 '미국 USD'로 선택하고 '매도 금액 입력'란에 거래 금액을 입력한 후, 환전 통화를 '대한민국 KRW'로 설정하면 됩니다.

⑥ 매도할 달러의 금액과 환전 통화, 즉 매수할 원화를 선택하고 나면 달러를 매수했을 때와 마찬가지로 기준환율과 적용환율, 그리고 환율 우대율을 확인할 수 있습니다.

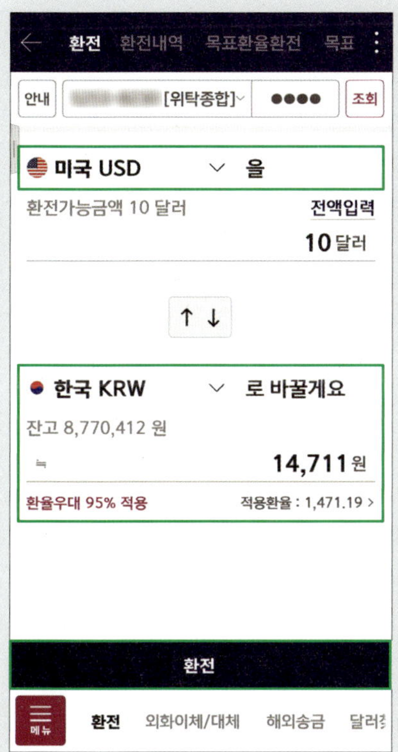

[환전]의 달러 매도 화면

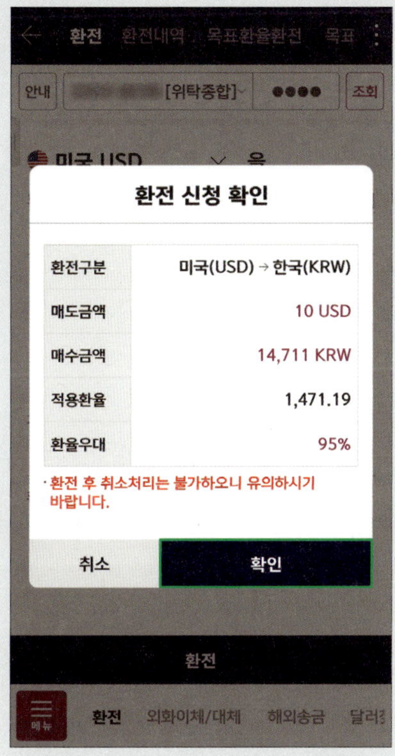

[확인] 버튼 선택

이때 중요하게 확인해야 할 사항 중 하나는 달러를 매도하고 나서 곧바로 원화를 매수하면 총 얼마만큼의 원화가 생기는지입니다. 만약 1,000만 원으로 샀던 달러를 매도한 경우 이 금액이 1,000만 원보다 작으면 손실이고, 1,000만 원보다 크면 수익으로 투자 결과를 판단할 수 있습니다.

달러 투자는 달러 금액을 중심으로 투자하는 것이 편리합니다. 1,200원에 1만 달러, 1,150원에 1만 달러, 이런 식으로 매수하면 매도할 때도 편리하고 투자 관리도 용이합니다. 하지만 키움증권의 경우에는 보유 통화, 즉 매도 금액을 기준으로 거래하도록 되어 있기 때문에 원화 금액을 중심으로 투자하는 것이 더 낫습니다.

이렇게 되면 어쩔 수 없이 증권사에서 달러를 거래할 때는 원화 금액을 중심으로, 은행에서 달러를 거래할 때는 달러 금액을 중심으로 투자 관리를 할 수밖에 없습니다. 하지만 이 책의 후반부에 설명하고 있는 투자 관리를 위한 모바일 앱 '달러리치'를 활용하면 좀 더 편리하고 체계적으로 관리할 수 있습니다.

잠깐만요 쉽고 안전하게 달러 거래하는 법

원/달러 환율은 늦으면 몇 분, 그리고 빠르면 단 1, 2초 사이에도 변동될 수 있기 때문에 매도 금액을 조금이라도 늦게 입력하면 원했던 기준환율에 거래하지 못하거나, 급한 마음에 잘못된 금액을 입력해서 손실이 발생하는 경우가 생길 수도 있습니다.

하지만 '매도 금액 입력'란 바로 위쪽에 위치한 [전액 입력]을 이용하면 사소하지만 사소하지 않은 이 두 가지 문제를 모두 해결할 수 있습니다.

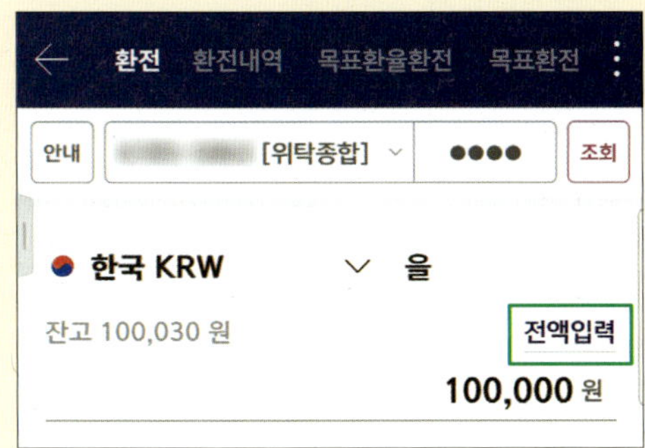

[전액 입력] 선택

달러 매수 전에 해당 계좌에 매도할 만큼, 바꿔 말하면 달러를 매수할 만큼의 금액만 입금하거나 해당 금액만을 남겨두고 나머지는 다른 계좌로 이체해놓으면 보유 통화 전체가 곧 달러를 매수할 금액이 되므로 [전액 입력]을 통해 빠르고 정확하게 거래할 수 있습니다.

예를 들어, 1,000만 원만큼의 원화로 달러를 매수하기로 했다면 해당 계좌에 미리 1,000만 원만 입금하거나, 이미 더 큰 금액이 들어 있었다면 1,000만 원만 남겨 놓고 나머지는 다른 계좌로 이체한 후 거래를 원하는 기준환율이 되었을 때 [전액 입력]을 선택하고 화면 하단의 [확인] 버튼만 누르면 단 몇 초 만에 거래를 실행할 수 있습니다.

마지막으로 해당 거래를 최종 확인하는 안내창이 나오기 때문에 총 세 번의 터치만으로 거래가 체결됩니다.

012

KB스타뱅킹에서 달러 사고팔기

하나은행의 '하나1Q(원큐)', 신한은행의 '신한쏠(SOL)', 우리은행의 '우리WON뱅킹', 그리고 KB국민은행의 'KB스타뱅킹' 등 은행들이 서비스 중인 모바일 뱅킹에는 누구에게나 환전 수수료 우대율 90% 혜택으로 환전 서비스를 제공하고 있습니다.
그리고 은행마다 환전 서비스명도 다른데 하나1Q에서는 '환전지갑', 신한쏠에서는 '환전 모바일금고', 우리WON뱅킹에서는 '환전주머니', 그리고 KB스타뱅킹에서는 '외화머니박스'라고 부릅니다.
은행도 다르고 서비스명도 제각각이지만 사용 방법은 대동소이합니다. 때문에 이 책에서는 KB국민은행의 KB스타뱅킹에서 서비스 중인 외화머니박스를 예로 들어 은행을 통해 달러 투자하는 방법을 소개하고자 합니다.
환전 서비스에 대해 다소 제한적인 입장을 취하고 있는 증권사와는 달리 은행의 경우 환전 서비스를 많이 이용하는 고객에게는 포인트나 경품을 지급하는 등 더욱 적극적인 서비스를 제공하기 때문에 증권사 대비 높은 거래 수수료를 부담해야 하는 달러 투자 플랫폼이기는 합니다. 하지만 적절한 상황에 잘 활용하면 효과적이고 효율적인 달러 투자를 할 수 있습니다.

달러 매수하기

KB스타뱅킹에 접속해 상단에 세 개의 줄(☰)로 표시되어 있는 전체 메뉴 버튼을 눌러서

[외환] 메뉴에 들어가면 환율, 환전부터 외화 이체, 외화 예금 가입 등의 외환 서비스들을 이용할 수 있습니다.

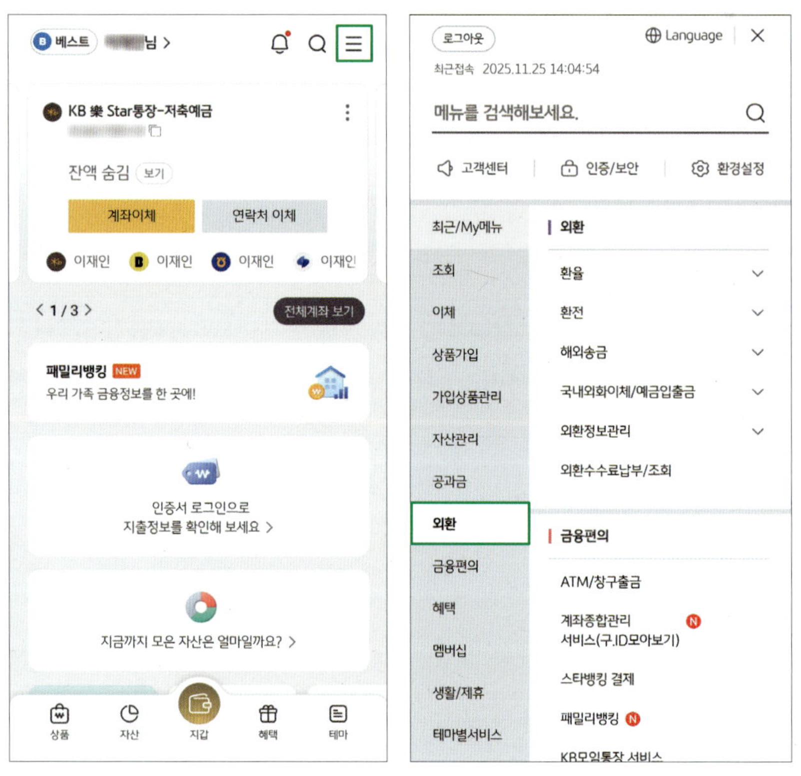

KB스타뱅킹 홈 화면

[외환] 선택

[환전] 카테고리에 들어가 보면 환전 신청, 환전 조회/관리, 비로그인 환전 내역 조회의 메뉴가 있는데 달러를 매수할 때는 [환전 신청] 메뉴를 이용하면 됩니다.

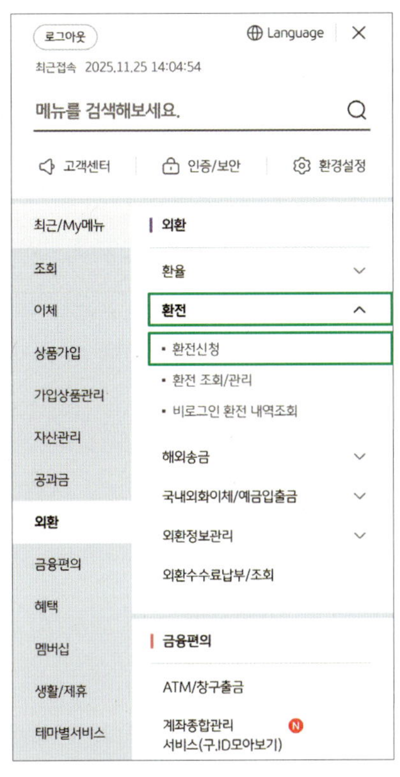

[환전] > [환전 신청] 선택

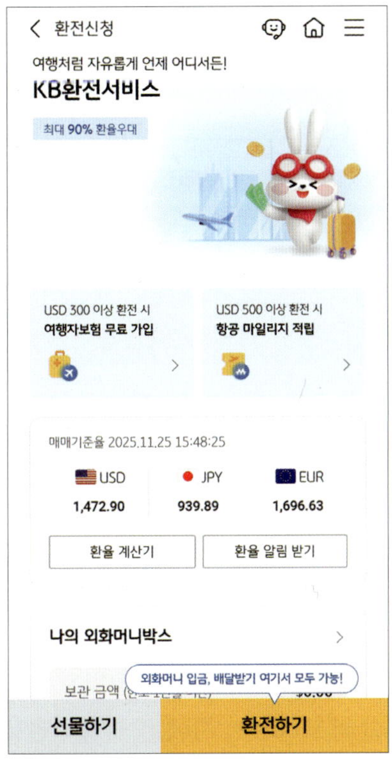

[환전 신청] 화면

환전 금액 제한에 걸렸을 때

앞에서도 잠깐 살펴보았던 각 은행의 환전 서비스명들을 보면 환전 후 보관의 기능에 대한 이해가 좀 더 쉽습니다. 하나은행의 환전지갑, 신한은행의 환전모바일금고, 우리은행의 환전주머니, 그리고 KB국민은행의 외화머니박스 등 환전한 달러를 보관하는 곳이라는 개념을 직관적으로 알 수 있습니다.

은행들이 이처럼 환전 서비스에 보관의 개념을 둔 이유는 환전 금액 제한과 관련이 있습니다. 보통 1인당 하루 2,000달러의 환전 금액 한도뿐만 아니라 누적 환전 금액 역시 1만 달러로 제한하고 있습니다. 이 누적 환전 금액을 초과하게 되면 더 이상 환전을 할 수 없게 됩니다. 하지만 이와 같은 보관 한도, 다시 말해 누적 환전 금액 제한을 해제하는 방법이 존재합니다. 바로 보관 중인 달러를 다른 곳으로 옮기는 것입니다.

KB국민은행도 외화머니박스의 보관 한도는 1만 달러지만 보관 중인 달러를 외화 계좌로 이체할 수 있습니다. 이는 다른 은행들도 마찬가지여서 각 은행의 원화 계좌를 개설할 때 외화 계좌를 함께 개설해두면 누적 환전 금액 제한은 사실상 해제할 수 있습니다.

다만, 여기서 한 가지 문제가 발생하는데 외화머니박스에 보관 중인 달러는 환전했을 때와 똑같은 거래 시간과 환전 수수료 우대율로 재환전, 그러니까 매도가 가능합니다. 하지만 외화 계좌로 보낸 달러는 현찰 수령은 가능하지만 거래 가능 시간은 대부분 은행 영업시간 이내 혹은 23:50 이전으로 제한되고, 환전 수수료 우대율 역시 은행의 고객 등급에 따라 차등 적용됩니다.

하지만 이런 문제도 완화할 수 있는 방법이 있는데 달러를 더 유리한 거래 수수료로 매도할 수 있는 달러 투자 플랫폼, 예를 들어 키움증권 등으로 옮기는 것입니다.

KB국민은행의 외화 계좌에는 현찰과 전신환 둘 다 입금과 보관이 가능합니다. 외화머니박스로 매수한 달러는 현찰 달러이기 때문에 현찰 출금도 가능하고, 키움증권 등으로 외화 이체도 가능합니다. 단 매도(재환전) 시에는 키움증권보다 거래 수수료가 높습니다(스프레드 1.75%, 우대율 90%).

하지만 키움증권으로 이체한 달러는 낮은 거래 수수료로 매도(재환전)가 가능하지만(스프레드 1%, 우대율 95%), 이체하는 순간 현찰 달러의 특성이 사라져버리기 때문에 현찰 출금 시에는 1.5%의 현찰 수수료가 부과됩니다. 따라서 외화 계좌에 보관한 현찰 달러를 키움증권 등으로 이체할 때는 반드시 매도(재환전)하는 경우에만 이체하는 것이 좋습니다.

달러 매도하기

달러의 매수와 매도가 하나의 화면에서 모두 가능했던 키움증권에서의 환전과는 달리 KB 국민은행에서 달러의 매수는 [환전] 〉 [환전 신청] 메뉴에서 하고 달러의 매도는 [환전 조회/관리] 메뉴에서 진행됩니다.

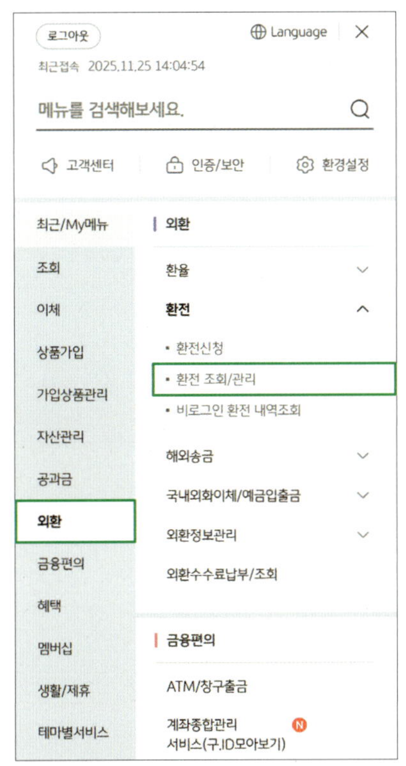

[외환] > [환전 조회/관리] 선택

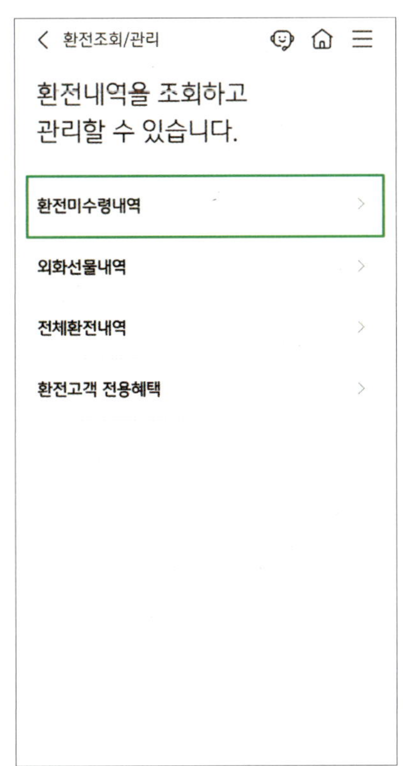

[환전 미수령 내역] 선택

환전 내역을 조회하고 관리할 수 있는 이 메뉴에서는 여러 환전 내역을 확인할 수 있는데, 그중 [환전 미수령 내역]을 선택하면 최근의 환전 내역을 빠르게 조회할 수 있습니다.

이 메뉴에서는 현재 외화머니박스에 보관되어 있어 재환전과 현찰 달러 수령, 외화 계좌로 이체가 가능한 달러의 내역만을 조회할 수 있습니다. 따라서 달러를 매도할 때 이전에 거래했던 모든 내역이 조회되는 [전체 환전 내역]보다는 [환전 미수령 내역] 메뉴를 활용하는 것이 더 편리합니다.

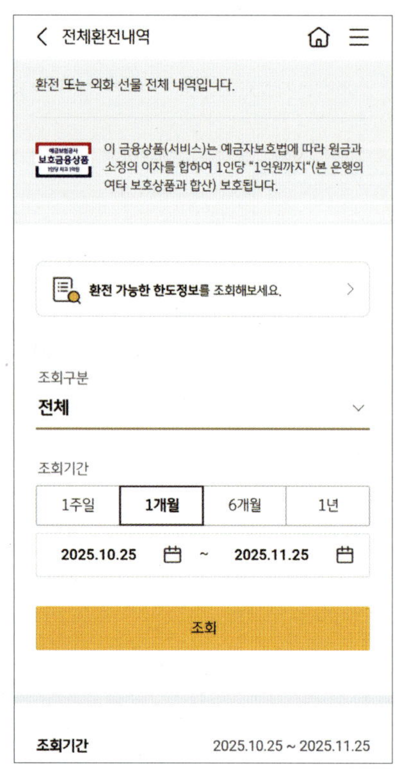

[전체 환전 내역] 화면

[환전 미수령 내역] 화면

참고로 외화머니박스에서는 재환전, 즉 달러의 매도를 '달러 되팔기'라고 표현하고 있습니다. 달러 되팔기의 한 가지 단점으로는 분할 매도나 일부 금액만을 현찰 달러로 수령하거나 이체하는 것이 불가능하다는 점인데, 이를 고려하여 매수할 때는 적당히 나누어 거래하는 것이 좋습니다.

아래쪽에 [상세 보기]를 선택하면 좀 더 세부적인 외화 매입 정보를 확인할 수 있습니다. [달러 되팔기]를 선택하면 재환전할 때의 기준환율과 적용환율 등을 확인할 수 있습니다.

[거래 내역] > [되팔기] 선택

[되팔기] 화면

참고로 [수령정보등록]을 선택하면 현찰 달러를 수령할 날짜와 방문 지점을 선택할 수 있는데, KB국민은행의 경우 날짜와 지점을 다르게 선택하더라도 원하는 날짜에 원하는 지점에 방문해 달러 수령이 가능합니다. 하나은행처럼 지점 변경이 불가능한 경우도 있으니 가능하면 지점에 미리 연락하거나 방문해서 달러 현찰 수령이 가능한지 확인한 후에 정하는 것이 좋습니다.

또 [외화예금 입금]을 선택하는 경우 외화머니박스에 보관되어 있던 달러를 외화 계좌로 옮길 수 있는데, 이는 크게 다음 세 가지 목적으로 활용할 수 있습니다.

첫째, 외화머니박스의 달러 보관 한도가 부족해 추가 환전이 불가능한 경우 이를 비움으로써 환전 한도를 늘릴 수 있습니다.

둘째, 환전한 달러를 키움증권 등 거래 수수료가 낮은 달러 환전 플랫폼으로 이체해 최저

0.175%인 환전 거래비용을 최저 0.05%까지 낮춰 매도하려고 할 때 활용할 수 있습니다.

셋째, 외화 정기예금에 가입해 달러 투자 기간 동안 이자 수익을 얻을 수 있습니다.

무작정 따라하기

KB국민은행에서 달러 사고팔기

이번에는 KB스타뱅킹에서 달러를 사고파는 법을 화면과 함께 하나씩 알아봅시다.

① [환전] > [환전 신청] 화면 하단의 [환전하기]를 선택합니다. 예전엔 환전 서비스마다 선택하는 버튼이 각각 있었지만, 이제는 [환전하기]로 모두 통합되었습니다.

② 매수할 통화를 선택하고 매수 금액을 입력하면 하단에 우대 환율과 우대 금액을 확인할 수 있습니다. [다음] 버튼을 선택해 환전을 진행합니다.

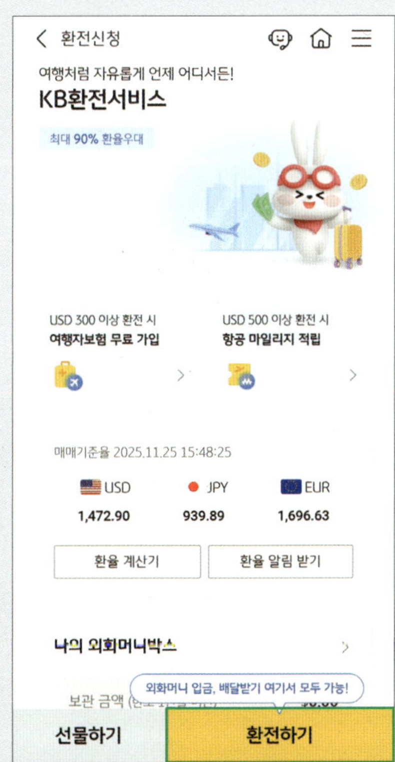

[환전] > [환전 신청] > [환전하기] 선택

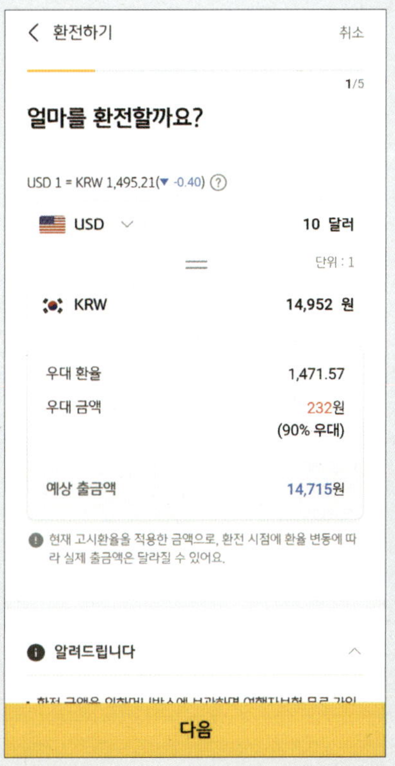

[환전하기] 화면

③ 이제 수령 방법을 선택할 수 있습니다. 이 중 [외화머니박스에 보관]을 선택합니다. 그러면 현재 보관하고 있는 외화와 남은 한도, 환전 신청 금액 등을 다시 한번 확인할 수 있습니다.

④ 화면 하단의 [다음]을 선택해 진행합니다. 참고로 [환전 한도 보기]를 클릭하면 '연간 비대면 환전 가능 금액'과 '외화머니박스 보관 한도'를 조회할 수 있습니다.[1]

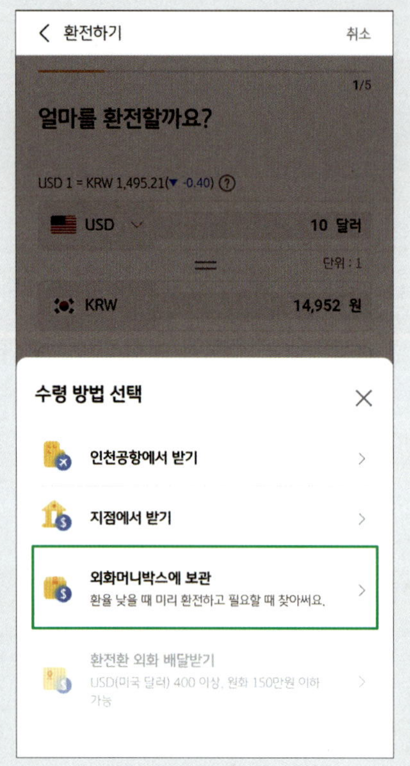

수령 방법 > [외화머니박스에 보관] 선택

[외화머니박스] > [다음] 선택

알아두세요

1 **KB국민은행 환전 정책 특징** KB국민은행은 '일 환전 한도'와 '환전 후 보관 한도' 외에도 '연간 환전 한도'도 존재하는데 다른 은행들은 없는 다소 특이한 서비스 정책입니다.

⑤ 출금계좌를 설정합니다. 출금계좌는 달러를 매수할 원화가 들어 있는 계좌를 말하는데, 이때 아래쪽에 함께 제공되는 출금 가능 금액을 확인하면 좋습니다.

⑥ 화면 [다음]을 선택하고 계좌 비밀번호를 입력합니다.

⑦ 적용 예상환율, 출금 예상 금액, 출금계좌번호, 휴대폰 번호 등을 확인할 수 있습니다. 모든 정보가 일치한다면 [환전하기] 버튼을 클릭합니다.

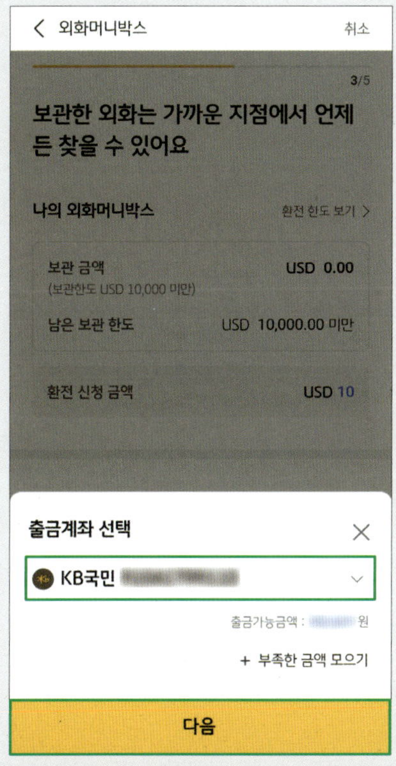

[출금계좌 선택] > [다음] 선택

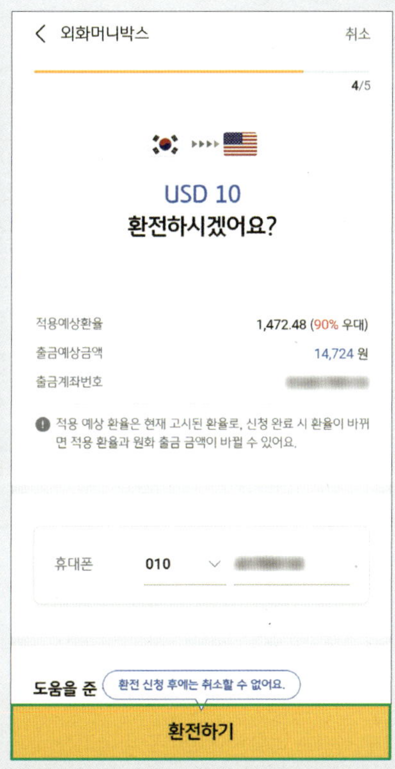

[환전하기] 선택

⑧ 약관을 읽고 [동의]를 선택합니다. 이어 인증서로 최종 마무리를 하면 환전이 완료됩니다.

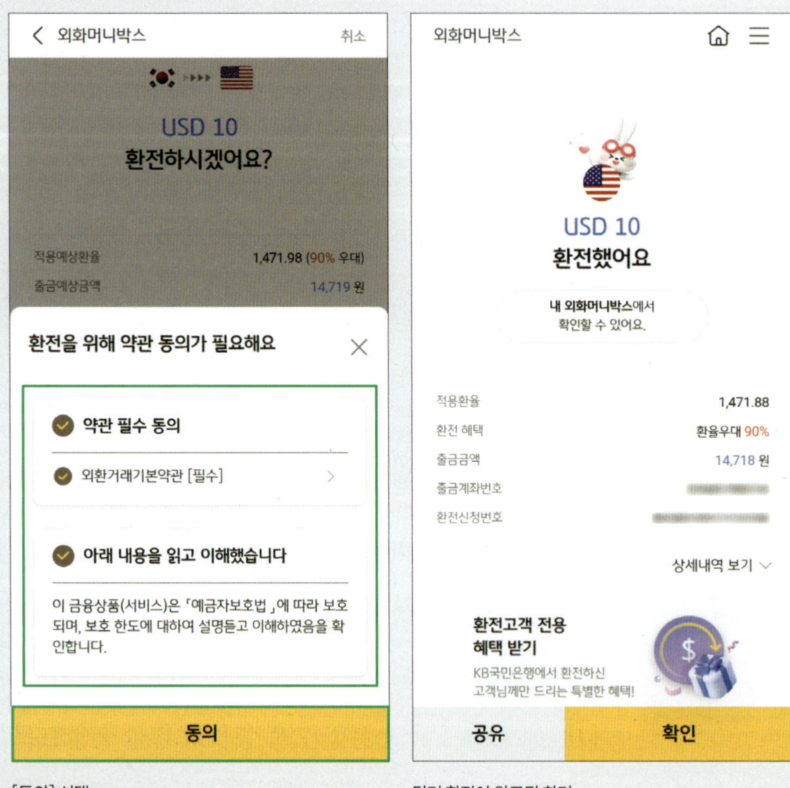

[동의] 선택

달러 환전이 완료된 화면

⑨ 참고로 [환전 신청] 화면 하단의 [환전 서비스 및 환전 한도]를 선택하면 KB국민은행에서 제공하는 외환 서비스별 한도를 확인할 수 있습니다.

⑩ [외화머니박스]의 경우 회원과 비회원으로 한도가 달라집니다. 회원의 경우 구간별로 각각 1만 달러(영업일 9~16시), 5,000달러(영업일 16~22시 59분 59초), 2,000달러(영업일 23시~익영업일 8시 59분 59초)로 시간에 따라 다르게 적용됩니다.[2]

알아두세요

2 환전 정책 변경 KB국민은행도 얼마 전까지는 연간 환전 한도 없이 365일 24시간 무제한 달러 거래가 가능했던 적이 있었습니다. 환전 서비스 정책은 환율 상황과 정부 정책 등 시장의 변화에 따라 때로는 달러 투자자에게 불편하고 불리하게 바뀌기도 하고, 또 반대로 편리하고 유리하게 바뀌기도 합니다. 따라서 개념에 대해 이해하고 있는 것이 더 중요합니다.

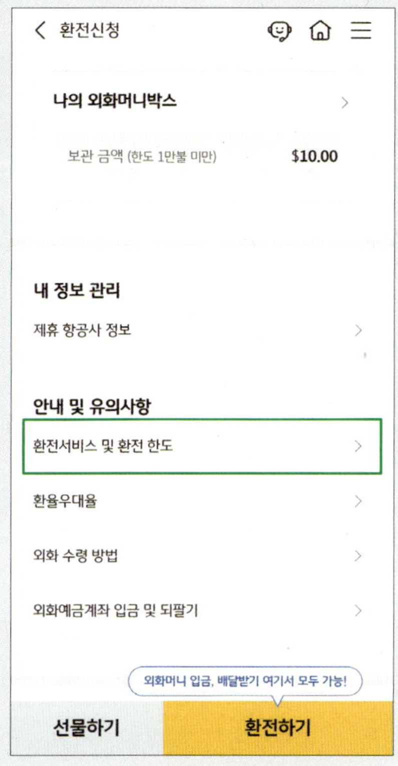

[환전 신청] > [환전 서비스 및 환전 한도] 선택

환전신청

환전/되팔기 1일 한도(회원)

구분	영업시간	영업시간 외	
	구간 1	구간 2	구간 3
건당	USD(미국 달러) 1만 상당액 미만	USD(미국 달러) 5천 상당액 이하	USD(미국 달러) 2천 상당액 이하
되팔기*	USD(미국 달러) 1만 상당액 미만		
미수령 잔액			

- 구간 1 : 영업일 09:00:00~16:00:00
- 구간 2 : 영업일 16:00:01~22:59:59
- 구간 3 : 영업일 23:00:00~다음 영업일 08:59:59 (토/일/공휴일 포함)
  - KB스타뱅킹, 개인/기업 인터넷뱅킹, ATM 환전, 스마트콜 환전, 사이버브렌치 환전 등 비대면으로 환전한 전체 금액 기준입니다.
  - * 되팔기 : 지점에서 환전한 외화를 찾은 후 외국 통화로 다시 되파는 것

하루에 환전/되팔기할 수 있는 한도(비회원)

- 원화 100만원 상당액 이하

환전 한도 안내

구분	월 한도	연 한도

[외화머니박스] 한도 화면

잠깐만요 KB국민은행의 외환 서비스

KB국민은행에서 제공하는 외환 서비스는 [인천공항에서 받기], [지점에서 받기], [외화머니박스에 보관], [환전환외환 배달받기]가 있습니다.

이 중 [외화머니박스에 보관]과 [지점에서 받기]는 매우 유사한 서비스입니다. KB국민은행을 포함해 다른 은행들에서도 환전 서비스를 크게 두 가지 형태로 구분하여 제공합니다. 지점에서 받기는 달러를 인출하여 실물 달러를 획득하는 것을 목적으로 하고, 외화머니박스는 보관을 목적으로 합니다. 보관한 달러는 필요에 따라 재환전하기도 하고, 은행을 통해 수령하는 것도 가능합니다. 때문에 입력해야 하는 항목이 많아 시간이 더 소요되는 지점에서 받기를 굳이 이용할 필요는 없습니다.

또한 은행에서 매수한 달러는 경우에 따라 보다 유리한 조건으로 매도할 수 있는 다른 달러 투자 플랫폼으로 이체해야 하는 경우도 있습니다. 때문에 환전 후 보관했다가 외화 계좌로 옮길 수도 있는 외화머니박스를 이용하는 것을 추천합니다. 참고로 하나은행의 하나1Q나 신한은행의 신한쏠, 우리은행의 우리WON뱅킹 역시 예전에는 환전 후 보관 서비스와 지점에서 달러 수령 서비스가 분리되어 있었으나 점점 하나로 통합하는 상황입니다.

013

키움증권에서 KB스타뱅킹으로 달러 옮기기

거래 수수료가 가장 낮은 증권사에서 증권사 영업시간 이내에만 달러 거래를 한다면 굳이 달러를 다른 달러 투자 플랫폼으로 옮길 필요는 없습니다. 하지만 달러 투자를 하다 보면 증권사 영업시간 이외의 시간에도 달러를 사거나 팔아야 더 좋은 수익을 얻을 수 있는 상황이 생길 수도 있기 때문에 방법을 미리 알고 대비해두는 것이 좋습니다.

외화 이체 가능 시간과 수수료

키움증권 영웅문S#의 [메뉴] 〉 [환전] 〉 [외화 이체/대체] 메뉴에 있는 [외화 출금]을 선택하면 외화를 이체할 수 있는 화면이 나옵니다.
해당 화면의 상단에 있는 [안내]를 선택하면 외화 이체 가능 시간을 알 수 있습니다. 키움증권의 다른 계좌로 달러를 이체할 수 있는 '당사 이체'와 키움증권에서 다른 은행이나 증권사로 달러를 이체할 수 있는 '타사 이체' 두 가지로 구분되어 있습니다.

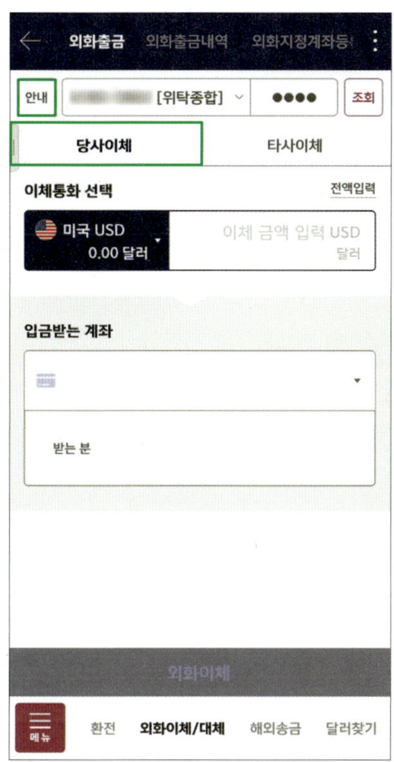

[당사 이체] 화면

[당사 이체] > [안내] 선택

· '당사 이체'의 경우: 거의 24시간 이체 가능
· '타사 이체'의 경우: 외화 종류에 따라 영업일 기준 9:00~10:00 또는 15:00까지 가능

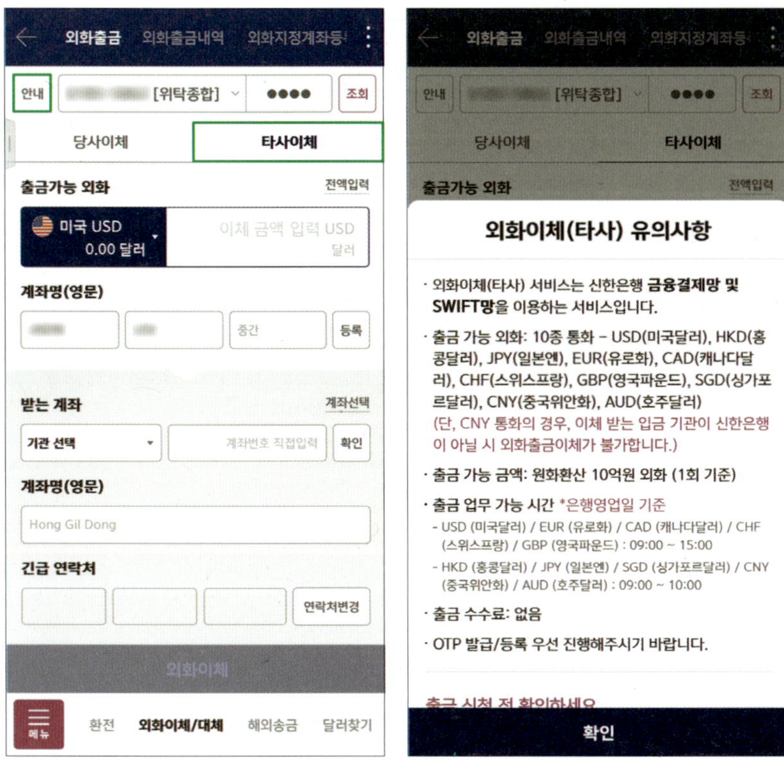

[타사 이체] 화면

[타사 이체] > [안내] 선택 화면

참고로 출금 수수료는 없지만 경우에 따라 입금을 받는 은행 쪽에서 수수료를 부과하는 경우도 있기 때문에 소액으로 이체를 테스트해보거나 고객센터에 전화해 미리 확인해보세요. 환전 서비스 정책이 자주 바뀌기 때문에 확인이 필수지만, 2026년 1월을 기준으로 보면 키움증권에서 KB국민은행 외화 계좌로 달러를 이체하는 경우 키움증권뿐만 아니라 KB국민은행에서도 이체 수수료를 부과하지 않고 있습니다.

외화 가상계좌 만들고 이체 계좌 등록하기

키움증권 계좌에 보관되어 있는 달러를 KB국민은행의 외화 계좌로 직접 보낼 수는 없습니다. 하지만 외화 가상계좌를 만들면 가능합니다.

[외화 이체/대체] 메뉴 중 상단의 [외화 입금]에 들어가서 KB국민은행의 외화 가상계좌를 등록하면 계좌번호를 발급받을 수 있습니다. 영문이름을 확인하고, 약관에 동의한 후 [등록하기] 버튼만 선택하면 아주 간단하게 등록과 외화 가상계좌 번호 발급이 가능합니다.
발급받은 외화 가상계좌는 향후 KB국민은행 등 다른 환전 플랫폼에서 키움증권으로 외화를 입금받을 때 필요합니다. 따라서 해당 계좌번호를 메모해두는 것이 좋습니다.

[외화 이체/대체] > [외화 입금] 선택

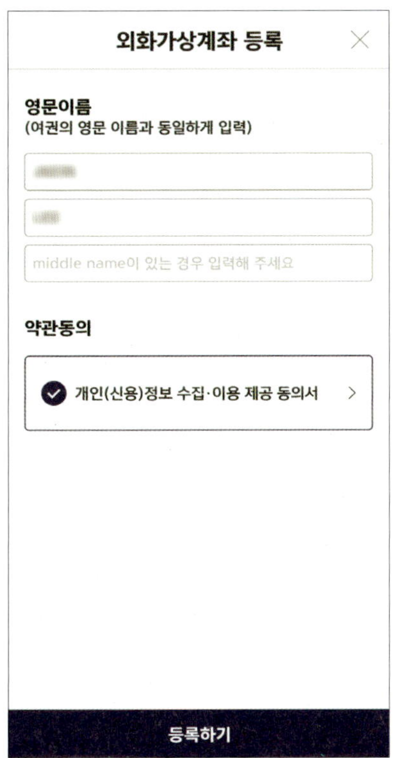

[외화 가상계좌 등록하기] 화면

참고로 외화 가상계좌는 키움증권의 해당 증권 계좌와 1 대 1로 매칭되어 있기 때문에 외화 가상계좌에 입금된 달러는 별도의 이체 없이 곧바로 재환전이나 또 다른 환전 플랫폼으로의 이체, 그리고 해외 주식 투자까지도 가능합니다.
외화 가상계좌를 등록하고 나면 이번에는 [외화 지정 계좌 등록] 메뉴를 통해 달러를 이체할 은행의 외화 계좌를 등록해야 합니다.
입금 계좌와 외화 계좌번호를 입력한 후 계좌명을 입력하고 [등록] 버튼을 선택하면 간단하게 등록할 수 있습니다. KB국민은행뿐만 아니라 하나은행이나 우리은행, 그리고 한국투자증권 같은 타 증권사로도 외화 이체가 가능합니다.

[안내] 버튼을 선택하면 외화 출금 불가 계좌 중 하나로 '증권사 외화증권 거래 계좌'라고 설명되어 있는데, 이는 맞는 말임과 동시에 사실과는 조금 다른 부분이기도 합니다.

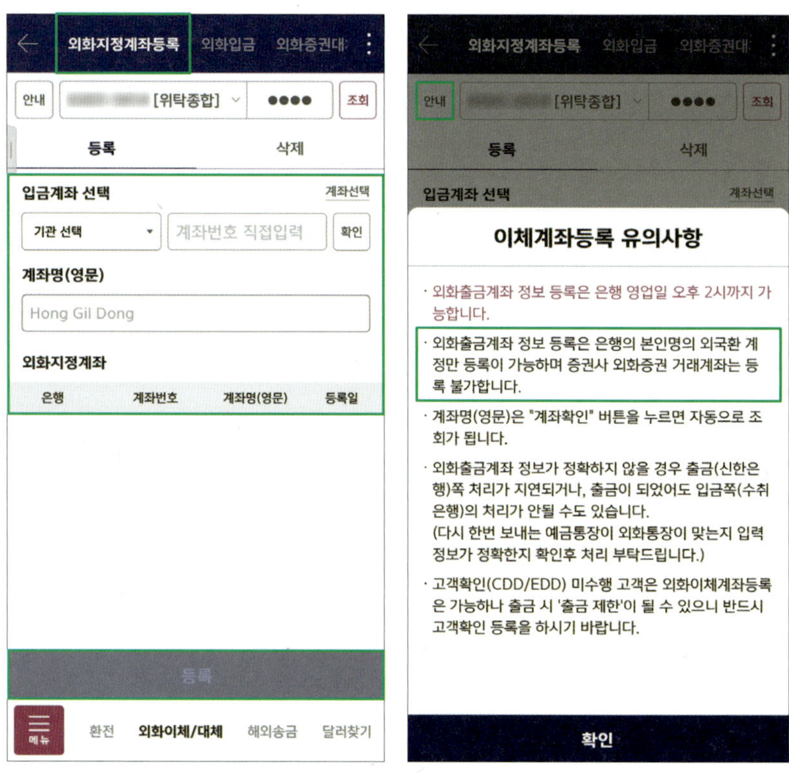

[외화 이체/대체] > [외화 지정 계좌 등록] 선택

[안내] 선택

실제로 키움증권 계좌에 있는 달러를 한국투자증권의 계좌로 이체할 수 있는데, 정확히 표현하자면 키움증권과 연계되어 있는 KB국민은행의 외화 가상계좌에서 한국투자증권과 연계되어 있는 우리은행 외화 가상계좌로 이체되는 구조이기 때문입니다.

한국투자증권을 비롯한 다른 증권사들 역시 키움증권과 마찬가지로 자체적인 외화 계좌 대신 은행의 외화 가상계좌를 활용하고 있습니다.

참고로 키움증권에서 한국투자증권으로 달러를 이체해놓으면 24시간 증권사를 통한 달러 거래가 가능합니다. 단, 한국투자증권은 환전 거래 횟수가 많은 경우 환전 수수료 우대율을 축소시키는 경우가 많아 낮 시간에는 비교적 환전 횟수에 제한적이지 않은 키움증권에서 거래하고, 저녁이나 새벽 시간 등에 특별히 달러 거래를 해야 하는 경우에는 한국투자증권을 활용하면 좋습니다.

달러 이체하기

외화 가상계좌와 이체 계좌를 등록했다면 이제는 타사 이체를 위한 준비가 모두 끝났습니다. [외화 출금] 〉 [타사 이체] 화면의 상단에 '출금 가능 외화'를 입력하고 입금받는 계좌를 선택한 후 [외화 이체] 버튼을 선택하면 외화 이체가 실행됩니다.
받는 계좌를 고를 때는 [계좌 선택]을 선택한 뒤 미리 이체 계좌 등록을 해놓은 '지정 계좌' 중 원하는 계좌를 선택하면 됩니다.

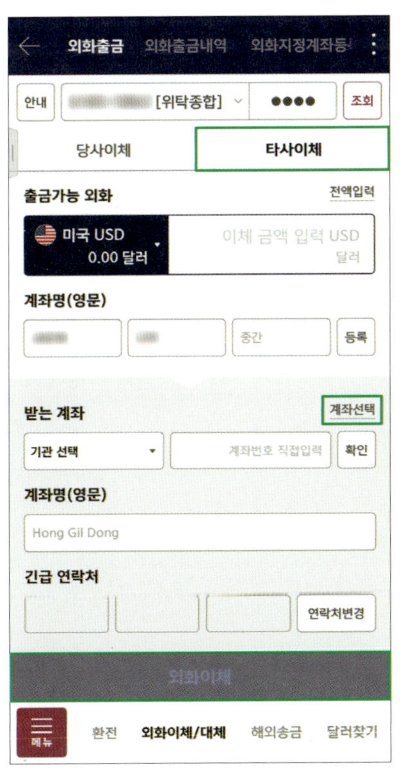

[외화 출금] 〉 [타사 이체] 화면

[계좌 선택] 선택

앞서 한국투자증권으로 달러를 이체하는 이유에 대해 설명했듯 키움증권에서 매수한 달러를 은행으로 이체해야 하는 상황도 있을 수 있는데, 가장 대표적인 것이 달러를 은행으로 이체해 외화 정기예금 등에 가입하는 경우입니다.

또 하나은행이나 KB국민은행의 외화 계좌로 미리 이체해놓으면 하나은행의 FX마켓이나 KB국민은행의 KB Star FX 등 환전 거래소를 통해 키움증권에서 달러 거래가 불가능한 시간에도 달러 매도가 가능합니다.

014

KB스타뱅킹에서 키움증권으로 달러 옮기기

달러 투자를 하다 보면 거래 수수료는 비교적 높은 편이지만 은행에서 달러를 매수하는 상황이 생기기도 합니다. 증권사는 거래 가능 시간이 9:00~익일 2:00으로 제한적이기 때문에 이외의 시간에 달러를 매수하려고 할 때는 은행을 이용해야 합니다.

그런데 은행에서 매수한 달러라고 할지라도 반드시 은행에서 매도할 필요는 없습니다. 만약 매도하는 시간이 증권사의 거래 가능 시간, 즉 9:00~익일 2:00이라면 매도하려는 달러를 증권사로 옮겨 보다 낮은 거래 수수료로 달러 매도가 가능합니다.

외화 이체 가능 시간과 수수료

KB스타뱅킹에 접속해 상단에 세 개의 줄(≡)로 표시되어 있는 전체 메뉴 버튼을 선택해 [외환] 〉 [국내 외화 이체/예금 입출금] 메뉴를 통해 KB국민은행 외화 계좌에서 다른 은행이나 증권사로 달러를 이체할 수 있습니다.

첫 번째 메뉴인 [외화 이체/예금 입출금] 메뉴에 들어가면 '이체 구분/방식'에 따라 크게 두 개의 하위 메뉴를 발견할 수 있습니다. 하나는 [KB국민은행으로 이체]이고, 또 하나는 [다른 은행으로 이체]입니다.

KB국민은행 외화 예금 계좌에 있는 달러를 키움증권으로 이체하는 것이기 때문에 [다른 은행으로 이체]를 선택해야 한다고 생각할 수도 있지만, 키움증권은 KB국민은행의 가상 계좌와 연계되어 있기 때문에 [KB국민은행으로 이체]를 선택하면 됩니다.

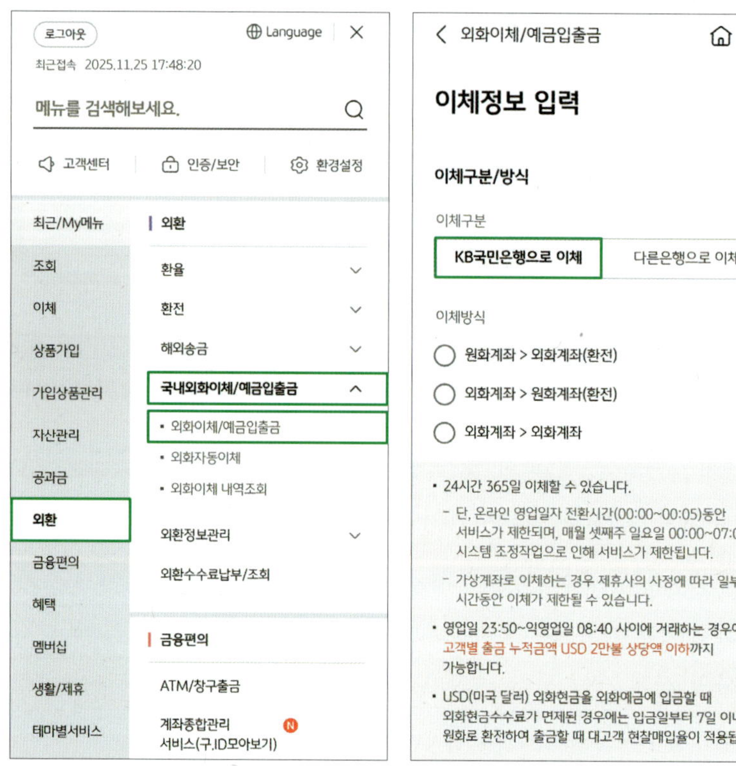

[국내 외화 이체/예금 입출금] > [외화 이체/예금 입출금] 선택

[KB국민은행으로 이체] 선택

[다른 은행으로 이체]는 영업시간 9:00~16:00까지만 이용이 가능하지만 KB국민은행으로 이체는 365일 24시간 가능한데, 세부 이용시간은 앱에서 확인할 수 있습니다.

KB국민은행에서 키움증권의 외화 가상계좌로 이체할 때 수수료는 2025년 12월 현재 기준으로는 무료입니다. 하지만 환전 서비스 정책은 수시로 바뀌기 때문에 거래 전 소액으로 테스트해보거나 고객센터에 연락해 확인해보세요.

잠깐만요 등록된 영문주소를 정비하세요

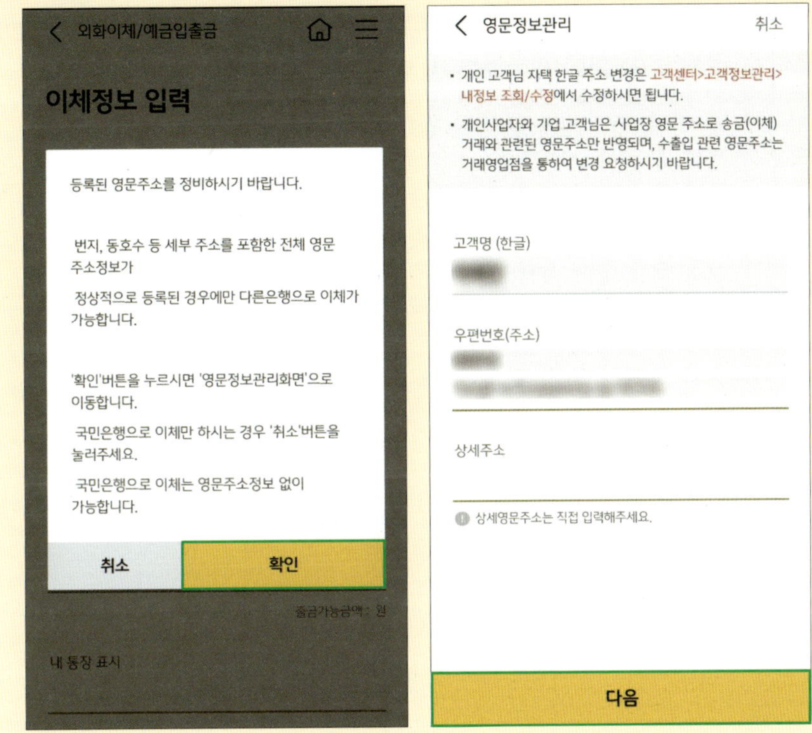

[외화 이체/예금 입출금] 버튼을 눌렀는데 '등록된 영문주소를 정비'하라는 팝업창이 뜨는 경우가 있습니다. 이는 타행 이체를 위해 꼭 해야 하는 필수사항입니다. [확인] 버튼을 선택하고 상세주소를 입력한 뒤 [다음] 버튼을 선택하면 영문주소가 등록됩니다.

환전과 재환전하기

KB스타뱅킹의 KB국민은행으로 이체하기는 크게 세 가지 방식으로 구분됩니다. 첫 번째로 [원화 계좌 > 외화 계좌(환전)]는 우리가 흔히 생각하는 원화로 달러를 매수하는 환전을 말합니다. 출금 계좌 정보에는 원화 계좌가 자동으로 입력되고, 아래쪽에는 원화 출금 가능 금액이 표시됩니다.

그리고 '입금 계좌 정보'에는 [자주 쓰는 계좌], [송금 주소록], [내 계좌] 세 가지 중 하나를 선택할 수 있는데, 이 중 [내 계좌]를 선택하면 KB국민은행의 외화 계좌를 선택할 수 있습니다.

[예금주 조회] 버튼을 선택하면 '수취인명'이 자동으로 입력되며, '이체 관련 정보'에 이체 통화를 'USD(미국 달러)'로 선택하고 이체할 금액을 입력하면 환전을 위한 모든 과정이 끝납니다.

[원화 계좌 > 외화 계좌(환전)] 선택

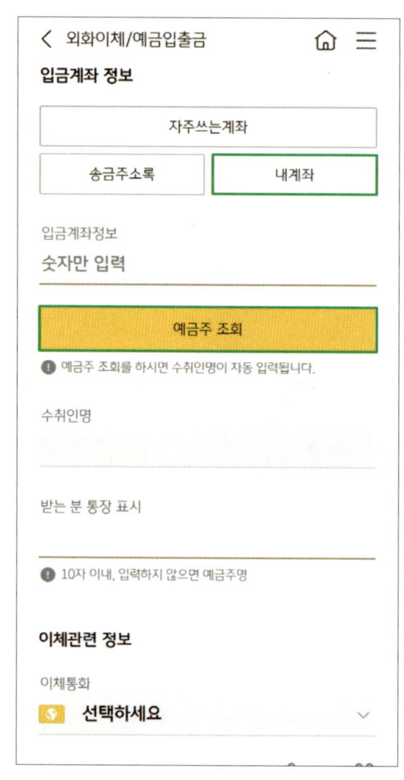

환전을 위한 정보 입력

이 메뉴는 내 원화 계좌에 들어 있는 원화를 내 외화 계좌로 이체하는 것인데, 이는 곧 원화를 달러로 환전하는 것과 같습니다.

앞에서 소개한 [외화머니박스]와 [원화 계좌 > 외화 계좌(환전)] 두 가지 방법 모두 KB국민은행에서 원화를 달러로 환전할 수 있는 메뉴입니다.

다만, 이체의 방식으로 환전하는 경우에는 누구나 환전 수수료 우대율 90%를 적용해주는 외화머니박스와는 달리 고객 등급에 따라 우대율을 다르게 적용합니다. 뿐만 아니라 현찰 달러가 아닌 전신환으로 거래가 이루어지기 때문에 꼭 필요한 경우에만 이용해야 합니다. 하지만 이 방식으로 환전하는 경우 8:40~23:50까지는 거래 금액의 제한이 없다는 장점도 있기 때문에 달러 투자 전략에 따라 유용하게 사용할 수 있습니다.

세 가지 이체 방식 중 두 번째 방식인 [외화 계좌 〉 원화 계좌(환전)]는 앞서 소개한 [원화 계좌 〉 외화 계좌(환전)]와 유사합니다. 한 가지 다른 점은 원화를 달러로 이체, 곧 환전하는 것이 아니라 달러를 원화로 이체하는 재환전이라고 할 수 있습니다.

달러 이체하기

앞서 살펴보았던 두 가지 방식의 외화 이체가 사실은 환전과 재환전의 과정이었던 것과는 달리 세 번째 [외화 계좌 〉 외화 계좌]는 실제로 달러를 다른 외화 계좌로 이체하는 메뉴입니다.

이 메뉴를 통해 KB국민은행에서 키움증권의 외화 계좌라고 할 수 있는 키움증권에 미리 등록해놓은 KB국민은행 외화 가상계좌로 달러를 이체할 수 있습니다.

이때 출금 계좌 정보의 '외화 출금 계좌번호'에 KB국민은행의 외화 계좌를 선택하고 바로 아래쪽에 [외화 잔액 조회] 버튼을 선택하면 해당 계좌의 달러 잔고를 확인할 수 있습니다.

[외화 계좌 > 외화 계좌] 선택

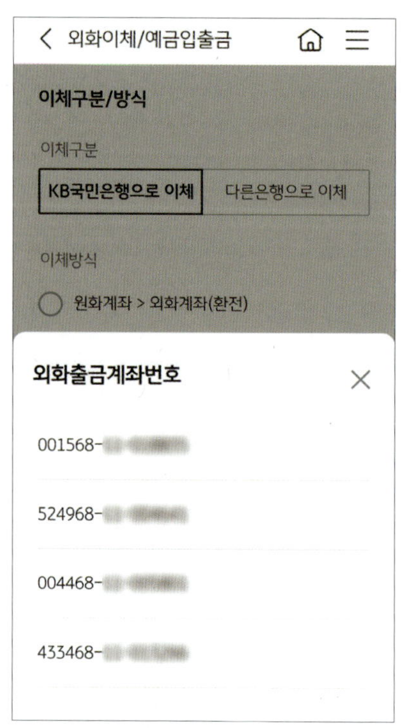

[외화 출금 계좌번호] 선택

그다음 입금 계좌 정보에 키움증권에서 발급받은 KB국민은행 외화 가상계좌 번호를 입력한 후 노란색 [예금주 조회] 버튼을 선택하면 '입금하려는 계좌가 가상계좌이기 때문에 추가 정보를 입력해야 한다'라는 내용의 알림 메시지를 확인할 수 있습니다.
아래쪽에 '받는 분 통장 표시'란에 KB국민은행 외화 가상계좌의 예금주명을 영문으로 기재해야 합니다.

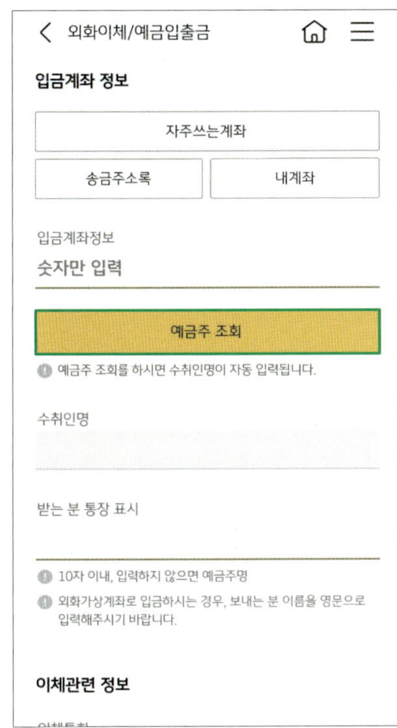

[예금주 조회] 선택

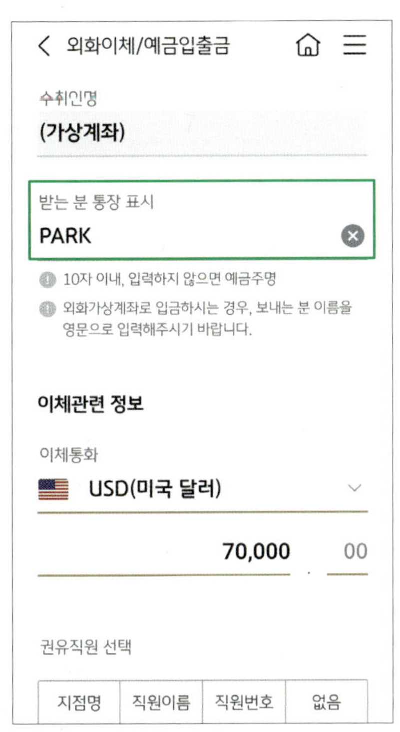

[받는 분 통장 표시] 입력 주의

여기까지 입력이 완료되었다면 마지막으로 이체 통화와 이체 금액 등 이체 관련 정보를 입력한 후 [다음] 버튼을 선택하면, 이체 내역을 다시 한번 한눈에 확인할 수 있는 창이 뜨고 이체가 진행됩니다.

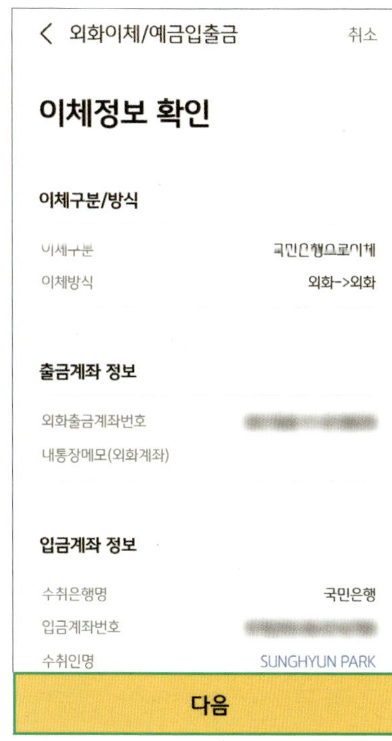

[이체 정보 확인] 화면

외화이체/예금입출금 취소

입금계좌 정보

수취은행명 국민은행
입금계좌번호
수취인명 SUNGHYUN PARK
입금통장 메모 PARK

이체관련 정보

이체통화/금액 USD 70,000.00

- 위 금액은 이체정보를 확인 시의 환율로 계산된 예상금액으로 실제 거래 시에는 환율변동으로 인해 적용환율과 원화출금액이 달라질 수 있습니다.
- 외화예금에 외화현찰을 입금한 후 7일 이내에 원화계좌로 환전하여 입금하는 경우 현찰 파실 때 환율이 적용됩니다.
- 외화현찰 이외의 방식으로 입금된 외화(예: 해외에서 송금받은 외화, 원화계좌에서 출금하여 외화계좌로 입금한 외화)를 KB국민은행 지점에 방문

다음

[다음] 선택 시 이체 완료

015

플랫폼별 달러 굴리기

달러 투자의 환금성을 이용한 달러 굴리기

달러의 매수와 매도, 그러니까 환전과 재환전은 아주 간단합니다. 많이 해보지 않아서 생소한 것일 뿐 어려운 일은 아닙니다. 또한 달러를 다른 은행이나 증권사로 이체하는 과정 역시 인터넷 뱅킹 등을 통해 원화를 이체하는 과정과 매우 유사해서 거래 가능 시간과 이체 수수료 등만 잘 확인하면 그리 어려운 일은 아닙니다.

이 장에서 소개할 달러 굴리기 역시 은행에서 이자를 받기 위해 정기예금에 가입하는 것과 크게 다르지 않습니다.

달러 투자의 가장 큰 장점 중 하나는 투자를 진행한 이후에도 그 자체가 돈이라는 점입니다. 달러 투자 이외의 다른 일반적인 투자들은 투자하는 순간 기회비용이 발생하게 됩니다. 투자하기 전에는 정기예금이나 파킹통장 등에서 이자 수익을 기대할 수 있지만, 그 돈을 투자하는 순간부터는 오로지 투자한 대상의 가치 상승으로 인한 수익만을 기대할 수밖에 없습니다.

또한 가치 하락 상황에서뿐만 아니라 가치 상승 상황에서도 수익 실현을 하기 전에는 이자 수익과 같은 현금흐름을 기대할 수 없습니다. 물론 배당주에 투자할 경우 수익 실현 없이도 배당 수익을 통해 이자 수익과 비슷한 현금흐름을 만들어낼 수 있습니다. 하지만 주식 투자의 경험이 적거나 익숙하지 않을 경우에는 이번에 소개할 달러 정기예금이나 달러 RP 상품처럼 원금 보장이 되거나 원금 보장에 가까운 안정성을 기대하기는 어렵습니다.

이것은 투자하기 전의 상태도 돈이지만, 투자를 하고 난 다음의 상태도 여전히 돈이라는 달러 투자만의 독특한 특성 때문입니다. 이러한 특성은 투자할 때 특히 중요하게 여겨야 하는 '환금성' 문제에 있어서 매우 강력한 장점이 됩니다.
가끔 달러 투자를 현찰이나 전신환이 아닌 달러 지수 추종 ETF나 선물 상품에 투자하는 경우도 있는데, 이는 앞에서 설명한 달러 투자만의 강력한 장점들이 사라지게 하는 일이라고 할 수 있습니다.

무작정 따라하기

키움증권에서 달러 굴리기

키움증권의 영웅문S#에서 외화 RP 매수와 매도를 통해 놀고 있는 달러를 굴리는 방법을 알아봅시다.

외화 RP란?

영웅문S#의 [메뉴] > [금융 상품] > [RP] 메뉴에 있는 [외화 RP 매매] 메뉴를 선택하면 외화 RP를 매수하거나 매도할 수 있는 화면이 나옵니다.

외화 RP란 쉽게 말하면 '투자자가 원할 때 사주기로 하고 파는 채권'입니다.

[금융 상품] > [외화 RP 매매] 선택

외화RP소개 외화RP매수 외화RP매도

만기제한 없음 / 배당 지급 의무 없음 / 상환 우선순위 낮음

외화 RP 상품 보기

외화RP 안내

외화RP 매매안내

유의사항

- 이 금융상품은 예금자보호법에 따라 보호되지 않습니다.
- 당사는 외화RP에 관하여 충분히 설명할 의무가 있으며, 투자자는 반드시 그러한 설명을 충분히 듣고 투자 결정을 내리시길 바랍니다.
- 외화RP 수익률을 입금 시 회사가 고시하는 약정 수익률이 적용되며 이는 시장금리 상황 등에 따라 변동될 수 있습니다.
- 외화RP는 약정금리를 지급하는 상품이나, 환율변동에 따라 환전 과정에서 이익 또는 손실이 발생 할 수 있습니다.
- 외화RP는 환율, 신용등급 하락 등에 따라 투자원금의 손실(0~100%)이 발생할 수 있으며, 그 손실은 투자자에게 귀속됩니다.
- 키움증권 준법감시인 심사필 제22-02380호(22.08.31 ~ 27.08.30)

메뉴 원화RP매매 외화RP매매 RP계좌

외화 RP 유의사항

외화 RP[1]는 예금자보호법에 따라 예금보험공사가 보호하지 않는 금융 상품입니다. 하지만 예금 이자처럼 약정 수익률에 수익금이 지급되고 투자 위험도도 낮은 편입니다.

참고로 키움증권의 외화 RP 상품은 최소 가입 금액이 100달러 이상이고 거래 가능 시간은 영업일 9:00~15:00입니다. 다음에 소개할 달러 정기예금과 비교했을 때 몇몇 단점과 거래 제약 조건이 있기는 하지만 수익률은 조금 더 높기 때문에 개인의 투자 성향과 투자 상황에 따라 외화 RP와 정기예금을 비교하여 더 유리한 상품을 이용하면 됩니다.

외화 RP 매수하기

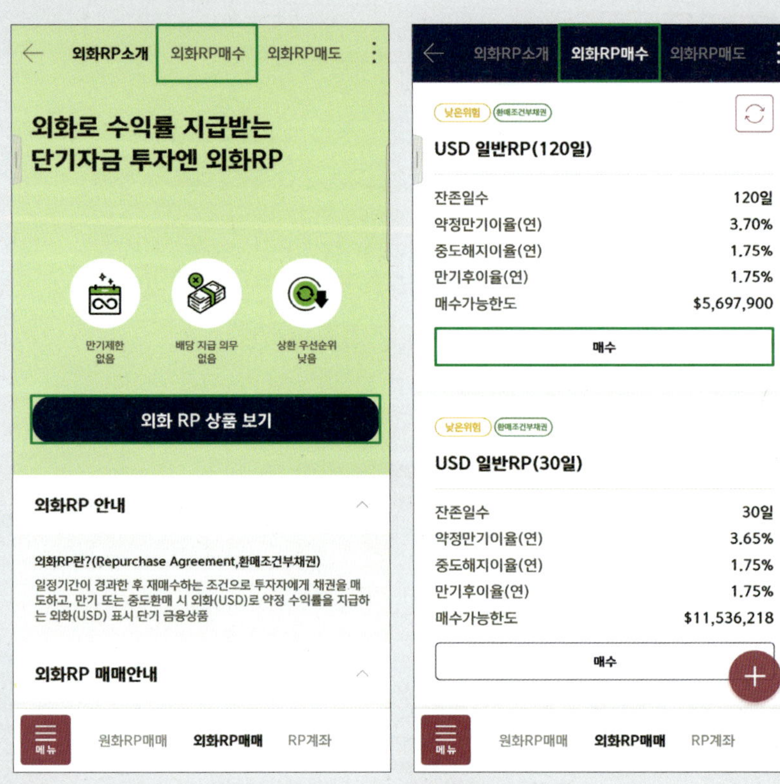

[외화 RP 소개] 화면 [외화 RP 매수] 화면

① 외화 RP 매수를 위해서는 화면에 보이는 [외화 RP 상품 보기]를 선택하거나 상단 메뉴 중 [외화 RP 매수]를 선택합니다.

알아두세요

1 **외화 RP(Repurchase Agreement, 환매조건부채권)** 일정 기간이 경과한 후 재매수하는 조건으로 투자자에게 채권을 매도하고, 만기 또는 중도 환매 시 외화(USD)로 약정 수익률을 지급하는 외화(USD) 표시 단기 금융 상품입니다.

② 외화 RP는 잔존일수에 따라 수시, 7일, 20일, 30일 상품으로 나뉘는데 정기예금처럼 가입 기간에 따라 수익률[2]이 달라지는 구조입니다. 수시 외화 RP 아래쪽에 있는 [매수] 버튼을 선택하면 투자 정보 확인 과정을 거친 후, 외화 RP 매수 화면을 통해 가입이 진행됩니다.

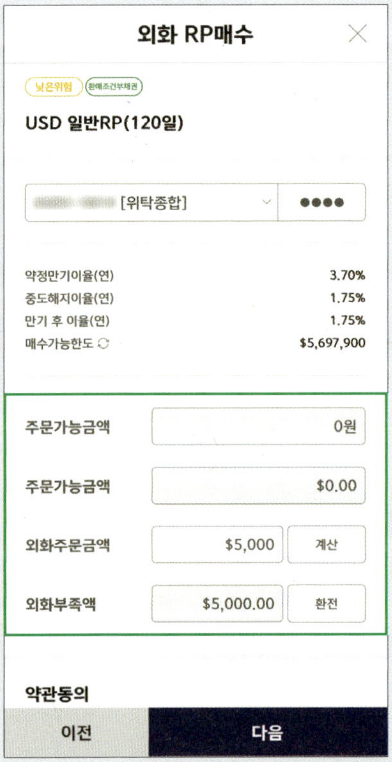

외화 RP매수

낮은위험 환매조건부채권

USD 일반RP(120일)

[위탁종합] ●●●●

약정만기이율(연)	3.70%
중도해지이율(연)	1.75%
만기 후 이율(연)	1.75%
매수가능한도	$5,697,900
주문가능금액	0원
주문가능금액	$0.00
외화주문금액	$5,000 계산
외화부족액	$5,000.00 환전

약관동의

이전 다음

외화 RP 매수 주문 화면

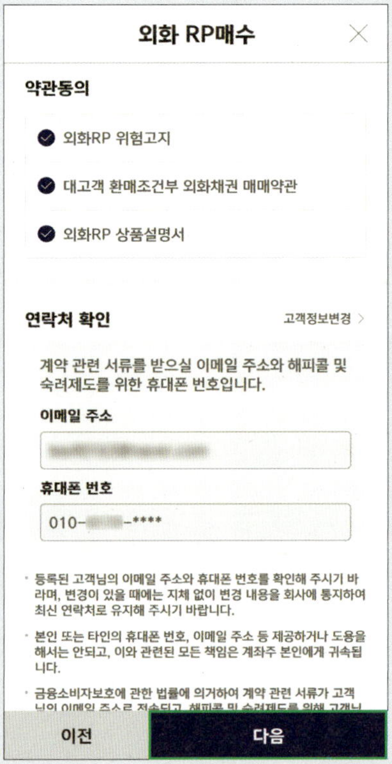

외화 RP매수

약관동의

외화RP 위험고지

대고객 환매조건부 외화채권 매매약관

외화RP 상품설명서

연락처 확인 고객정보변경 >

계약 관련 서류를 받으실 이메일 주소와 해피콜 및 숙려제도를 위한 휴대폰 번호입니다.

이메일 주소

휴대폰 번호

010- -****

- 등록된 고객님의 이메일 주소와 휴대폰 번호를 확인해 주시기 바라며, 변경이 있을 때에는 지체 없이 변경 내용을 회사에 통지하여 최신 연락처로 유지해 주시기 바랍니다.
- 본인 또는 타인의 휴대폰 번호, 이메일 주소 등 제공하거나 도용을 해서는 안되고, 이와 관련된 모든 책임은 계좌주 본인에게 귀속됩니다.
- 금융소비자보호에 관한 법률에 의거하여 계약 관련 서류가 고객

이전 다음

[다음] 선택

③ [주문 가능 금액] 표시 창에는 원화와 달러가 표시되는데 달러 투자 시 외화 RP를 매수하는 경우 이미 보유 중인 달러를 활용하는 것입니다. 때문에 달러 주문 가능 금액 내에서 주문 금액을 정하는 것이 좋습니다. 참고로 달러 주문 가능 금액을 초과하여 주문하는 경우에는 외화 부족액만큼이 환전됩니다.

④ 외화 주문 금액을 입력하고 아래쪽으로 화면을 내려 약관에 동의한 후, [다음] 버튼을 선택합니다.

2 **수익률(2025년 11월 27일 기준)** 수시 외화 RP의 경우 파킹통장처럼 단 하루만 예치해도 수익을 얻을 수 있으며 연 3.40%의 수익률임을 알 수 있습니다. 외화 RP 역시 정기예금처럼 예치 기간이 길수록 높은 수익률을 기대할 수 있는데, 7일짜리는 연 3.55%, 30일짜리는 3.65%, 120일짜리는 3.70%의 수익률을 기대할 수 있습니다.

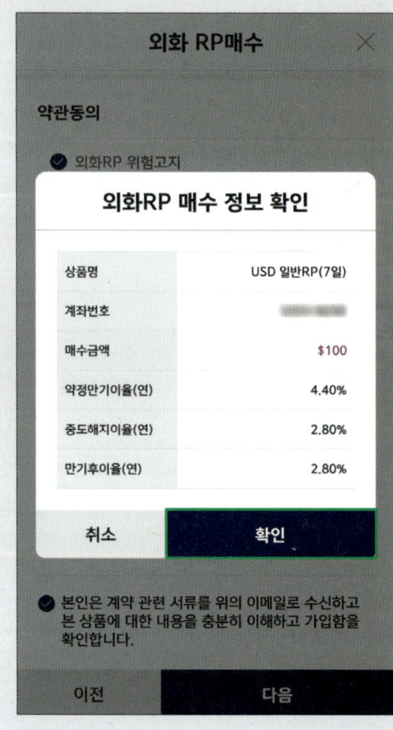

[입금 정보 입력] 화면

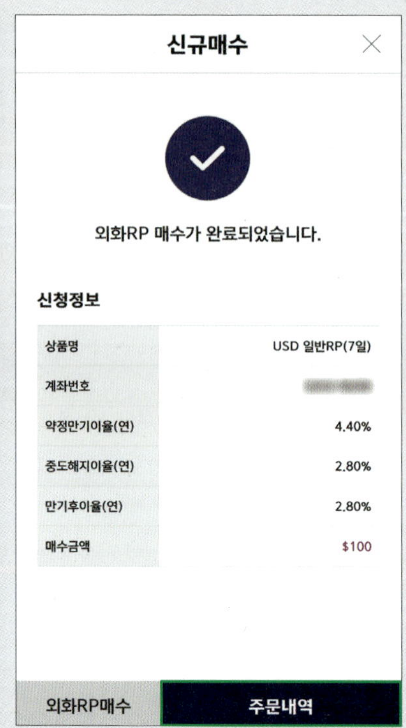

외화 RP 매수 완료 화면

⑤ '외화 RP 매수 정보 확인' 창이 뜨고 [확인] 버튼을 누르면 외화 RP 매수가 완료됩니다.

[주문 내역] 화면

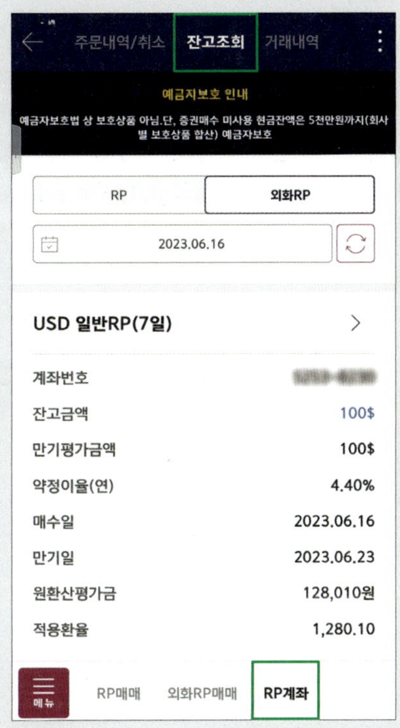

[잔고 조회] 화면

⑥ 매수 완료 후, 화면 아래쪽의 [주문 내역] 버튼을 누르면 매수 취소도 가능합니다. 하단 메뉴 중 [RP 계좌]를 선택하면 세부 거래 정보를 확인할 수 있습니다.

외화 RP 매도하기

외화 RP 매수가 정기예금에 가입하는 개념이라면 외화 RP 매도는 정기예금을 해지하는 것과 유사합니다.

① 키움증권 영웅문S#의 [메뉴] > [금융 상품] > [RP] 메뉴에 있는 [외화 RP 매매] 메뉴로 들어가 상단에 있는 메뉴 중 [외화 RP 매도]를 선택하면 매수했던 외화 RP를 매도할 수 있습니다.

② 외화 RP 매도 메뉴에서 매수되어 있는 모든 외화 RP 매수 내역들을 확인한 후 아래쪽에 있는 [매도] 버튼을 누릅니다.

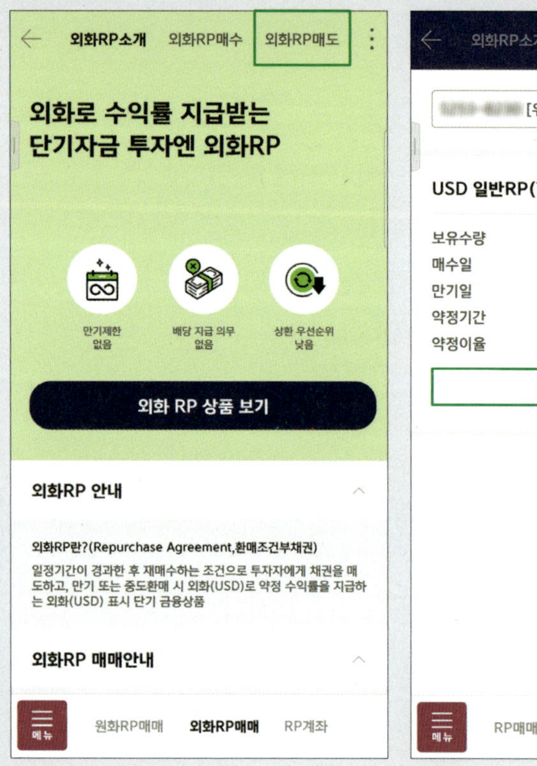

[외화 RP 매도] 선택

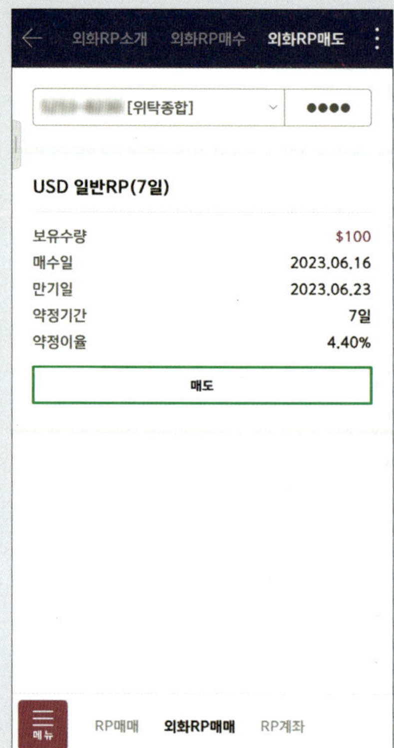

매도할 내역의 [매도] 선택

③ 매수한 달러 전체 혹은 일부의 금액을 매도할 수 있으며, 매도할 내용을 모두 작성한 후 [다음]을 선택합니다. 매도 정보를 다시 한번 확인하고 [확인]을 선택하면 매도가 완료됩니다.

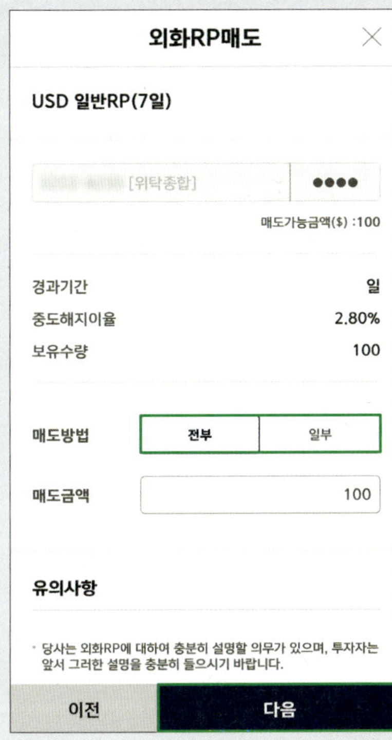

[외화 RP 매도] 화면

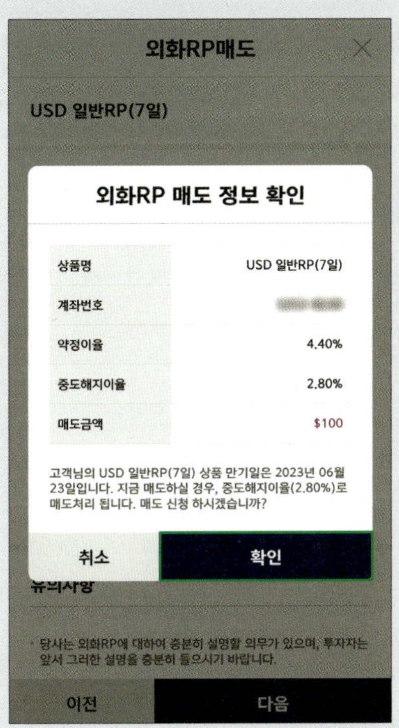

[확인] 선택 시 매도 완료

④ 외화 RP의 매도가 모두 완료되면 화면 아래쪽에 있는 [주문 내역] 버튼을 통해 매도된 내역을 확인할 수 있습니다. 또 하단 메뉴 중 [RP 계좌] > [RP 거래내역]에 들어가 보면 매수와 매도를 포함한 모든 거래 내역을 확인할 수 있습니다.

[주문 내역] 선택

[거래 내역] 화면

무작정 따라하기

KB국민은행에서 달러 굴리기

KB국민은행의 KB스타뱅킹을 통해서 외화 정기예금에 가입하여 달러 굴리는 법을 알아봅시다.

외화 정기예금이란?

달러로 가입하는 외화 정기예금 역시 기본적인 구조는 우리가 흔히 이용하고 있는 원화 정기예금과 다르지 않습니다. 다만 달러는 환율 변동에 따라 장기간 예치 시 이자 수익보다 환율 하락으로 인한 손실이 더 클 수도 있기 때문에 2~7일 이상만 예치해도 이자를 지급받을 수 있는 단기 예금 상품에 가입하는 것이 좋습니다.

또한 달러의 매수와 매도를 보다 빠르고 용이하게 하기 위해서는 은행의 창구보다는 모바일 뱅킹이나 인터넷 뱅킹을 통해 예금 상품에 가입하는 것이 좋습니다.

외화 정기예금 가입하기

스마트폰으로 KB스타뱅킹에 접속해 상단에 세 개의 줄(≡)로 표시되어 있는 전체 메뉴 버튼을 눌러 [상품 가입] > [외화 예금] 메뉴를 선택해 달러 정기예금에 가입할 수 있습니다.

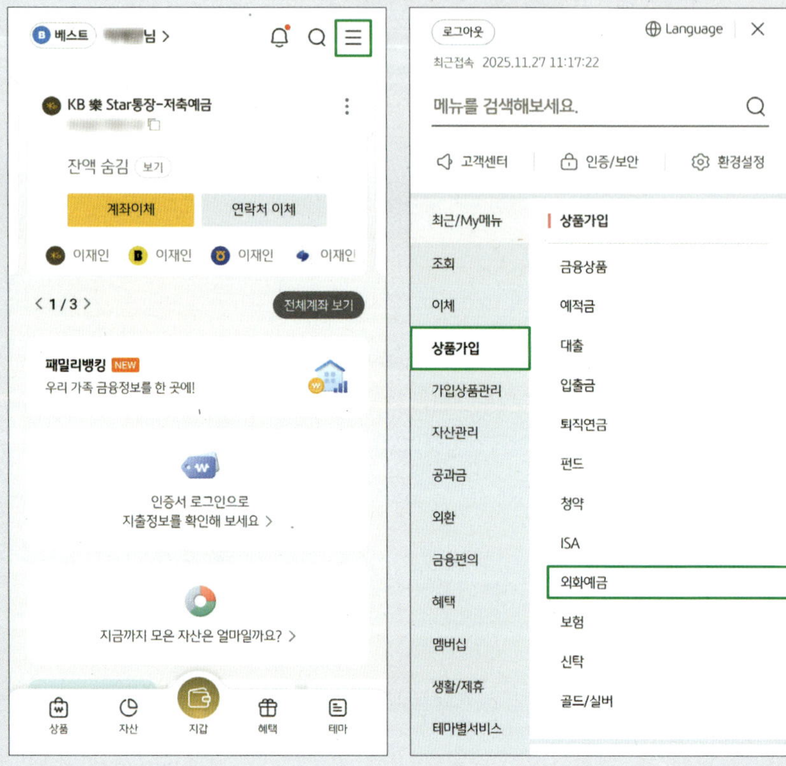

[KB스타뱅킹] 화면

[상품 가입] > [외화 예금] 선택

다양한 혜택의 여러 가지 외화 정기예금 상품이 있지만 이 책에서는 가장 기본적인 달러 정기예금이라고 할 수 있는 '외화 정기예금' 상품에 대해 설명하겠습니다.

이자율 조회하기

① 상단 메뉴에서 [외화 예금]을 선택합니다. 참고로 이 외화 예금 상품은 가입 기간과 금액에 제한이 없고, 이자율이 좋습니다.

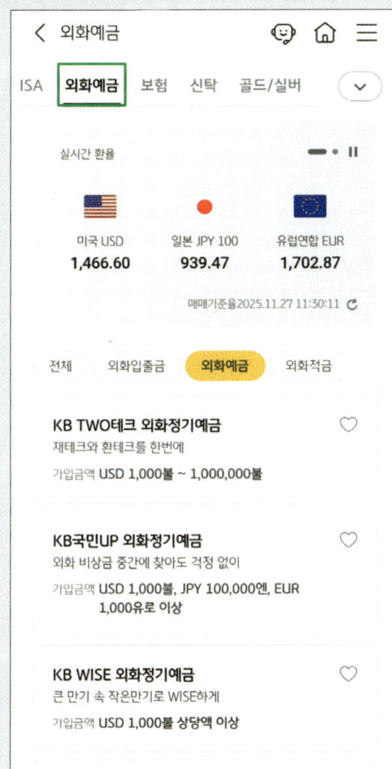

[외화 예금] 화면

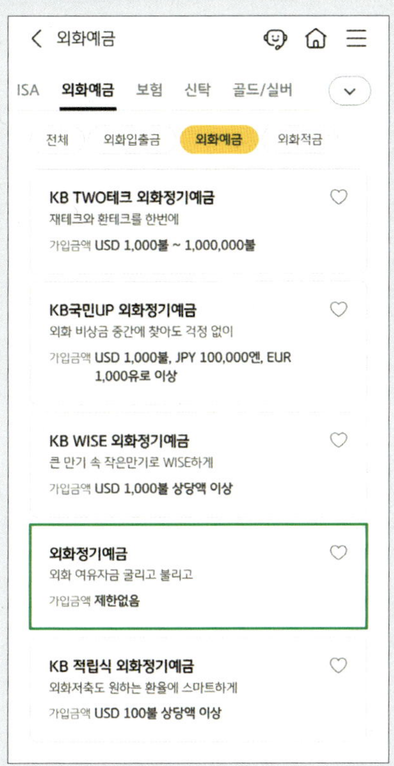

[외화 정기예금] 선택

② 먼저 [상품 정보 및 금리 보기]를 선택해 달러 굴리기에 있어 가장 중요하다고 할 수 있는 이자율을 확인합니다.

③ 상단의 두 번째 메뉴인 [금리·이율]을 선택하면 기본 이율, 중도해지 이율, 만기 후 이율 등의 확인이 가능하고, [외화 예금 금리 조회] 버튼을 선택하면 외화 정기예금의 이자율을 확인할 수 있습니다.

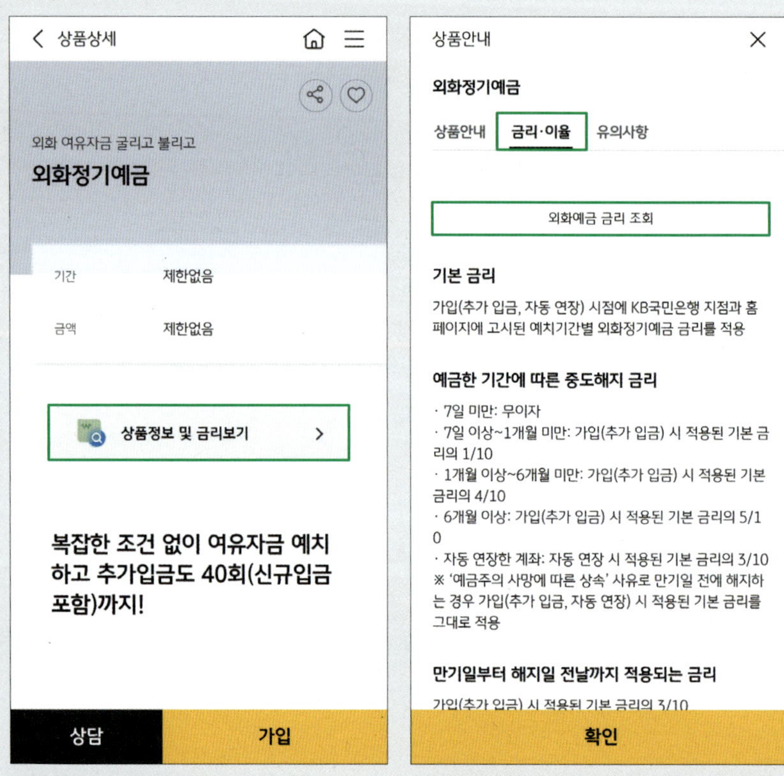

[상품 정보 및 금리 보기] 선택

[금리·이율] 화면

④ 통화 선택 란에서 'USD(미국 달러)'를 선택하면 가입 기간별로 이자율을 확인할 수 있습니다.

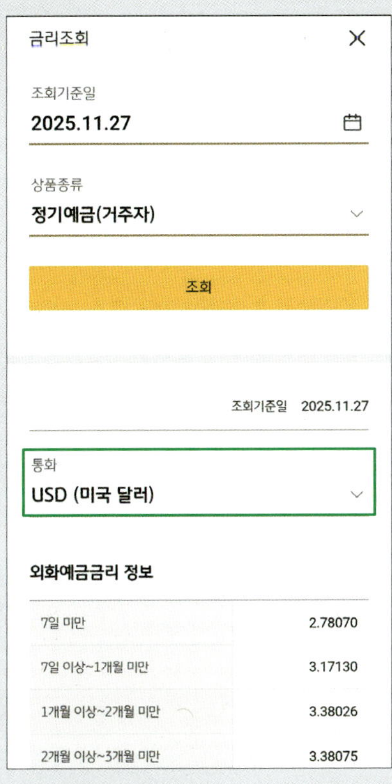

[금리 조회] 화면

금리조회

외화예금금리 정보

기간	금리
7일 미만	2.78070
7일 이상~1개월 미만	3.17130
1개월 이상~2개월 미만	3.38026
2개월 이상~3개월 미만	3.38075
3개월 이상~4개월 미만	3.38969
4개월 이상~5개월 미만	3.38969
5개월 이상~6개월 미만	3.38969
6개월 이상~9개월 미만	3.33057
9개월 이상~12개월 미만	3.33057
12개월 이상~18개월 미만	3.17622
18개월 이상~24개월 미만	0.00000
24개월 이상~30개월 미만	0.00000
30개월 이상~36개월 미만	0.00000

[외화 예금 금리 정보] 화면(2025년 11월 27일 기준)

⑤ 참고로 엔화의 외화 정기예금 금리는 2025년 11월 27일 기준, 가입 기간과 관계없이 0%입니다. 엔화 역시 달러처럼 환차익을 얻을 수 있는 투자가 가능하지만 보유 기간 중에도 이자 수익을 얻을 수 있는 달러가 엔화보다 훨씬 더 투자 가치가 높다는 것을 알 수 있습니다.

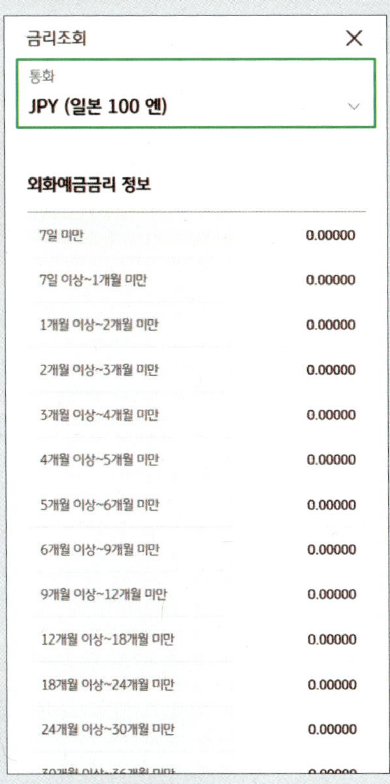

기간	금리
7일 미만	0.00000
7일 이상~1개월 미만	0.00000
1개월 이상~2개월 미만	0.00000
2개월 이상~3개월 미만	0.00000
3개월 이상~4개월 미만	0.00000
4개월 이상~5개월 미만	0.00000
5개월 이상~6개월 미만	0.00000
6개월 이상~9개월 미만	0.00000
9개월 이상~12개월 미만	0.00000
12개월 이상~18개월 미만	0.00000
18개월 이상~24개월 미만	0.00000
24개월 이상~30개월 미만	0.00000

엔화 외화 예금 금리 정보

달러 정기예금 가입하기

① 이자율을 확인한 다음에는 다시 외화 정기예금 화면으로 돌아가서 화면 하단에 있는 [가입] 버튼을 선택합니다.

② 고령자나 은퇴자 또는 주부 등 유의 사항 안내가 필요한 경우에는 [예]를 선택하고, 그렇지 않다면 [아니오]를 선택합니다.

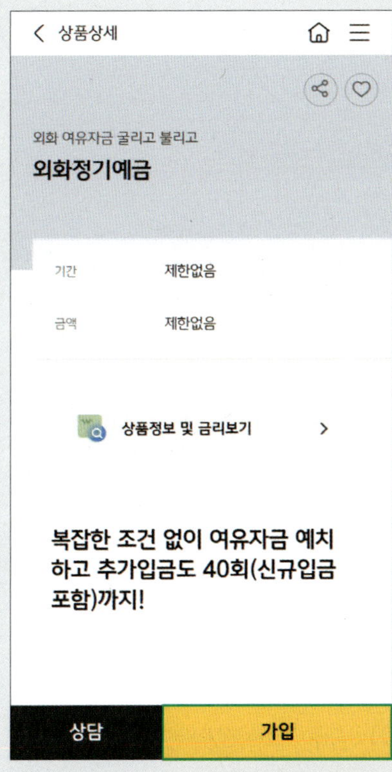

[외화 정기예금] 화면

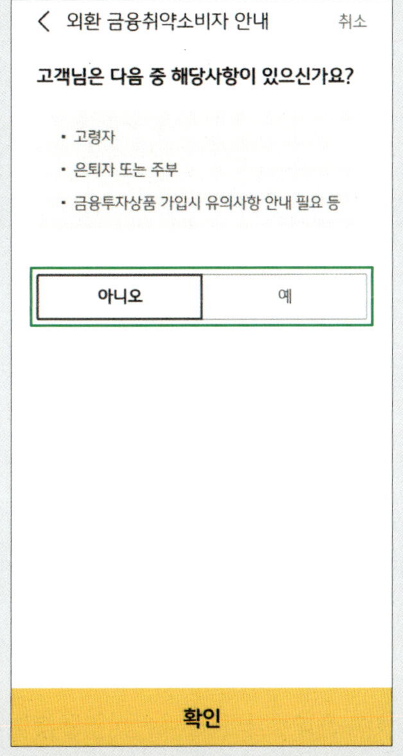

[외환 금융취약 소비자 안내] 화면

③ 약관에 동의하고 확인 및 안내 사항과 금융 상품의 중요 사항 안내 등을 체크하고 나면 상품 가입 1단계가 끝나고 2단계가 시작됩니다. [다음] 버튼을 선택합니다.

④ 가입 통화는 'USD(미국 달러)'를 선택하고 가입 금액을 입력합니다.

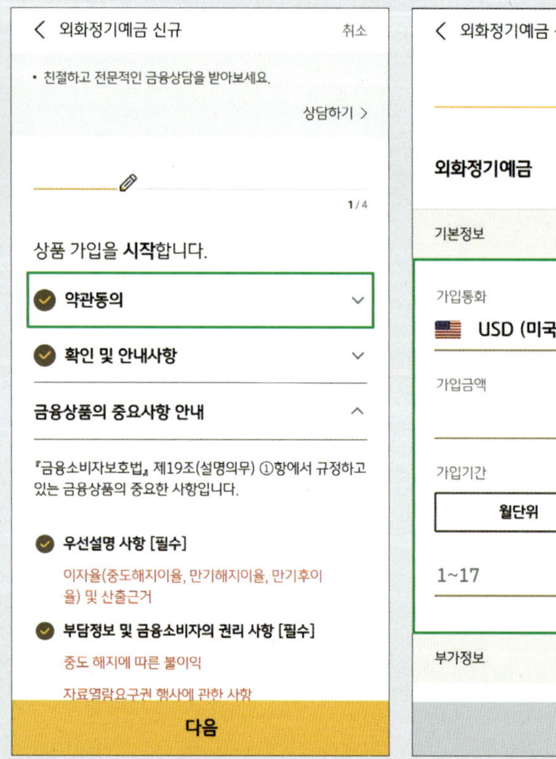

상품 가입 1단계

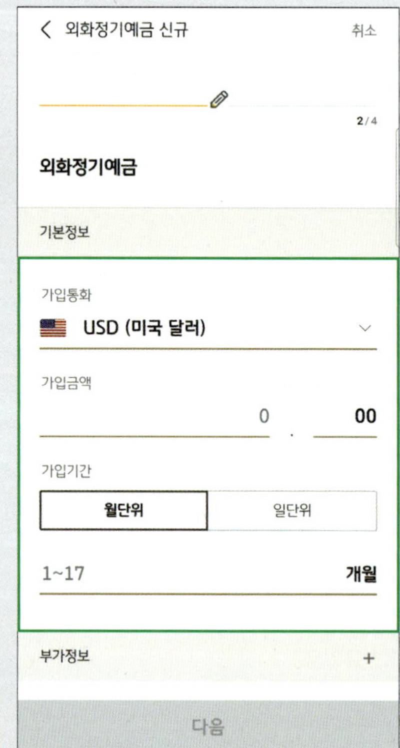

상품 가입 2단계

⑤ 다음으로 가입 기간을 입력하면 되는데 앞에서 살펴본 기간별 금리에 의하면 2일 이상~7일 미만까지는 이자율이 같지만 가입 기간 경과 후 다시 예금 상품에 가입할 필요 없이 자동으로 연장되도록 하기 위해서는 최소 가입 일수인 7일을 선택하는 것이 좋습니다.

⑥ 자동연장 신청을 체크한 후, 7일 단위로 자동연장이 되도록 하고 [다음] 버튼을 선택하면 [출금 계좌 선택]을 해야 합니다. 이때 주의해야 할 점은 출금 계좌를 [원화 계좌]가 아닌 [외화 계좌]로 선택해야 한다는 것입니다.[1]

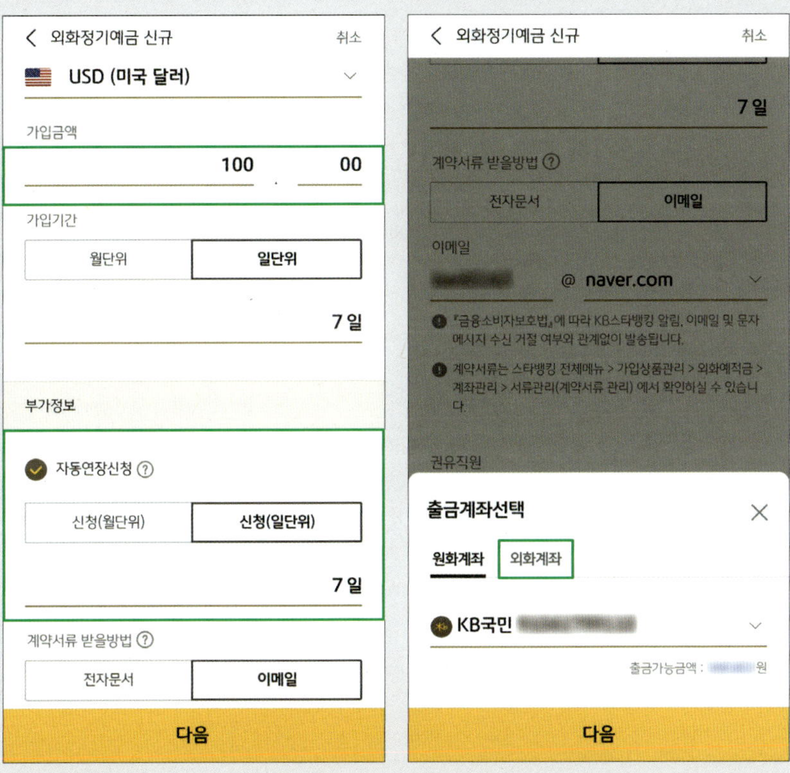

가입 기간 7일로 설정

출금 계좌는 외화 계좌로 선택

알아두세요

1 **출금 계좌를 외화 계좌로 선택해야 하는 이유** 만약 원화 계좌를 선택하는 경우 외화 정기예금 가입과 동시에 환전, 그러니까 달러의 매수도 함께 이루어지는데 고객별로 우대율이 달라 높은 거래비용을 부담해야 할 수도 있고, 계획에 의한 달러를 매수하기에도 어려울 수 있으니 주의해야 합니다. 달러 굴리기를 위한 외화 정기예금은 이미 투자를 통해 보유하고 있는 달러가 있는 경우 환율이 상승해 수익을 얻을 때까지 기다리는 동안 이자 수익을 얻을 수 있고, 기회비용을 헤지하기 위한 것이기 때문에 외화 계좌에 보유 중인 달러를 활용하는 것이 좋습니다.

⑦ 하단의 [외화 출금 가능 금액 조회]를 누르면 해당 외화 계좌에 보유 중인 달러 금액을 확인할 수 있습니다. 가입 금액이 출금 가능 금액보다 크지는 않은지 확인한 후 [다음] 버튼을 선택하면 3단계 과정으로 가입 정보를 확인할 수 있습니다.

⑧ 가입 기간과 가입 금액, 그리고 적용 금리 등을 제대로 입력했는지 확인 후 [다음] 버튼을 선택하면 한 번 더 최종 확인을 할 수 있으며, 마지막으로 [확인] 버튼을 선택하면 달러 정기예금 가입이 모두 끝납니다.

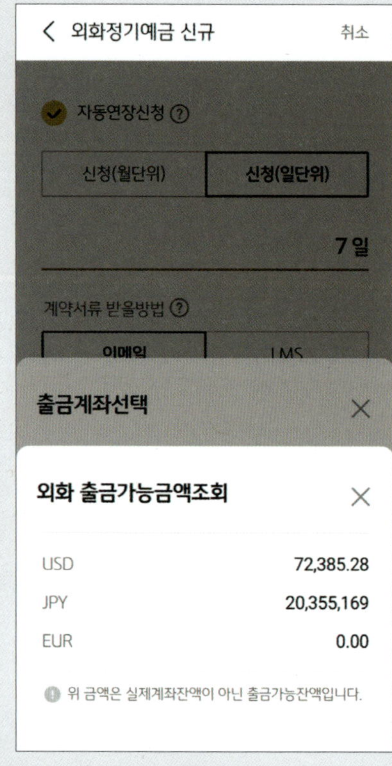

출금 가능 금액이 가입 금액 이내일 것

가입 정보 확인

⑨ 가입 완료 후에는 [가입 상품 관리] > [외화 예적금]이나, [조회] > [전체 계좌 조회]에서 외화 정기예금 상품 가입이 제대로 잘 처리되었는지 확인할 수 있습니다.

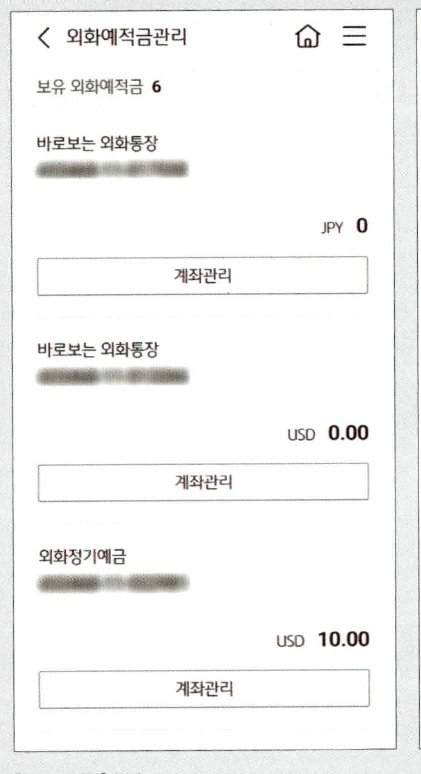

[외화 예적금] 화면

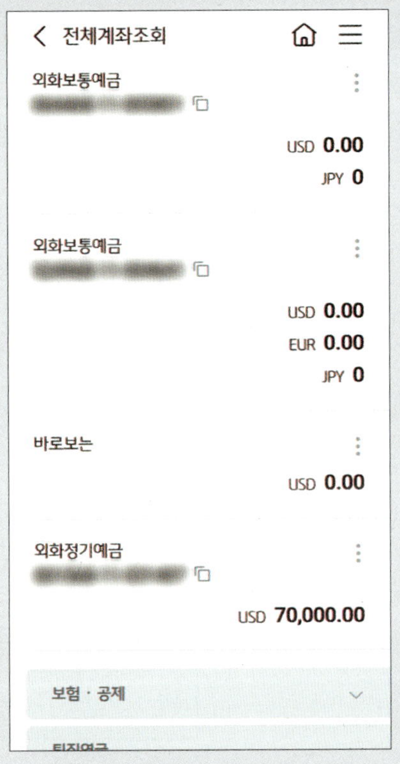

[전체 계좌 조회] 화면

달러 정기예금 해지하기

달러 투자를 하다가 외화 정기예금 상품에 가입하는 이유는 수익을 기다리는 동안 이자 수익을 얻기 위해서이므로 수익 실현의 기회가 오는 경우 곧바로 매도할 수도 있어야 합니다. 그런데 외화 정기예금에 가입되어 있는 달러의 경우에는 바로 매도하는 것은 불가능하며 상품 가입 해지의 절차가 필요합니다.

① 가입한 외화예적금 중 해지할 계좌를 선택하고 화면을 아래로 내려 [해지 관리] > [해지]를 선택합니다.

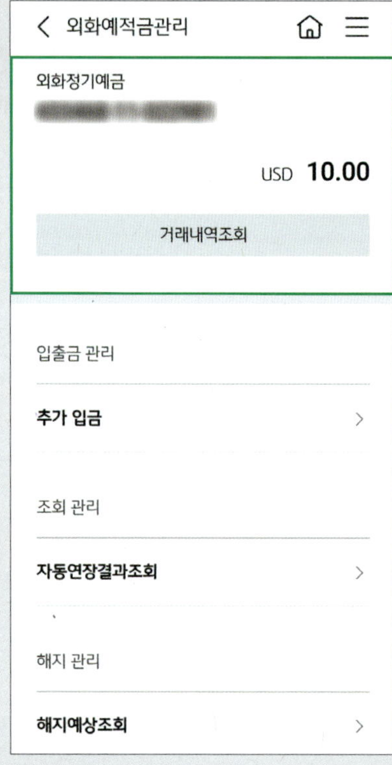

해지할 계좌 선택

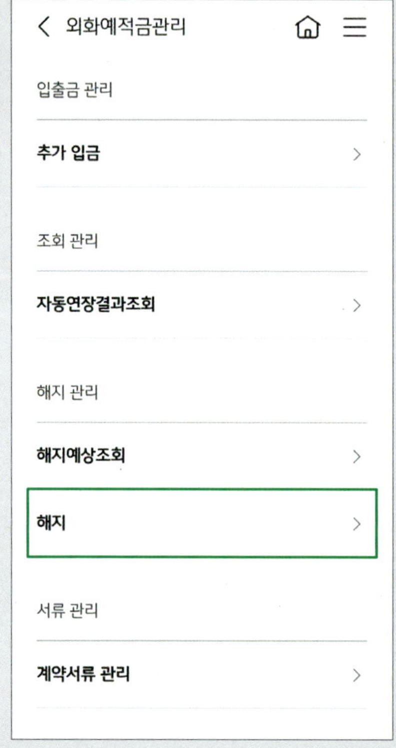

[해지 관리] > [해지] 선택

② [외화 예금 해지] 화면에서 하단의 [해지] 버튼을 선택하면 해지 신청 정보를 입력할 수 있는 화면이 나옵니다.

③ 해지계좌의 외화를 입금할 입금계좌[2]를 선택할 수 있습니다. [원화 입금계좌]를 선택하면 달러를 원화로 매도한 후 입금되고, [외화 입금계좌]를 선택하면 해지된 달러 그대로 입금됩니다. 입금할 계좌를 입력한 후 [다음]을 선택합니다.

[해지] 선택

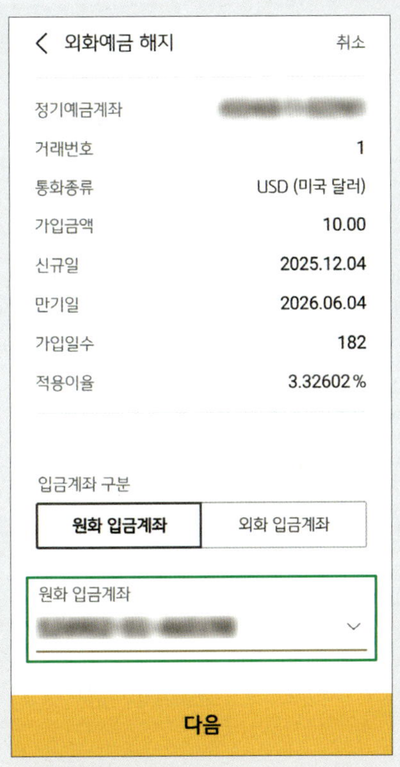

해지 후 입금계좌 선택

2 **입금계좌를 고르는 기준** 달러 정기예금의 금액이 크다면 반드시 '외화 입금'을 선택해야 합니다. 원화로 해지할 경우 정기예금 해지와 동시에 달러의 매도, 그러니까 달러가 원화로 재환전이 되는데 이 역시도 환전 우대율이 낮아 거래비용이 높을 수도 있기 때문입니다.

④ 해지 금액, 환산 금액, 입금계좌번호 등을 확인한 후 해지를 확인할 인증번호를 전송합니다.

⑤ 인증번호 입력 과정까지 마친 뒤 [다음]을 선택하면 외화 예금이 성공적으로 해지됩니다.

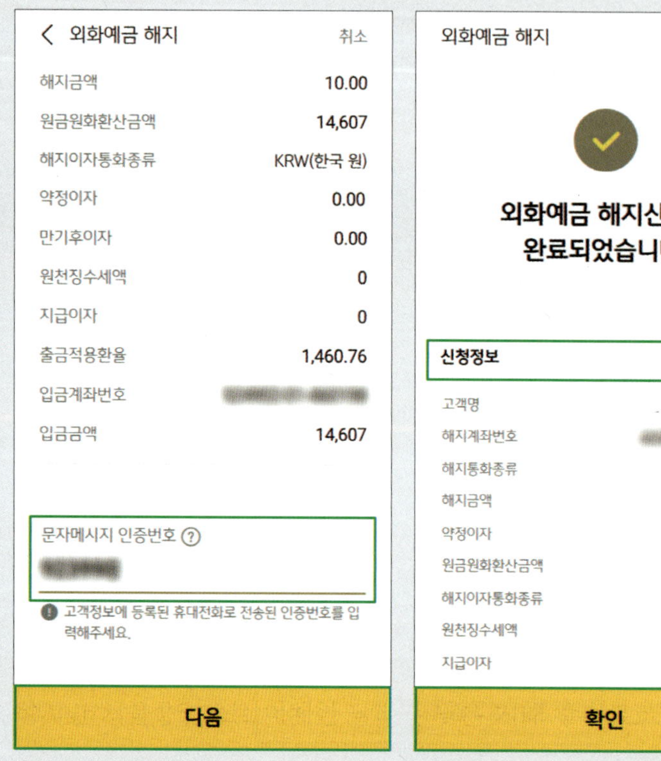

인증번호 입력 후 [다음] 선택

외화 예금 해지 성공

016

토스뱅크에서 달러 사고팔기

간편해서 쉬운 토스뱅크

달러 투자를 하는 사람들이 많아지자 2024년 초, 인터넷 은행인 토스뱅크에서도 달러 투자를 지원하는 서비스가 새롭게 출시되었습니다.

기존의 은행과 증권사와는 차별화된 외환 서비스로 고객을 끌기 위해 '환전 수수료 100% 우대'라는 파격적인 서비스 정책을 내놓았습니다. 그리고 환전과 재환전, 즉 달러의 매수와 매도도 쉽고 간단하게 할 수 있어 달러 투자를 처음 시작하는 초보 투자자들의 진입장벽을 낮추는 데 크게 기여했다고 할 수 있습니다.

다만 이런 큰 장점만큼이나 큰 단점이 존재하기도 합니다. 우선 투자 금액이 하루 1,000만 원, 월 1억 원 정도로 제한되어 있어 큰 금액을 투자하려는 중급 이상의 달러 투자자들에게는 적합하지 않습니다.

또한 은행이나 증권사처럼 타 플랫폼으로 외화 이체를 할 수 없습니다. 따라서 달러 투자 과정에서 생긴 달러를 외화 RP나 외화 예금을 통해 굴리거나 토스증권 이외의 증권사에서 미국 주식 투자에 활용하는 것이 어렵거나 제한적입니다.

하지만 환전 수수료가 없고, 간단하게 달러를 사고팔 수 있다는 장점 때문에 소액으로 달러 투자의 경험을 쌓는 데는 매우 유용한 달러 투자 플랫폼이라고 할 수 있습니다.

토스뱅크 이용 시 유의할 점

토스뱅크를 이용해 달러 투자를 할 때 한 가지 유의해야 할 점이 있습니다. 환전 수수료가 없는 대신 환율이 급등락하는 상황에서는 환전 수수료가 존재하는 은행이나 증권사의 적용환율보다 살 때의 적용환율이 높거나, 팔 때의 적용환율이 낮은 경우가 발생한다는 점입니다.

은행이나 증권사는 급등락 상황에서도 실제 환율 변동치를 즉각 반영하지만, 토스뱅크는 환전 수수료 수익이 없어서인지 환율 반영을 늦게 해서 수익을 챙기려는 경향이 있습니다. 이 차이가 크지는 않기 때문에 토스뱅크를 통해 소액으로 달러 투자의 경험을 쌓는 분들은 크게 신경 쓰지 않아도 됩니다. 그러나 큰 금액으로 달러 투자를 하는 분들이라면 토스뱅크에서 달러를 사거나 팔기 전에 다른 은행이나 증권사의 적용환율을 확인해본 후 유리한 곳에서 거래하는 것이 좋습니다.

무작정 따라하기

토스뱅크에서 달러 사고팔기

토스뱅크 외화통장 만들기

① 토스뱅크에서 달러 투자를 하기 위해서는 우선 '토스뱅크 외화통장'이 있어야 합니다. 토스뱅크 하단의 [전체] 메뉴에서 상단의 [검색] 버튼을 터치합니다.

② 검색창에서 '외화통장'으로 검색한 뒤 [토스뱅크 외화통장 만들기]를 선택하면 토스뱅크 외화통장 서비스에 접속할 수 있습니다.

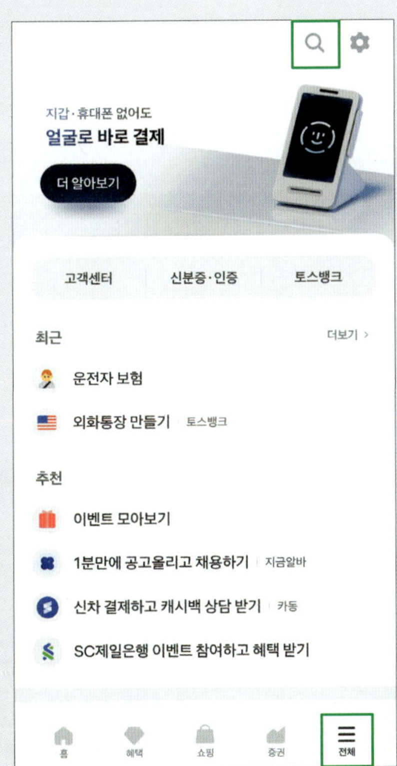

[토스뱅크] > [전체] 선택

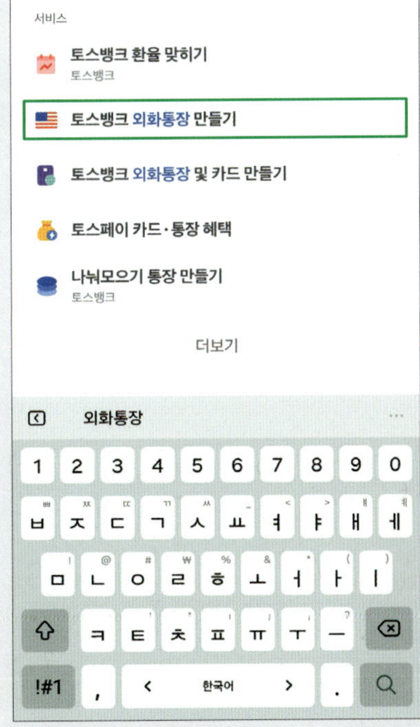

[토스뱅크 외화통장 만들기] 선택

③ 화면 하단의 [평생 무료 환전하기]를 선택합니다. 아직 토스 외화통장이 없다면 신규 통장을 개설하는 화면으로 이동하고, 외화통장이 있다면 달러를 사거나 팔 수 있는 메뉴로 이동합니다.

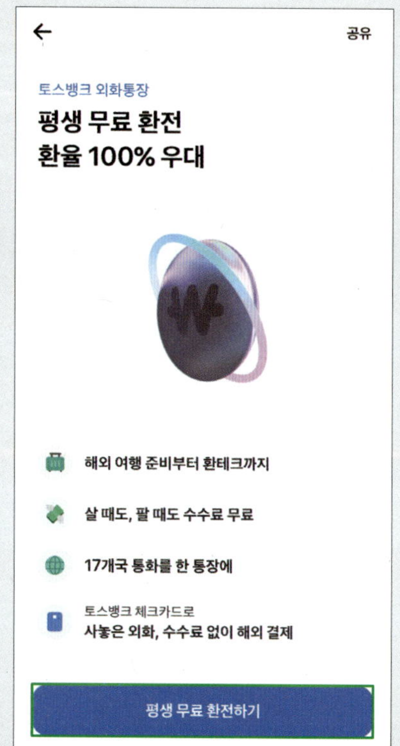

[토스뱅크 외화통장] 화면

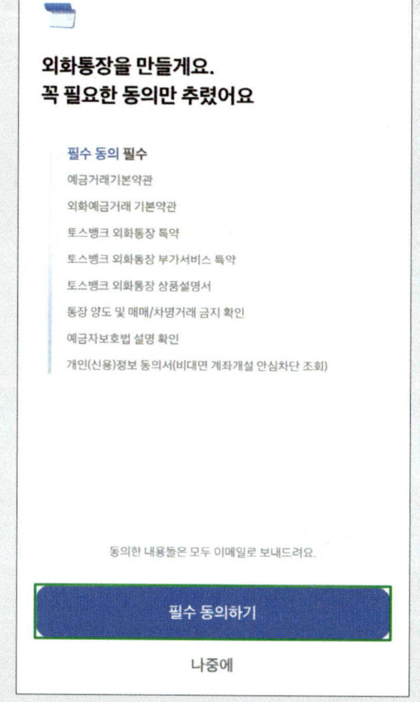

신규 외화통장 개설하기

달러 매수하기

① 참고로 토스뱅크 외화통장에서는 달러뿐만 아니라 엔화나 유로화 등 다른 국가의 외화도 수수료 없이 거래할 수 있습니다. 여러 통화 중 달러를 사거나 팔고자 한다면 [토스뱅크 환전하기]에서 [미국 달러]를 선택하면 미국 달러 거래화면으로 이동합니다.

② 현재의 환율을 확인한 후 화면 하단의 [팔기] 또는 [사기] 버튼을 선택해 달러를 거래할 수 있습니다. 팔기는 보유하고 있는 달러의 매도를, 사기는 원화로 달러를 매수하는 것입니다. 즉 팔기는 '재환전', 사기는 '환전'이라고 보면 됩니다.

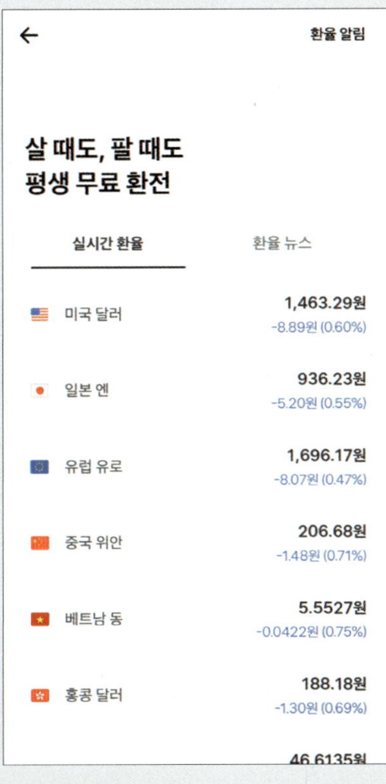

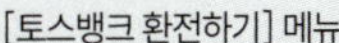
[토스뱅크 환전하기] 메뉴

[미국 달러] 선택

③ [사기] 버튼을 선택하면 '미국 달러' 입력창과 '대한민국 원' 입력창이 나옵니다. 둘 중 하나를 선택해 원하는 환전 금액, 즉 매수 금액을 입력할 수 있습니다.

④ '미국 달러' 입력창에 '10'을 입력하면 '대한민국 원' 입력창에 현재의 환율로 계산된 원화가 자동으로 표시됩니다. 참고로 토스뱅크는 환전 수수료가 무료이기 때문에 기준환율이 곧 적용환율이 되어 두 환율이 같습니다.

⑤ 만약 원화를 기준으로 달러 투자를 하고 싶다면 '대한민국 원' 입력창에 매수하고자 하는 금액을 입력하면 자동으로 '미국 달러' 입력창에 해당 원화 금액만큼의 달러가 표시됩니다.

달러 기준 매수

원 기준 매수

⑥ '미국 달러' 입력창에 '10'을 입력한 후 [확인] 버튼을 누른 화면입니다. 환전 수수료가 '평생 무료'임을 알 수 있고 적용 환율로 계산된 달러가 환전된 것도 알 수 있습니다.

⑦ 매수할 금액을 입력하고 [확인] 버튼을 선택하는 것만으로 달러의 매수, 곧 환전이 끝났습니다. '내 잔액'이 얼마인지도 바로 확인할 수 있습니다.

미국 달러 사기 완료

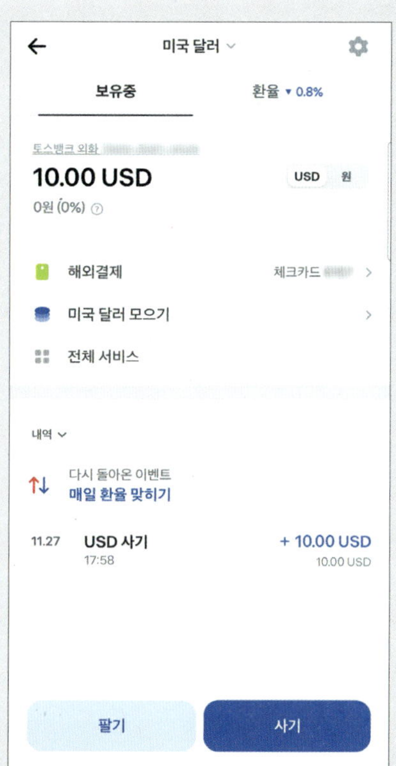

거래된 내역

달러 매도하기

① 이번에는 매수해놓은 달러를 팔아보도록 하겠습니다. 달러의 매수만큼이나 매도도 매우 간단합니다. 달러 잔액을 확인한 후 화면 하단의 [팔기] 버튼을 선택하면 달러의 매도, 곧 재환전을 할 수 있습니다.

② '미국 달러' 입력창에 '10'을 입력하면 아래쪽 '대한민국 원' 입력창에 적용환율로 계산된 해당 달러만큼의 원화 금액이 자동으로 표시됩니다. 화면 하단의 [확인] 버튼을 눌러 매도합니다.

[팔기] 선택

달러에 '10' 입력

③ 외화통장에 있었던 10달러는 사라지고 대신 '1,462.19원'이 토스뱅크 통장에 입금되었습니다. 실제로 통장의 거래 내역을 살펴보면 10달러만큼의 원화가 통장에서 출금되었다가 다시 입금된 것을 확인할 수 있습니다. 이것은 곧 환율이 달라지지만 않는다면 환전 수수료가 무료이기 때문에 몇 번을 사고팔더라도 원금이 그대로 유지된다는 것을 의미합니다. 다시 말하면 환율의 변동이 없는 주말에는 연습 삼아 몇 번이고 달러를 사고팔 수 있다는 것입니다.

미국 달러 팔기 완료

거래된 내역

달러 투자 무작정 따라하기

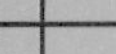

절대 잃지 않는 세상에서 가장 안전한 달러 투자

투자이야기

잃지 않다 보면 생기는 일

투자 수익과 투자 실력은 헬리콥터처럼 수직으로 이륙해서 올라가지 않습니다. 운 좋게 높이 올라가더라도 금세 수직 낙하하는 경우가 더 많습니다.

열심히 공부하고 투자 경험을 쌓아가고 있는데도 투자 수익도, 실력도 별로 나아지는 것 같지 않다면 그것은 지극히 정상적인 현상입니다.

투자 수익은 비행기처럼 날아오르기 위한 활주의 과정이 필요하기 때문입니다.

투자 실력을 다지는 일은 비행기가 전속력으로 활주로를 달려가야 하듯 고되고 힘든 일입니다. 하지만 이륙할 수 있는 속도에 도달하게 되면 서서히 날아오르기 시작합니다. 그리고 어느 정도 목표로 한 높이에 도달하게 되면 편안하고 안정적인 비행이 가능합니다.

이때부터는 안전벨트를 풀고 자유롭게 움직일 수도 있고, 기내 서비스로 제공되는 시원한 맥주도 마실 수 있습니다. 구름 위를 날아다니며 행복해질 수 있다는 얘기입니다.

행복한 비행을 위해서는 활주로를 달려 나가야 하는 노력과 힘이 필요합니다.

'잃지 않는다는 것은 그냥 제자리라는 얘기 아냐?'

'잃지 않는다고 해서 수익을 얻을 수 있을까?'

이런 생각으로 무리한 수직 이륙을 시도해서는 안 됩니다.

잃지 않는 경험이 조금씩 쌓이다 보면 날아오르기 위한 추진력이 됩니다. 투자 수익이 늘지 않고 있다고 해도 잃지 않는 투자 경험이 쌓이게 된다면 이제 남은 것은 '날아오르는 일'뿐입니다.

017

달러 투자의 목적

자산 증식과 현금흐름의 창출

달러 투자의 목적은 아주 간단합니다. 달러 투자뿐만 아니라 다른 투자들도 모두 그러하듯 돈을 벌기 위해서가 주된 목적입니다. 그런데 돈을 버는 것은 또다시 크게 두 가지의 목적으로 구분됩니다. 자산 증식과 현금흐름 창출이 바로 그것입니다.

돈을 벌면 자산도 증식하고 현금흐름도 만들어지게 되는 것이 아닌가 하는 생각이 들 수 있습니다. 하지만 둘 중 어느 것에 더 집중하느냐에 따라 투자의 방법과 그에 따른 결과가 달라지기 때문에 미리 정해놓는 것이 더 효과적입니다.

· 자산 증식이 목적인 투자 → 장기 투자
· 현금흐름 창출이 목적인 투자 → 단기 투자

자산 증식을 목적으로 하는 투자는 비교적 오랜 시간이 걸립니다. 물론 운이 좋으면 단기간에도 큰 투자 수익을 얻을 수 있지만 확률적으로 그렇습니다. 부동산을 매매할 때를 예로 들어보면 집값이 1년 만에 2배가 되는 경우는 아주 특별하고 희귀한 상황이라고 할 수 있습니다. 하지만 20년 동안 2배가 오르는 일은 인플레이션에 의해서 비교적 자연스러운 상황이라고 할 수 있습니다. 확률적으로 볼 때 높은 수익을 추구하기 위해서는 장기간의 투자가 필요합니다.

하지만 여기에는 치명적인 약점이 존재합니다. 20년을 기다렸는데 집값이 오르기는커녕 오히려 떨어진다면 어떻게 될까요? 투자는 실패한 것이 됩니다.

돈을 잃었을 뿐만 아니라 20년이라는 시간도 헛되이 보내게 된 것이어서 기회비용까지 손익계산에 넣어보면 그 실패의 손실은 대단히 클 수밖에 없습니다.

따라서 자산 증식을 목적으로 하는 장기적 관점에서 투자할 때는 흔히 '가치 투자'라고 하는 가치가 가격보다 낮았을 때, 그리고 향후 그 가격이 인플레이션에 의해 우상향할 가능성이 큰 투자 대상에 투자하는 것이 성공 확률을 높이는 일이라고 할 수 있습니다.

예를 들면, 수요가 쉽게 줄어들 가능성이 작아 가치는 그대로 보전되면서 인플레이션에 의해 가격이 오를 수밖에 없는 서울 핵심 지역의 아파트, 매출과 영업이익이 꾸준히 늘어날 가능성이 크고 사양 산업이 될 가능성도 작은 음식료 관련 배당 우량주 같은 것이 가치 투자, 장기 투자를 통해 자산 증식을 하기에 적합하다고 할 수 있습니다.

하지만 달러의 가격이라고 할 수 있는 원/달러 환율은 어떤 자산의 가치를 표현한 값이 아니라 원화와 달러의 교환 비율이기 때문에 가치와 가격이 투자 시간에 비례해 우상향하지 않는다는 특성이 있습니다.

달러의 가치가 아무리 상승한다고 하더라도 원화의 가치도 그만큼 함께 상승한다면 달러의 가격, 그러니까 원/달러 환율은 단 1원도 오르지 않을 것입니다. 반대로 달러의 가치가 아무리 하락한다고 하더라도 원화의 가치도 그에 따라 함께 하락하게 되면 원/달러 환율은 그대로 유지됩니다.

달러에 투자해놓고 1년을 기다리는 것과 10년을 기다리는 것의 투자 수익률은 크게 다르지 않을 가능성이 매우 큽니다.

달러 투자에 불리한 투자법

그렇다면 이렇듯 가격 변동 폭이 작아서 자산 증식용 투자로는 적합하지 않은 달러 투자를 보다 효과적이고 효율적으로 하려면 어떻게 해야 할까요?

앞에서 자산 증식과 함께 투자의 목적 중 하나로 언급했던 현금흐름 창출을 목적으로 하면 보다 좋은 결과를 기대할 수 있습니다. 현금흐름 창출을 목적으로 하는 투자는 투자 기간이 비교적 짧기 때문에 자산 증식에 영향을 끼칠 만큼 그 수익률이 크지는 않습니다. 하지만 수익금을 바로 현금으로 활용할 수 있다는 장점이 있습니다.

실거주용 아파트를 사서 가격이 오르면 10년 후에 팔겠다는 계획으로 투자했다면 이것은 장기적 관점으로 가치 투자를 통해 자산 증식을 목적으로 한 투자라고 할 수 있습니다. 그리고 상가 건물을 산 후 점포 임대를 통해 월세 수익을 얻는 것은 현금흐름 창출에 목적을 둔 투자라고 할 수 있습니다.

물론 10년 후에 상가의 가격이 올라서 현금흐름 창출뿐만 아니라 시세 차익을 통한 자산 증식 효과도 얻을 수는 있습니다. 하지만 자산 증식을 목적으로 했던 투자가 현금흐름 창출을 포기하거나 크게 기대하지 않듯이, 현금흐름 창출을 목적으로 하는 투자도 그 결과가 자산 증식으로 이어졌다고 하더라도 기대하지 않았던 수익 정도로 보는 것이 합당할 것입니다.

달러 투자는 투자 대상의 특성상 투자 규모와 기간에 대한 투자자의 선택에 의해 자산 증식과 현금흐름 창출 중 하나에 목적을 두는 것이 비교적 원하는 목적에 가까운 결과를 가져다줍니다.

원/달러 환율이 1,000원일 때 똑같이 달러에 투자한 A 투자자와 B 투자자가 있다고 가정해보겠습니다. A 투자자의 목적은 달러 투자를 통한 자산 증식이고, B 투자자의 목적은 현금흐름 창출입니다.

단 하루 만에 원/달러 환율이 10원 상승해 1,010원이 되었을 때 A 투자자는 투자의 목적을 달성한 상태라고 보기 어려울 것입니다. 수익률이 1% 정도로 크지 않기 때문입니다. 하지만 B 투자자는 곧바로 수익 실현을 하더라도 현금흐름 창출이라는 목적을 달성하게 됩니다.

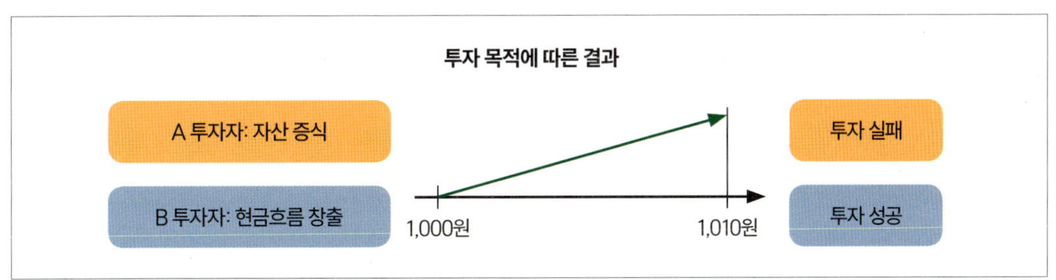

원/달러 환율은 가격 변동성이 크지 않기 때문에 짧은 투자 기간 동안에는 자산 증식이라는 투자 목적을 달성하기 어려운 것입니다.

달러 투자에 유리한 투자법

또한 자산 증식을 목적으로 하는 투자의 경우에는 투자금의 규모가 커야 자산 증식으로서의 유의미한 수익을 기대할 수 있습니다.

원/달러 환율이 1년간 30% 정도 상승해서 그만큼의 수익률을 기대할 수 있는 상황이라고 할지라도 투자금이 100만 원이었다면 30만 원 정도의 수익밖에 얻지 못합니다. 때문에 자산 증식에 큰 도움이 되지는 않을 것입니다. 하지만 투자금이 1억 원이었다면 수익금은 3,000만 원 정도가 될 것이고 자산 증식에 유의미한 기여를 할 수 있습니다.

그런데 이렇게 투자금의 규모를 키운다는 것은 리스크 역시 함께 상승한다는 것을 의미합니다. 때문에 가치 상승을 예단할 수 없는 달러 투자에 이러한 투자 리스크까지 더해진다면 상당히 불안정하고 위험한 투자가 될 수밖에 없습니다. 달러 투자가 장기 투자, 그리고 자산 증식을 목적으로 하는 투자로 적합하지 않은 이유입니다.

하지만 달러 투자가 단기 투자, 현금흐름 창출을 목적으로 하는 투자가 된다면 달러 투자의 여러 가지 불안정한 단점을 해소할 수 있습니다. 그리고 가치 투자 분석에 따라 분할 매수, 분할 매도[1] 같은 전략적 투자 방식까지 더해진다면 현금흐름 창출 목적 달성은 물론이고, 기대하지 않았던 자산 증식의 효과까지 누릴 수 있습니다.

예를 들어, 원/달러 환율이 1,000원에서 1,010원, 그리고 다시 1,010원에서 1,000원으로 매일 10원 정도의 변동성을 갖고 한 달 동안 움직였다고 가정해보겠습니다.

앞에서도 이미 여러 번 언급한 바 있지만 원/달러 환율의 변동 폭은 작지만 변동은 잦기 때

알아두세요

1 **분할 매수와 분할 매도** 분할 매수는 투자 전략 중 하나로, 투자자가 원하는 투자 대상의 현재 가격이 비싸거나 하락의 가능성이 있는 경우, 여러 차례에 걸쳐 나누어 매수하는 것을 의미합니다. 이를 통해 투자자는 가격 변동이나 투자비용을 분산할 수 있으며, 결국 해당 투자 대상을 저렴한 가격에 매수하게 됩니다. 분할 매도는 분할 매수와는 반대되는 개념으로 보유한 투자 대상을 한 번에 모두 매도하는 대신, 일부분씩 나누어 여러 차례에 걸쳐 매도하는 전략을 말합니다.

문에 가능한 일입니다. 이러한 상황에서 A 투자자의 월 수익률은 1%가 될 것입니다.

하지만 B 투자자의 월 수익률은 다릅니다. 극단적인 예시라고 할 수 있겠지만 원/달러 환율이 1,000원이 되었을 때는 매수하고, 1,010원이 되었을 때는 매도하는 방식으로 투자했다면 수익률은 얼마나 될까요?

매일 1% 정도의 수익을 얻었을 것이기 때문에 30일째 되는 날의 누적 수익률은 30%가 되어 있을 것입니다.

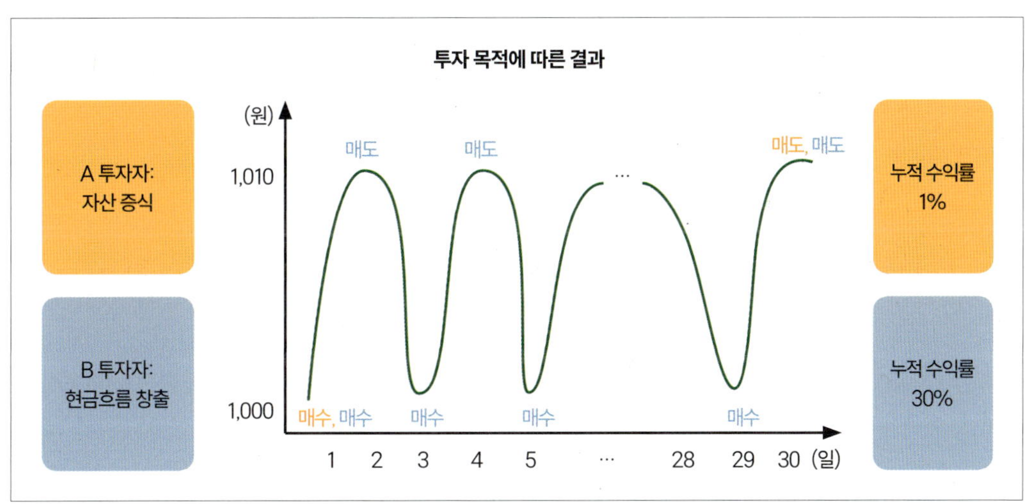

물론 이것은 투자 수익을 투자금에 더해 재투자하는, 그러니까 더 큰 수익률을 기대할 수 있는 복리 방식의 투자를 하지 않았을 경우의 예입니다. 달러 투자가 현금흐름 창출을 목적으로 하는 투자가 가능하고 더 적합한 이유입니다.

018

장기 투자와 장기적 투자

타이밍보다 중요한 건 타임?

장기 투자를 하라고 조언하는 투자 고수와 전문가가 많습니다. 부동산 투자도 그렇고 주식 투자도 그렇습니다. 인플레이션에 의해 시간이 지나면 돈의 가치는 하락하고 자산의 가치는 상승하는지라 투자 성공 확률이 높기 때문입니다.

하지만 환율에 따라 투자 성패가 좌우되는 달러 투자는 인플레이션과는 별 관계가 없습니다. 시간의 흐름에 따라 돈의 가치가 하락하더라도 달러와 원화의 동반 가치 하락은 곧 환율 유지이기 때문입니다. 심지어 달러에 장기 투자했다가는 환차익을 얻는 대신, 인플레이션의 직격탄을 맞아 돈의 가치가 하락해 큰 손실을 볼 수도 있습니다.

예를 들어, 환율이 1,000원일 때 서울에 소형 아파트 한 채를 살 수 있는 금액인 1억 원으로 10만 달러를 매수했다고 가정해보겠습니다. 시간이 흘러 환율은 1,300원으로 상승했고, 30%의 수익을 얻게 되었습니다. 10만 달러를 매도해 1억 3,000만 원을 손에 쥐게 된 것입니다.

하지만 너무 오랜 기간 투자했던 나머지 예전의 그 아파트는 2억 원을 줘야 살 수 있는 상황이 되었습니다. 달러 투자로는 돈을 벌었지만 인플레이션으로 인해 1억 3,000만 원의 가치는 예전의 1억 원 가치보다 더 낮아진 것입니다.

좋은 투자 기회를 놓쳤던 투자자라면 '투자는 타이밍'이라는 말이 귓가에 맴돌았던 경험이 있을 것입니다. 하지만 오랜 기간 장기 투자를 하다 보면 타이밍보다 더 중요한 게 무엇인지 깨닫게 됩니다.

미래는 예측할 수 없고 그 미래가 장기적인 미래, 즉 아주 먼 미래라면 더더욱 예측이 불가능하기 때문에 오랜 시간을 인내하고 기다리는 것이 더 중요합니다. 그래서 '투자는 타이밍이 아니라 타임이다'라는 말까지 생겨난 것입니다.

그런데 안타깝게도 환율은 시간에 비례해서 자산의 가치가 높아지지 않는 다소 특이한 성질을 지니고 있습니다. 게다가 환율을 예측하기란 매우 어렵기 때문에 투자 타이밍을 맞추는 것도 거의 불가능합니다. 때문에 한때 달러 투자는 투기적인 요소가 많은 매우 위험한 투자라고 여겨지기도 했습니다.

장기 투자가 아닌 장기적 투자를 하자

타이밍도 안 되고, 타임도 통하지 않는다면, 그럼 어떻게 투자해야 될까요? 저는 장기 투자가 아닌 '장기적 투자'를 해보자고 마음먹었습니다.

부동산 투자나 주식 투자를 장기 투자로 하면 좋은 이유는 거스를 수 없는 시간에 따른 인플레이션 때문이기도 하지만, 부동산이나 기업에 오랜 기간 동안 관심을 두고 투자하게 되면 많은 정보와 데이터, 그리고 경험이 축적되면서 부동산이라면 입지나 환경, 인프라 변화, 기업이라면 비즈니스와 관련 산업에 대한 이해도가 높아지기 때문입니다.

한마디로 투자 대상에 대해 잘 알게 되면 투자 성공 확률도 높아지게 된다는 얘기입니다.

저는 개인적으로 서울, 그리고 서울과 가까운 곳에서의 부동산 투자는 거의 모두 성공했지만 지방에서의 부동산 투자는 확신도 관심도 없습니다. 제가 지금 살고 있고 잘 알고 있는 서울 특정 지역에서 좋은 투자 기회가 생긴다면 다른 사람들보다 한 걸음 더 먼저 움직일 수 있는 정보력을 가지고 있습니다. 때문에 그만큼 투자 성공 가능성도 크다고 할 수 있습니다.

주식 또한 오랜 기간 배당을 받으면서 투자를 이어온 KT&G 같은 경우에는 갑작스러운 주가 폭락 상황이 발생했을 때 그것이 기업이나 비즈니스의 내재가치 훼손 때문인지, 아니면 뇌동 매매에 따른 우발적인 단기적 하락인지 빠르게 파악할 수 있습니다. 때문에 마찬가지로 투자 성공 가능성이 크다고 할 수 있습니다.

코로나19로 인해 마스크 수요가 폭발했을 때 기존에도 마스크를 팔았고 대규모 유통망까지 확보하고 있었던 기업과 타이밍을 노려서 이제 막 마스크 사업에 뛰어든 기업, 둘 중 어느 쪽이 더 유리한 사업을 펼칠 수 있을지에 대한 답을 생각해보면 장기적 투자에 대한 이해가 좀 더 쉬울 것 같습니다.

제가 얘기하는 장기적 투자란 단 한 번의 투자 결정 후 오랜 기간 무지성으로 기다리기만 하는 투자가 아니라 '장기적으로 지켜보면서 대응해나가는 투자'를 의미합니다.

투자 성공률을 높이려면 투자 대상에 대해 잘 알아야 한다. 달러 투자는 오랜 기간 지켜보며 상황에 맞게 대응하는 장기적 투자를 해야 한다.

분할 매매와 장기적 투자로 약점 극복

원/달러 환율이 1,000원 가까이 폭락했을 때 저는 그 누구보다도 빠르게 달러 매수를 결정했습니다. 원/달러 환율의 50년 환율 데이터가 이미 머릿속에 그려져 있었고, 환율의 변동성과 변동 폭, 그리고 달러 지수와의 관계 등을 종합적으로 고려해보았을 때 좋은 투자 기회라고 여겨졌기 때문입니다.

하지만 달러 투자에 관심이 없는 대부분의 사람은 그것이 기회인지도 모르고 그냥 지나쳤을 것입니다. 또 달러 투자에 관심이 있던 투자자라고 할지라도 확신이 없다면 선뜻 매수하지 못했을 것입니다.

반대로 원/달러 환율이 1,500원 가까이 폭등했을 때도 이런 현상은 유사하게 일어났습니다. 장기적 투자를 해왔던 저에게는 좋은 수익 실현의 기회였지만, 대부분의 사람에게는 '더 오르기 전에 지금이라도…' 같은 생각으로 스스로 불나방이 되는 상황을 초래했습니다.

투자 타이밍을 맞추지 못한다는 약점은 내리면 사고, 오르면 파는 분할 매수, 분할 매도 전략을 통해 충분히 커버가 가능합니다. 그리고 장기 투자가 불가능하다는 약점은 장기적 투자로 보완할 수 있습니다.

참고로 이러한 투자 전략과 시스템이 주식 투자에도 그대로 적용 가능하다는 것도 경험을 통해 알게 되었는데, 한 가지 다른 점은 주식 투자는 장기적 투자뿐만 아니라 장기 투자도 가능하다는 점입니다. 그래서 주식 투자를 할 때는 달러 투자와는 다르게 시간에 투자하는 장기 투자도 병행하는 것이 좋습니다.

이 말을 다시 바꿔보면 달러 투자를 할 때는 미국 주식에 투자하거나, 달러로 원화를 사는 원화 투자 같은 별개의 투자 계획이 없다면 장기 투자는 가능하면 피하는 것이 좋습니다.

잠깐만요 달러를 더 잘 이해하려면

장기적 관점에서 달러 투자의 성공 가능성을 높이기 위해서는 투자 대상인 달러, 더 정확히 표현하자면 원/달러 환율의 변화 요인에 대한 이해도가 높아야 합니다.

원/달러 환율은 국가의 경제 성장률, 인플레이션, 실업률 등의 경제 지표는 물론 금리와 정부의 환율 관리 정책, 정치적 불안정성과 국제 관계 등 다양한 환경적 요인에 영향을 받습니다. 따라서 대내외적인 정치, 경제, 사회적 이슈가 발생할 때마다 원/달러 환율이 어떻게 움직이는지 파악해보는 노력이 필요합니다.

예를 들면, 미 연준에서 기준 금리를 올리는 경우 원/달러 환율과 달러 지수는 어떻게 변화하는지, 북한이 대륙간탄도미사일을 발사했을 때 환율은 어떻게 움직이는지 등에 관심을 가지고 지켜보는 것입니다.

019

환율 예측하기와 대응하기

경기가 흥해도 오르고, 위기에도 오르는 환율

달러를 사고파는 것은 생각보다 아주 간단한 일입니다. 증권사의 MTS를 이용하면 단 1초 만에 사고, 1초 만에 팔 수 있습니다. 주식을 살 때처럼 호가창을 들여다보면서 시장가로 매수해야 할지 지정가로 매수해야 할지를 고민할 필요도 없고, 거래하려는 가격에 매도 물량이나 매수 물량이 없어서 인내심을 가지고 기다릴 필요도 없습니다. 한 번에 수십 억 이상을 매수하거나 매도하는 것이 아닌 이상은 말입니다.
사실 그 이상이어도 가능할 듯하지만, 제가 단 한 번의 주문으로 1초 만에 매수하거나 매도해본 최대 금액이 10억 원 정도였기 때문에, 직접 경험한 것에 기반해 검증된 것만 얘기하자면 그렇습니다. 대부분은 한 번에 10억 원 이상을 거래하는 일은 흔치 않지만, 경험상 금액과 관계없이 거래를 쉽고 빠르게 할 수 있습니다.

하지만 단순히 사고파는 것이 쉽다고 해서 투자의 진짜 목적인 수익을 얻을 수 있는 것은 아닙니다. 투자는 쌀 때 사서 비싸게 팔거나, 비싸게 팔고 싸게 되사야 돈을 벌 수 있습니다. 달러 투자를 하다 보면 '환율 예측은 신의 영역이다'라는 말을 많이 듣게 될 것입니다. 달러 투자의 경험이 쌓여갈수록 이 말은 '역시 진리였어…'라는 생각을 하게 될 때가 많아질 것입니다.
단적인 예로 원/달러 환율은 미국의 경기가 흥해도 오르고, 위험해도 오른다는 것을 지난 몇 번의 글로벌 금융위기를 통해 알 수 있었습니다. 이런 측면에서 보면 달러 투자는 투자라기보다는 투기나 도박 쪽에 더 가까운 게 아닌가 하는 생각이 들 정도입니다. 예측이 불가능하기 때문입니다.

럭비공과 환율의 상관관계

부동산 투자는 입지, 교통, 인프라, 학군 등 투자의 성패를 가늠해볼 수 있을 만한 요소들이 차고 넘칩니다. 주식 투자 역시 기업의 내재가치 측정만으로도 투자할 만한 기업인지 아닌지를 어느 정도는 판단할 수 있습니다.

하지만 환율은 경제 상황은 물론이고, 정치적인 요소나 전 세계적으로 일어나는 각종 사건 사고에 따라 마치 럭비공처럼 어디로 튈지 모릅니다. 그러나 어디로 튀어 오를지 모르는 럭비공도 누군가 들고 있을 때, 그러니까 선수의 손안에 있을 때의 방향은 언제나 상대방의 골라인 쪽입니다.

그리고 럭비공이 튀어봤자 경기장 안에서만 유효하게 움직인다는 사실을 잘 이용하면 이기기 위한 전략도 끌어낼 수 있습니다.

환율의 움직임도 럭비공과 구조적으로 비슷한 특징을 가지고 있습니다. 럭비공처럼 어디로 튈지, 즉 환율이 오를지 내릴지, 또 얼마나 오를지 그 무엇도 예측할 수 없습니다. 하지만 투자자가 손익을 컨트롤할 수도 있고, 가격 또한 일정한 바운더리 내에서 움직이기 때문에 이른바 '잃지 않는 안전한 투자'를 할 수 있는 것입니다.

럭비공과 환율의 공통점

럭비공처럼 어디로 튈지 모르지만 전략만 잘 세우면 이길 확률이 높은 것처럼, 환율을 예측하는 것은 불가능하지만 대응만 잘하면 잃지 않는 달러 투자가 가능하다.

환율이 움직이기 시작한 이래로 지난 50년간 원/달러 환율은 1,200원을 중심으로 오르락 내리락을 반복해왔습니다. 경기장의 크기에 규격이 정해져 있듯 원/달러 환율 또한 최저 800원, 최고 1,600원 정도의 수준 안에서 움직여왔던 것입니다.

원/달러 환율의 역사적 데이터에 기반한 중간가인 1,200원 위에서만 사지 않으면 투자 위험성을 크게 낮출 수 있습니다. 여기에 전략적 계획에 기반한 분할 매수, 분할 매도 기술을 더하면 안정성뿐만 아니라 수익의 극대화도 이뤄낼 수 있습니다.

이러한 환율의 특성을 반영해 가장 효과적인 수익을 만들어낼 수 있도록 고안한 달러 투자 방법이 바로 '세븐 스플릿'입니다. 참고로 세븐이라는 숫자는 그냥 행운의 의미를 내포하고 있을 뿐, 특정한 횟수를 얘기하는 것은 아닙니다. 스플릿이라는 말은 나누어 거래한다는 뜻입니다.

저는 지난 5년간 세븐 스플릿을 이용해 달러 투자를 했고, 단 1원도 잃지 않는 안전한 투자를 할 수 있었습니다. 이것은 저 스스로도 믿기 힘든 놀라운 성과였습니다.

일정한 경기장, 그러니까 일정한 구간 내에서 내리면 사고, 오르면 파는 것을 반복하다 보면 투자 수익이 계속해서 쌓여나가게 됩니다. 이것은 달러도 돈이고, 달러를 사는 원화도 곧 돈이므로 투자 상태에 놓여 있는 돈이 사라져버리는 일은 애초에 일어나지 않는다는 신기한 구조적 특징을 가지고 있기 때문입니다.

달러 투자는 예측은 불가능하지만 대응하는 것은 주식이나 부동산 같은 다른 투자 대상들과 비교했을 때 매우 쉽다는 얘기입니다.

세븐 스플릿 투자 방법에 대해서는 뒤에서 좀 더 자세하게 설명하겠습니다.

잠깐만요 신의 영역인 환율 예측을 넘본다면?

달러 투자의 경험이 쌓이다 보면 어느 정도 예측이 가능한 상황들이 생길 때가 있습니다. 주가가 오르면 환율은 하락한다든지, 미국의 기준금리가 상승하면 환율도 상승한다든지 하는 상황들입니다.

하지만 투자는 안다고 생각했을 때가 가장 위험한 순간입니다. 그 생각은 착각일 가능성이 크기 때문입니다. 실제로 미국의 기준금리가 상승했다고 해서 반드시 환율이 상승하는 것은 아닙니다.

미국의 기준금리가 상승하면 미국 돈, 그러니까 달러의 가치 상승으로 인해 원/달러 환율 역시 상승하는 것이 일반적인 현상입니다. 하지만 기준금리가 분명히 상승했음에도 예상치보다 그 폭이 크지 않다면 실망감으로 인해 오히려 하락하는 경우가 있습니다.

또한 기준금리는 하락했지만 또 다른 이슈, 이를 테면 전쟁 같은 예측할 수 없는 상황이 동시에 일어날 경우 원/달러 환율은 하락이 아닌 상승 쪽으로 움직이기도 합니다.

제가 5년이 넘는 기간 동안 달러 투자로 단 1원도 잃지 않는 투자가 가능했던 것은 '예측을 잘해서'가 아니라 '예측을 하지 않아서'였습니다. 유일하게 예측해야 하는 것은 '최악의 하락 상황에서 그에 맞게 대응할 수 있는가?' 정도일 뿐입니다.

여러 가지 환율 변동 요인을 분석해 원/달러 환율을 예측하는 것은 투자에 도움이 될 수 있지만, 그것은 참고만 해야 할 뿐 실제로 투자 판단에 활용해서는 안 됩니다.

020

분할 매수와 분할 매도

도박과 투자를 구분 짓는 차이점

미래에 일어날 일에 돈을 베팅하고 그 예측이 맞으면 승리하는 도박의 구조는 투자와 매우 닮아 있습니다. 하지만 하나하나 잘 따져보면 도박과 투자는 결코 메커니즘이 같지 않습니다. 그리고 도박과 투자의 명백한 차이점 중 하나가 곧 성공적인 달러 투자의 비결이 됩니다.

도박의 경우 예측이 빗나가면 돈을 잃고 게임은 그대로 끝이 납니다. 하지만 투자의 경우에는 예측이 빗나가더라도 시간이라는 무기를 통해 역전을 꾀할 수 있습니다. 바로 '실현하지 않은 손실은 확정된 것이 아니기 때문'입니다.

도박은 판단의 결과에 따른 손익 확정의 권한이 내가 아닌 딜러, 곧 남에게 있지만, 투자는 그 권한이 오롯이 나에게 있습니다. 달러의 가치가 오를 것이라고 판단하고 원/달러 환율이 1,200원일 때 달러를 매수했는데, 기대와는 다르게 1,100원으로 하락했다고 가정해보겠습니다.

투자자가 손실을 회피할 수 있는 방법은 생각보다 아주 간단합니다. 원/달러 환율이 다시 1,200원 이상으로 오를 때까지 기다리면 됩니다. 도박이라면 이미 끝났을 게임이 투자이기에 지속 가능한 기회를 얻을 수 있는 것입니다.

하지만 여기에는 치명적인 약점이 존재합니다. 무기라고 생각했던 시간이 '인내'라는 견디기 힘든 일과 만나게 되면 일반적이고 평범한 투자자는 쉽게 포기합니다. 즉 스스로 손실을 확정해버리는 수순을 밟는 것입니다.

시간이라는 무기는 아주 강력하지만 강철 멘털을 가진 투자 고수가 아니라면 매우 다루기 어렵습니다. 원/달러 환율이 1,100원으로 하락했을 때 1,200원까지 오르는 것을 기다리는 일은 그리 쉽지 않습니다. 하지만 100원이 아니라 10원이 오르는 1,110원을 기다리는 것은 어떨까요? 훨씬 더 쉬울 것입니다.

환율이 1,200원일 때 매수한 달러만 있었다면 무작정 기다리는 수밖에 없습니다. 하지만 1,190원에 산 달러도 있고, 1,150원에 산 달러도 있고, 1,100원에 산 달러도 있다면 기다리는 동안 확정 수익이라는 약을 처방받아 인내의 고통을 줄일 수 있습니다.

한 번에 사면 오래 인내해야 하지만 나눠사면 그렇지 않다는 얘기입니다. 아침, 점심, 저녁에 나눠 먹을 것을 아침에 모두 먹어버리면 당장은 배가 많이 부르겠지만, 다음 날 아침까지 기다리는 것이 힘들 수밖에 없는 것과 같습니다.

인내의 시간을 버티게 하는 힘

분할 매수는 사실 어렵지 않습니다. 1,200원에 산 달러가 1,100원이 되면 싸게 보이기 때문입니다.

하지만 분할 매도는 인간의 본성을 조금은 거슬러야 가능한 일입니다. 1,200원에 1만 달러, 1,100원에 1만 달러를 산 투자자는 누가 시키지 않았는데도 자신이 보유한 총 2만 달러의 매수 평단가를 1,150원으로 계산한 후 머릿속에 입력해놓습니다. 그러고 나서는 현재 1,100원인 원/달러 환율이 매수 평단가인 1,150원 이상, 그러니까 1,160원 정도가 되었을 때 매도하겠다고 마음먹습니다.

하지만 1,100원이었던 환율이 60원 올라 1,160원이 될 때까지 기다리는 것은 1,200원이 될 때까지 기다리는 것보다 아주 조금 나을 뿐입니다. 그리고 운 좋게 1,160원이 되었을 때는 더 오를 거라는 기대로 팔지 않고 기다리다가 다시 1,100원으로 하락하는 일이 발생하면 '그때 팔걸…' 하며 후회하는 경우도 많습니다.

계속해서 강조하는 얘기지만 환율은 일정한 구간 안에서 등락을 반복하는 특성을 지니고 있는지라 계속해서 오르거나 계속해서 하락하는 것보다는 오르락내리락할 때가 더 많습니다. 그래서 100원 정도 하락하는 일도 쉽게 일어나지 않지만 100원 정도 오르는 데도 비교적 긴 시간이 필요합니다.

만약 이 투자자가 세븐 스플릿의 기본 전략인 분할 매수, 분할 매도로 대응했다면 어땠을까요? 환율이 1,100원에서 1,110원으로 단 10원만 상승하더라도 1,100원에 매수한 달러는 수익 실현을 통해 수익을 확정할 수 있습니다. 물론 이후에 환율이 1,160원까지 올랐을 때는 조금 후회도 되겠지만 다시 원래의 1,100원으로 돌아온다면 기쁜 마음으로 또다시 매수로 대응할 수 있을 것입니다.

아무런 대응도 하지 않고 오롯이 인내의 고통을 감수했던 투자자는 여전히 평가 손실의 상황에 놓이게 됩니다. 하지만 나눠서 사고팔며 적극적으로 대응한 투자자는 조금이나마 확정 수익을 확보해놓은 상태에서 투자를 이어갈 수 있게 됩니다.

분할 매수를 하듯, 분할 매도를 하면 확정 수익을 쌓아나가는 투자를 이어갈 수 있습니다. 환율의 움직임은 일정한 구간 내에서 등락을 반복하는 구조이기에 더 큰 효과를 노릴 수 있는 것입니다.

021

잃지 않는 투자를 위한 세븐 스플릿

달러 투자에 최적화된 기법

세븐 스플릿은 달러 투자뿐만 아니라 주식 투자에도 유용합니다. 투자의 대상은 달라도 그 메커니즘은 유사하기 때문입니다. 분할 매수, 분할 매도 전략이라고 할 수 있는 세븐 스플릿은 달러 투자를 하면서 고안되었습니다. 때문에 변동성은 낮지만 매수, 매도가 잦은 달러 투자에 최적화되어 있습니다.

더욱이 환율은 하방과 상방이 닫혀 있는 구조, 그러니까 한없이 하락하지도 않고 그렇다도 한없이 상승하지도 않는 일정한 구간 내에서 움직이는 특성을 가지고 있습니다. 때문에 추가 매수의 횟수를 따로 정하지 않아도 됩니다.

하지만 주식 투자의 경우에는 얘기가 조금 달라집니다. 아무리 유망한 기업의 주식을 매수한다 하더라도 그 가치가 제로가 되는 상장폐지 같은 일이 발생할 수도 있습니다. 반대로 기업의 가치가 다시는 쳐다보기 힘들 정도로 한없이 우상향하는 일도 생기기 때문에 하방과 상방이 열려 있음을 고려해야 합니다.

따라서 세븐 스플릿 투자 시스템을 주식 투자에 활용할 때는 그 이름처럼 꼭 7번 나누어 매수할 필요는 없지만 미리 계획을 세워두고 일정한 횟수 이상이 되면 매수를 중단해야 합니다.

또한 수익 구간이라면 언제든 수익 실현을 해도 전혀 문제가 되지 않는 추가 매수 주식들과는 달리, 첫 번째로 매수한 주식의 경우에는 장기 투자를 병행해야만 수익의 극대화를 노릴 수 있습니다. 반면 달러 투자를 세븐 스플릿으로 운용할 때는 몇 가지 원칙만 지키면 잃지 않는 안전한 투자를 이어갈 수 있습니다.

세븐 스플릿의 7가지 원칙

원칙 ① 레버리지는 절대 사용하지 않는다

원칙 ①은 사실 다음의 원칙 ②를 지키기 위한 것이라고 보면 됩니다. 은행에서 빌린 돈이든, 일정한 기간 동안에만 사용할 수 있는 돈이든 달러를 매수했던 돈을 상환하거나 사용해야 하는 일이 발생하면 손익의 확정 권한은 내가 아닌 남에게 있다고 할 수 있습니다.

원칙 ② 손절매를 하지 않는다

앞에서도 여러 번 언급했듯 원/달러 환율은 하방이 닫혀 있는 구조이기 때문에 손절매를 통해 손실을 최소화하는 전략은 수익에 큰 도움이 되지 않습니다. 달러를 매수한 평단가보다 환율이 계속 하향하는 추세여서 수익 실현이 어려운 경우에는 원칙 ⑦을 참고하면 됩니다.

원칙 ③ 최초 매수하는 달러의 가격은 52주 데이터에 의한 '투자를 시작해도 좋은 상황'에 따라 정한다

원/달러 환율의 중간가라고 할 수 있는 1,200원 이하일 때만 달러를 매수하는 것이 바람직하며, 좀 더 안전한 달러 투자를 위해서는 〈첫째마당〉의 '원/달러 환율의 중간가, 달러 지수, 달러 갭 비율을 이용한 52주 데이터들'을 참고로 하는 것이 좋습니다.

원칙 ④ 최초 매수하는 달러의 투자 규모는 총투자 규모의 5%를 넘기지 않는다

총투자금이 1,000만 원일 때 투자 규모의 5%를 넘기지 않아야 하므로 최초 매수 금액은 1,000만 원×5%=50만 원이고 투자 횟수는 총 20회가 됩니다. 환율에 따라 같은 50만 원으로 매수할 수 있는 달러의 크기가 달라지기 때문에 원화를 기준으로 계획을 세우는 것이 낮습니다.

20번이라는 횟수보다는 1회 투자금의 규모가 더 중요합니다. 그리고 환율이 이전보다 어느 정도 하락했을 때 추가 매수를 할 것인지, 그러면 투자금이 소진되는 시점의 원/달러 환율은 어느 정도인지를 미리 가늠해보는 것이 더 중요합니다.

원칙 ⑤ 추가 매수 시 투자 규모는 이전과 동일한 규모로 한다

만약 최초 매수한 달러가 1만 달러라면 추가 매수할 때도 똑같이 1만 달러를 투자하는 것이 좋습니다.

분할 매수와 비슷해 보이는 물타기[1]를 하는 경우, 추가 매수 시 투자 규모를 늘리게 되면 매수 평단가를 좀 더 많이 낮출 수 있습니다. 하지만 그만큼 투자금도 빠르게 소진될 것이기 때문에 제대로 된 분할 매수를 할 수 없게 됩니다.

또 분할 매도를 목적으로 하는 추가 매수는 이전에 투자하여 보유한 달러의 매수 단가와 독립되어 있기 때문에 투자 금액을 증가시킬 필요가 없습니다. 하지만 매수 평단가를 낮추려는 목적으로 하는 추가 매수, 곧 물타기는 계속해서 투자 금액을 증가시켜야만 유의미한 매수 평단가 하락을 기대할 수 있습니다. 그리고 투자 금액의 증가는 곧 리스크 증가의 요인이 됩니다.

원칙 ⑥ 추가 매수는 이전에 매수한 원/달러 환율보다 3원 이상 하락했을 때 한다

만약 추가 매수의 갭을 좁혀 1원 이상 하락했을 때 추가 매수한다면 단 2원의 상승으로도 빠른 수익 실현이 가능합니다. 하지만 투자금 소진이 그만큼 빨라지게 되고, 투자금 소진 이후의 하락 상황에 대응하기는 어려워집니다.

반대로 추가 매수의 갭을 넓혀 10원 이상 하락했을 때 추가 매수를 한다면 수익 실현의 횟수가 줄어들게 된다는 단점이 있지만, 투자금의 소진도 느리고 큰 하락에도 대응이 용이해집니다.

알아두세요

1 **물타기** 자신이 보유한 투자 대상의 평균 매수 단가가 현재 가격보다 높을 때 손실을 줄일 목적으로 일정 기간을 두고 계속 매수하는 것을 말합니다.

두 가지 상황을 모두 고려하여 수익 실현의 기회도 늘리면서 투자금의 소진 속도도 늦추고, 큰 하락 상황까지 대응하기 위한 적정 추가 매수의 갭을 찾아야 합니다. 저는 그 갭을 3~5원 정도로 보고 있습니다.

잃지 않는 안전한 투자를 위해서는 수익률을 높이는 것보다는 위험을 낮추는 것이 더 중요하기 때문입니다.

원칙 ⑦ 장기 투자용 달러는 달러 정기예금에 넣어두거나 미국 월배당 ETF 등에 투자한다

여기서 장기 투자용 달러라고 하는 것은 환율이 너무 많이 하락해 수익 실현이 요원해진 달러를 의미합니다.

달러는 그 자체가 곧 돈이기 때문에 투자를 진행하는 동안 정기예금이나 외화 RP 등의 금융 상품들을 이용해 기회비용을 줄일 수 있습니다. 참고로 2025년 10월 현재 기준으로 미국의 중앙은행 기준 금리는 4%입니다.

하지만 금리가 낮은 상황에서는 미국 월배당 ETF에 투자하는 동안에도 수익을 추구할 수 있습니다.

세븐 스플릿의 7가지 원칙

1. 레버리지는 절대 사용하지 않는다.
2. 손절매를 하지 않는다.
3. 최초 매수하는 달러의 가격은 투자 데이터에 의한 '투자를 시작해도 좋은 상황'에 따라 정한다.
4. 최초 매수하는 달러의 투자 규모는 총투자 규모의 5%를 넘기지 않는다.
5. 추가 매수 시 투자 규모는 이전과 동일한 규모로 한다.
6. 추가 매수는 이전에 매수한 원/달러 환율보다 3원 이상 하락했을 때 한다.
7. 장기 투자용 달러는 달러 정기예금에 넣어두거나 미국 월배당 ETF 등에 투자한다.

잠깐만요 추가 매수의 기술

100만 원을 투자한 주식이 10% 하락합니다. 100만 원을 추가로 투자하면 손실률은 그 절반인 5%로 줄어듭니다. 그런데 여기서 또 10% 하락합니다.

보통 이때 두 가지 선택을 하게 됩니다. 평가 손실을 절반으로 줄이기 위해 이번에는 200만 원을 추가로 투자할지, 아니면 손실률을 크게 줄이지는 못하더라도 똑같이 100만 원만 투자할지입니다.

카지노 베팅 전략 중 '마틴게일'이라는 것이 바로 전자의 경우에 해당합니다. 홀짝 게임에서 계속해서 홀에만 베팅하기로 한 후, 만약 패하게 된다면 다음의 베팅 금액을 2배씩 늘려가는 것입니다. 이렇게 하면 계속해서 패하게 되더라도 결국 언젠가 단 한 번만이라도 승리한다면 이전의 손실을 모두 만회하고도 맨 처음의 베팅에 성공한 것과 같은 결과를 얻을 수 있습니다.

그런데 이론상으로는 완벽해 보이는 이 베팅 전략은 카지노에서는 절대로 해서는 안 되는 파국의 지름길로 알려져 있습니다. 왜냐하면 이 전략을 성공시키기 위해서는 무한한 자본이 있어야 한다는 전제가 필요하기 때문입니다.

만약 처음에 1만 원을 베팅한 홀짝 게임에서 10번을 계속해서 졌다고 가정했을 때 11번째 베팅해야 하는 금액은 1,024만 원이고, 운 좋게 이 게임에서 승리한다 해도 얻을 수 있는 이익은 첫 번째 게임의 수익금인 1만 원에 불과합니다.

50%의 확률 게임에서 어떻게 10번이나 연속으로 패할 수 있느냐고요?

저는 실제로 빨간색과 검은색 둘 중 하나에 베팅하는 룰렛 게임에서 20번 정도 연속해서 패한 적도 있습니다. 만약 이를 마틴게일로 베팅했다면 1만 원으로 시작한 이 게임에서 1만 원을 얻기 위해 제가 21번째 게임에 베팅해야 할 금액은 100억 원에 육박합니다.

빨간색에만 베팅하는 것을 고집하다가 돈을 모두 잃고 힘없이 돌아섰을 때, 그제야 뒤늦게 빨간색에 구슬이 들어가더군요.

폭락이 거듭되는 상황에서 가격이 하락한 주식을 추가로 더 사서 손실률을 줄이고 싶다는 유혹을 뿌리치기 힘들 것입니다. '일주일을 계속 하락만 했는데 설마 오늘도 또 내려가겠어?' 하는 마음으로 마틴게일 베팅을 한다면, 이제 그것은 더 이상 투자가 아닌 도박의 영역으로 진입하는 것을 의미합니다.

손실을 반으로 줄이기 위한 전략은 곧 위험을 2배로 늘리는 전략이기도 합니다. 바닥을 알 수 없는 혼란의 시기에는 공포를 이겨내고 추가 매수를 하게 되더라도 '잃지 않을 안전한 판단과 기술'이 필요합니다.

022

세븐 스플릿을 이용해 투자 계획 수립하기

사례로 이해하는 세븐 스플릿

앞에서 살펴본 세븐 스플릿 달러 투자 기본 원칙만 보면 이를 실제 투자에 접목해 운용하는 것이 복잡하고 어려워 보일 수도 있습니다. 하지만 직접 해보면 이렇게 간단하고 쉬운 방법으로 돈을 벌 수 있는지 의문이 들 것입니다.

세븐 스플릿 전략으로 투자할 때 가장 먼저 해야 할 일은 투자 계획을 수립하는 것입니다. 투자 계획은 총투자금이 얼마이며, 환율이 어느 정도일 때부터 투자를 시작해 얼마 정도 하락할 때마다 얼마만큼의 투자금을 투입해 추가 매수를 할지 등을 정하면 됩니다.

다음과 같은 투자 계획을 세웠다고 가정해보겠습니다.

1. 총투자금: 1억 원
2. 투자 시작 원/달러 환율: 1,200원
3. 1회 매수 시 투자금: 500만 원
4. 추가 매수 조건: 이전 매수 환율보다 10원 '이상' 하락할 때마다 추가 매수
5. 추가 매수 종료 시 예상 원/달러 환율: 1,000원

투자 계획 살펴보기

1. 총투자금

총투자금은 달러에 투자할 수 있는 총 가용 자금을 의미합니다. 만약 추가 매수를 진행하다가 투자금이 소진되면 더 이상 추가 매수를 하지 않고 멈추거나 투자금의 규모를 늘릴 수도 있습니다.

2. 투자 시작 원/달러 환율

달러 투자의 시작 시기는 〈첫째마당〉에서 52주 데이터를 근거로 한 '투자를 시작해도 좋은 시기'라는 판단에 따라 정하는 것이 좋습니다.

기본적으로는 원/달러 환율이 1,200원 이하라면 달러 투자를 시작하기에 좋은 상황이라고 할 수 있습니다. 좀 더 안정적으로 투자를 진행하고 싶다면 52주 데이터의 기간을 다양하게 적용해 연간, 6개월, 3개월, 1개월 데이터들을 참고하여 투자하는 것이 좋습니다.

3. 1회 매수 시 투자금

이때 투자금은 적은 금액을 설정할수록 투자 안정성은 높아지지만 수익금의 규모와 비례하기 때문에 1회 수익 실현 시 유의미한 수준의 수익을 본인의 자산과 투자 규모를 고려해 정하는 것이 좋습니다. 이때 유의미한 수준의 수익에 대해 부연 설명을 하자면 다음과 같습니다.

100만 원의 1% 수익은 1만 원이지만 10억 원의 1% 수익은 1,000만 원입니다. 저는 이 두 가지 수익을 모두 얻어 보았습니다.

가끔씩 저에게 투자금의 규모가 궁금하다며 묻는 분들이 있습니다. 저는 보통 아무런 답변도 하지 않습니다. 이유는 간단합니다. 도움이 되지 않을 뿐만 아니라, 잘못 이해하게 되면 큰 위험에 처할 수도 있기 때문입니다.

똑같은 것에 투자하더라도 투자금의 규모에 따라 그 결과는 큰 차이를 불러옵니다. 너무 적게 투자하면 손실의 고통을 감내하는 것은 쉽겠지만 수익의 크기는 작을 수밖에 없습니다. 또 반대로 너무 크게 투자하면 손실의 고통이 너무 큰 나머지 수익을 얻을 때까지 기다리지 못하고 포기하기도 합니다.

투자 대상의 특성, 투자의 경험과 실력, 그리고 총자산의 크기 등에 따른 적정 투자금의 규모는 개인마다 차이가 있을 수밖에 없습니다. 예를 들어, 그것이 잘 알려지지 않은 알트코인이라면 저는 100만 원을 투자하는 것도 어렵고 힘들 것입니다. 하지만 달러 투자라면 단 몇 분 만에 10억 원을 투자하는 것도 가능할 뿐만 아니라 실제로도 많이 해보았습니다.

적당한 인내와 기다림, 그리고 그에 따른 유의미한 수익이 가능한 적정 투자금의 규모를 찾아가는 과정 역시 투자의 경험이라고 할 수 있습니다. 그리고 그러한 경험이 쌓여 투자 실력이 됩니다.

그런데 투자는 아주 당연하게도 투자금의 규모가 클수록 큰 수익을 가져다줍니다. 투자의 가장 큰 목적은 수익의 크기이기 때문에 투자금의 규모를 늘리는 것은 매우 중요한 일이라고 할 수 있습니다.

누군가는 이것을 그릇으로 표현하기도 하고, 또 누군가는 배포라고 말합니다. 이를 종합해 보면 투자 실력을 키우는 것은 투자의 규모를 늘리는, 즉 그릇과 배포를 키우는 일이라고도 할 수 있습니다. 그리고 이는 곧 수익률의 크기를 늘리는 것만이 투자 실력을 향상시키는 것도 아니라는 것입니다.

지금으로부터 불과 5년 전만 하더라도 저는 100만 원을 투자해놓고 하루 종일 스마트폰을 손에서 놓지 못했습니다. 하지만 지금은 그 100배인 1억 원을 투자해도 하루 종일 다른 일에 집중할 수 있습니다. 이는 투자의 경험이 쌓여 투자 실력도 향상되었음을 의미합니다.

수익률을 향상시키는 것은 매우 어려운 일입니다. 하지만 투자금의 규모를 키우는 일은 적어도 제 경험에 의하면 그보다는 훨씬 더 수월했습니다. 그렇지만 이것은 하루아침에 되는 것은 아닙니다.

100만 원으로 1%의 수익을 얻는 경험이 100번 쌓여야 300만 원으로 1%의 수익을 얻을 수 있고, 또 이 경험이 100번 쌓여야 500만 원으로 1%의 수익을 만들어내는 실력이 갖춰지는 것입니다.

이는 마치 하루에 20kg을 100번 들어 올리는 운동을 매일 반복해야 근육이 붙어 30kg을 100번 들어 올릴 수 있게 되는 것과 같습니다. 다른 사람이 몇 kg을 들어 올리는 운동을 하고 있는지 궁금해할 것이 아니라, 내가 직접 가벼운 무게부터 들어 올려봐야 합니다. '얼마를 투자하는 게 좋은가?'에 대한 답은 오직 자신만이 알 수 있습니다.

다시 원래의 얘기로 돌아와 3번의 '1회 매수 시 투자금'을 얼마로 정하는 게 적당한지에 대한 해답은 결국 스스로가 찾아내야 할 숙제라고 할 수 있습니다.

하지만 초보 달러 투자자들을 위해 대략의 범위를 정해본다면 최대치를 총투자금의 5% 이내로 하는 것이 좋으며, 달러당 5~10원 정도의 수익을 얻게 되었을 때 유의미한 수준의 수익으로 느껴질 수 있는 정도이면 좋습니다.

참고로 저는 달러 투자를 처음 시작하면서 1회 매수할 때의 투자금을 100만 원 정도로 정했습니다. 총투자금의 규모가 1억 원 정도였으니 1%로, 달러 투자의 경험도 없었고 확신은 더더욱 없었던 때였음을 고려하더라도 매우 소극적인 투자 규모였다고 할 수 있습니다. 하지만 유의미한 수익에는 부합하는 수준이었습니다. 원/달러 환율이 5~10원 정도 상승해 수익 실현을 하게 되는 경우 5,000원에서 1만 원 정도의 수익을 얻을 수 있었는데, 제대로 된 수익은커녕 투자하는 족족 손실만 내던 저에게는 신기하고 놀라운 경험으로 의미가 아주 컸습니다.

이후 투자의 경험과 노하우가 쌓이고 단 1원도 잃지 않는 안전한 투자가 가능하다는 확신이 들면서 1회 매수 시 투자금은 100만 원에서 200만 원, 200만 원에서 300만 원, 그리고 500만 원, 1,000만 원, 5,000만 원, 1억 원으로 계속해서 늘어나게 되었습니다.

4. 추가 매수 조건

이전에 매수했을 때의 환율보다 얼마 정도 하락했을 때 추가 매수할지를 정하는 것입니다. 그런데 이 역시 그 폭을 넓게 할수록 안정적인 투자를 할 수 있지만, 그만큼 수익 실현의 기회도 줄어들게 됩니다. 때문에 총투자금의 규모, 1회 매수 시 투자금 등을 고려하여 유의미한 수준의 수익을 달성할 수 있도록 정하는 것이 좋습니다.

초보 달러 투자자에게는 최소 3원 이상 하락 시를 최대치로 정하고, 5원 이상 하락 시 추가 매수할 것을 권장합니다.

5. 추가 매수 종료 시 예상 원/달러 환율

최종 투자의 원/달러 환율은 총투자 규모의 5% 이내이고, 이를 평균 횟수로 환산하면 20회 정도가 됩니다. 예시로 든 투자 계획에서 첫 매수 시 원/달러 환율이 1,200원이고, 10원씩 하락할 때마다 추가 매수한다고 했으므로 단순히 계산하면 10원×20회=200원입니다. 따라서 마지막 추가 매수 시 원/달러 환율은 1,200-200원=1,000원이 됩니다.

하지만 1번에서 말했듯 추가 매수를 진행하다가 일어나는 다양한 상황들에 의해 이 금액은 달라질 수 있습니다.

무작정 따라하기

세븐 스플릿을 활용한 투자 계획 세우기

사례를 통해 투자 계획을 세워보면서 세븐 스플릿에 대해 어느 정도 감을 잡았을 것이라고 생각합니다. 다음의 예제를 풀어보며 확실하게 이해해봅시다.

예제 1 **달러 투자를 결심한 D씨는 세븐 스플릿에 따라 투자 계획을 세웠습니다. D씨의 계획이 다음과 같을 때 첫 투자 규모는 최대 얼마인가요?**

1. 총투자금: 1,000만 원
2. 투자 시작 원/달러 환율: 1,180원

해설 1 첫 투자 규모는 총투자금의 5% 이내여야 하므로 1,000만 원×0.05=50만 원, 즉 최대 50만 원을 넘지 않아야 합니다.

예제 2 **D씨는 본인에게 적정한 1회 매수 시 투자금을 40만 원이라고 판단했습니다. 그리고 원/달러 환율이 5원 이하로 떨어질 때마다 추가 매수하려고 합니다. 이때 D씨가 마지막으로 추가 매수할 원/달러 환율은 얼마인가요?**

해설 2 총투자금 1,000만 원을 회당 40만 원씩 나눠서 투자하면 1,000만 원÷40만 원=총 25번의 매수가 가능합니다. D씨의 첫 투자 시작 시 원/달러 환율은 1,180원이었으므로 5원 이상 하락할 때마다 24번의 추가 매수를 한다면 '1,180원-(5원×24번)=1,060원'이 마지막으로 추가 매수하게 되는 최고 원/달러 환율이 됩니다.

023

달러 리스플릿으로 손실 바로잡기

사례로 이해하는 달러 리스플릿

세븐 스플릿 투자 시스템을 정상 가동시키기 위해서는 앞에서 살펴보았던 것처럼 계획이 필요합니다. 사실 계획이라고 해봤자 몇 번으로 나눠서 살지만 정하면 됩니다.

그러나 처음부터 잘못 끼운 단추는 계속해서 어긋날 수밖에 없습니다. 따라서 계획에 없었거나 잘못되었다면 다시 한번 계획을 세우는 것도 괜찮습니다. 제대로 된 계획에 의해 투자가 진행되었다면 환율이 많이 하락하더라도 충분히 즐길 수 있습니다.

하지만 계획에 실패하거나 욕심이 과하면 환율의 하락 초입부터 과도한 물량을 투입하여 더 이상 추가 매수도 하지 못하고, 그에 따라 수익 실현도 하지 못하는 곤란한 지경에 이르게 됩니다.

예를 들어, 10원씩 하락할 때마다 매수하는 조건으로 모든 투자금을 소진해 다음과 같이 투자를 진행했다고 해봅시다.

▼ 달러 투자 사례

매수 횟수	원/달러 환율	투자 규모
넘버 1	1,200원	10,000달러
넘버 2	1,190원	10,000달러
넘버 3	1,180원	10,000달러
넘버 4	1,170원	10,000달러
넘버 5	1,160원	10,000달러

원/달러 환율이 1,160원 이하에서 움직이게 된다면 투자금이 없으니 더이상의 추가 매수도 불가능하고, 넘버 5는 1,160원 이하에서는 수익 실현을 할 수 없으니 원/달러 환율이 1,160원 이상 오를 때까지 기다리는 수밖에 없어 답답할 것입니다.

이런 일이 생기지 않으려면 처음부터 계획을 잘 세워두는 것이 좋기는 하지만, 이미 물이 엎질러진 상황이라면 지금이라도 새로운 계획을 세워야 합니다.

손실을 줄이려면 다시 나눠라

그 방법은 아주 간단합니다. 이미 매수한 달러를 '리스플릿', 그러니까 새롭게 나누는 것입니다. 한마디로 잘못 나눠서 산 것을 새롭게 다시 나누는 것입니다.

먼저 매수한 전체 원화에 대한 매수 평단가를 산출합니다. 매수한 전체 원화 금액을 보유 중인 달러 금액으로 나누면 어렵지 않게 구할 수 있습니다.

$$\text{매수 평단가} = \frac{\text{매수한 원화의 총액}}{\text{보유 중인 달러의 총액}}$$

앞의 거래 예시에서 총 5만 달러를 매수하는 데 소요된 비용이 (1,200+1,190+1,180+1,170+1,160)×1만 달러=5,900만 원이므로 매수 평단가는 5,900만 원÷5만 달러=1,180원이라고 할 수 있습니다.

▼ 매수 평단가 구하기

원/달러 환율	투자 규모	투자 금액	매수 평단가
1,200원	10,000달러	12,000,000원	-
1,190원	10,000달러	11,900,000원	
1,180원	10,000달러	11,800,000원	
1,170원	10,000달러	11,700,000원	
1,160원	10,000달러	11,600,000원	
합계	50,000달러	59,000,000원	1,180원

이때 리스플릿은 크게 두 가지 방법으로 진행할 수 있습니다. 첫 번째 방법은 매수의 횟수는 그대로 두고 매수 갭을 늘리는 것입니다. 두 번째 방법은 매수의 횟수도 늘리고 매수의 갭도 같이 늘리는 것입니다.

여기서 주의할 점은 원래의 매수 평단가는 달라지지 않아야 한다는 것입니다. 사례에서의 매수 평단가가 1,180원이었으니 리스플릿한 후의 매수 평단가 역시 1,180원으로 일치시켜야 합니다.

1. 매수 횟수는 유지하고 매수 갭 늘리기

먼저 첫 번째 방법으로 리스플릿을 한다면 다음과 같이 리스플릿을 할 수 있을 것입니다.

▼ 리스플릿 ①

구분	원/달러 환율	투자 규모	매수 평단가
넘버 1	1,210원	10,000달러	-
넘버 2	1,195원	10,000달러	
넘버 3	1,180원	10,000달러	
넘버 4	1,165원	10,000달러	
넘버 5	1,150원	10,000달러	
합계	59,000,000원	50,000달러	1,180원

횟수는 같지만 매수한 원/달러 환율의 갭이 기존 10원에서 15원으로 달라졌습니다. 이로써 원래의 매수 기록과 독립된 매수 기록의 개별 매수 평단가는 달라졌지만 총매수 금액은 5만 달러이고 평균 매수 단가 1,180원은 변하지 않았음을 알 수 있습니다.

하지만 이렇게 리스플릿을 하게 되면 환율이 1,150원으로 하락했다가 1,160원으로 상승했을 때 넘버 5가 매도를 통해 수익 실현을 할 수 있게 됩니다.

그리고 만약 원/달러 환율이 1,150원에서 1,160원 사이에서 등락을 거듭할 경우에는 계속해서 수익을 만들어갈 수 있을 것입니다.

2. 매수 횟수와 매수 갭 모두 늘리기

두 번째 리스플릿 방법은 다음과 같습니다. 만약 수익 실현의 횟수를 늘리기 위해 리스플릿을 통해 5번에 나눠서 산 것을 10번 나눠서 산 것으로 바꾼다면 1회 매수 시 금액은 원래의 1만 달러가 아니라 전체 매수한 달러를 10으로 나눈 5,000달러가 됩니다.

1,210원에 매수를 시작해 1,150원까지 10번을 나누어 매수한 것으로 리스플릿을 한다면 대략 다음과 같이 될 것입니다.

▼ 리스플릿 ②

구분	원/달러 환율	투자 규모	매수 평단가
넘버 1	1,210원	5,000달러	–
넘버 2	1,205원	5,000달러	
넘버 3	1,195원	5,000달러	
넘버 4	1,190원	5,000달러	
넘버 5	1,180원	5,000달러	
넘버 6	1,178원	5,000달러	
넘버 7	1,171원	5,000달러	
넘버 8	1,164원	5,000달러	
넘버 9	1,157원	5,000달러	
넘버 10	1,150원	5,000달러	
합계	59,000,000원	50,000달러	1,180원

역시 원래의 매수 횟수, 그리고 각각의 개별 매수 평단가는 달라졌지만 총매수 금액은 5만 달러고 평균 매수 단가는 1,180원이라는 것은 바뀌지 않았습니다.

잠깐만요 달러 리스플릿을 위해 갭 조절하는 법

1단계: 총매수 달러의 규모와 매수 평단가를 산출한다.

2단계: 총매수 달러를 몇 회로 나눠서 산 것으로 조정할지를 정한다.

3단계: 총매수 원화를 조정한 매수 횟수로 나눈다.

4단계: 조정한 총매수 달러의 매수 평단가가 처음과 일치하도록 매수 회차별 매수 환율을 조정한다.

물론 리스플릿은 실제로 매수 평단가를 낮추는 효과를 얻을 수는 없고, 단지 '자신의 뇌를 속이는 수준'이라고 할 수 있습니다. 하지만 아무것도 하지 않고 가만히 기다리는 것보다는 특정 가격 구간에서 내리면 사고, 오르면 파는 트레이딩을 통해 현금흐름을 만들어가며 기다리는 것이 투자의 멘털과 실제 수익에서도 유리하다는 것을 상기해보았을 때 꽤 효과적인 대응법이 될 수 있습니다.

리스플릿은 '정신 승리'와는 완전히 다른 개념이라고 할 수 있습니다. 정신 승리는 마음은 좀 더 편해질지 몰라도 과거의 실수를 바로잡을 수는 없습니다. 하지만 합리적인 기준과 계획을 세워 실수를 극복할 방법을 찾게 되면 실익을 얻을 수도 있습니다.

막연하게 '욕심 때문에 너무 비싸게 사서 손실 구간인 상태지만 곧 회복될 거야'라고 생각하고 가만히 있는 것은 정신 승리에 해당됩니다. 하지만 '평균 가격대가 하락해 있으니 이 구간에서 거래 횟수를 늘린다면 수익 실현을 통해 손실 폭을 최소화할 수 있을 거야'라고 생각하고 그에 맞는 계획과 실행을 한다면 실수를 바로잡을 수 있습니다.

예를 들어, 원/달러 환율이 1,200원부터 1,100원으로 하락하는 동안 추가 매수를 진행하다가 투자금이 모두 소진되었고 환율은 1,100원에서 1,050원 사이에서 등락을 거듭하는 상황이라고 가정해보겠습니다.

아무런 대응 없이 환율이 다시 1,100원 이상으로 오르기만을 기다린다면 해당 기간 동안 수익도 없을 것입니다. 하지만 리스플릿을 통해 추가 매수의 범위를 1,200원부터 1,050원으로 조정한다면 환율이 1,050원에서 1,100원 사이를 오르내리는 동안 오르면 수익 실현, 내리면 추가 매수를 반복함으로써 수익을 계속해서 만들어낼 수 있습니다.

제대로 나누지 못했다면 다시 나눌 수도 있습니다.

무작정 따라하기

달러 리스플릿 이해하기

달러 리스플릿이란 게 이해가 될 듯하면서도 어렵게 느껴질 수 있습니다. 다음 예제들을 직접 풀어보면서 학습해보세요.

예제 1 E씨는 다음과 같이 6번에 걸쳐 달러 투자를 했습니다. E씨는 본인이 투자를 잘하고 있는지 점검하기 위해 매수 평단가를 구해보려고 합니다. 합계 칸을 채워보세요.

▼ E씨의 매수 평단가

원/달러 환율	투자 규모(달러)	투자 금액(원화)	매수 평단가
1,200원	1,000달러	1,200,000원	–
1,198원	1,000달러	1,198,000원	
1,196원	1,000달러	1,196,000원	
1,192원	1,000달러	1,192,000원	
1,190원	1,000달러	1,190,000원	
1,185원	1,000달러	1,185,000원	
합계			

해설 1 총투자 금액이 120만 원+119만 8,000원+119만 6,000원+119만 2,000원+119만원 +118만 5,000원=716만 1,000원이고, 총투자 규모가 6,000달러이므로 매수 평단가는 716만 1,000원÷ 6,000달러=1,193.5원입니다.

▼ E씨의 매수 평단가

원/달러 환율	투자 규모(달러)	투자 금액(원화)	매수 평단가
1,200원	1,000달러	1,200,000원	–
1,198원	1,000달러	1,198,000원	
1,196원	1,000달러	1,196,000원	
1,192원	1,000달러	1,192,000원	
1,190원	1,000달러	1,190,000원	
1,185원	1,000달러	1,185,000원	
합계	6,000달러	7,161,000원	1,193.5원

예제 2 **E씨는 기존의 투자 계획이 잘못되었다고 느꼈습니다. 달러 리스플릿을 통해 손실 구간에서 빠르게 회복하고자 합니다. E씨는 기존에 6번에 나누어 달러를 구매한 것을, 10번으로 리스플릿하려고 합니다. 다음 표를 채워보세요.**

▼ 달러 리스플릿 적용하기

원/달러 환율	투자 규모(달러)	투자 금액(원화)	매수 평단가
	600달러		–
	600달러		
	600달러		
	600달러		
	600달러		
	600달러		
	600달러		
	600달러		
	600달러		
	600달러		
합계	6,000달러		

해설 2 E씨가 6번에서 10번으로 늘려 매수하는 것으로 리스플릿할 때 가장 중요한 것은 매수 평단가를 그대로 유지하는 것입니다. E씨의 총투자 규모가 6,000달러, 총투자 금액이 716만 1,000원, 매수 평단가는 1,193.5원일 때 이 조건이 변하지 않는 선에서 리스플릿 횟수를 조정하면 원/달러 환율은 다음과 같이 나눠볼 수 있습니다.

▼ 달러 리스플릿 적용하기

원/달러 환율	투자 규모(달러)	투자 금액(원화)	매수 평단가
1,216원	600달러	729,600원	–
1,211원	600달러	726,600원	
1,206원	600달러	723,600원	
1,201원	600달러	720,600원	
1,196원	600달러	717,600원	
1,191원	600달러	714,600원	
1,186원	600달러	711,600원	
1,181원	600달러	708,600원	
1,176원	600달러	705,600원	
1,171원	600달러	702,600원	
합계	6,000달러	7,161,000원	1,193.5원

024

환율이 하락해도 돈 버는 달러 공매도

환율 상승과 하락에 대비하는 롱-쇼트 전략

투자는 크게 두 가지 방법으로 수익을 만들어낼 수 있습니다.

투자한 자산의 가격이 오르면 수익을 낼 수 있는 일명 '롱 포지션(Long position)'의 투자와 이와는 반대로 투자한 자산의 가격이 내리면 수익을 낼 수 있는 일명 '쇼트 포지션(Short position)'의 투자가 그것입니다.

먼저 롱 포지션 투자는 매수 포지션 투자라고도 하는데, 원화로 달러를 매수한 후 원/달러 환율이 상승하면 매수했던 달러를 매도해 수익을 얻는 구조의 투자입니다. 우리가 일반적으로 생각하는 평범한 투자 개념이라고 할 수 있습니다.

그리고 쇼트 포지션 투자는 매도 포지션 투자라고도 하며, 바로 앞에서 설명한 롱 포지션 투자와는 반대로 보유하고 있던 달러를 매도한 후 환율이 하락하면 매도했던 달러를 매수해 수익을 얻을 수 있습니다.

롱 포지션 달러 투자가 원/달러 환율이 오르는 것을 기대하는 투자라면, 쇼트 포지션 달러 투자는 원/달러 환율이 내리는 것을 기대하는 투자라고 이해하면 됩니다.

- 롱 포지션(매수 포지션 투자): 투자 대상의 가격이 상승할 때 수익
- 쇼트 포지션(매도 포지션 투자): 투자 대상의 가격이 하락할 때 수익

쇼트 포지션 투자는 주식 투자의 공매도 개념과 비슷하다고 할 수 있는데, 주가가 오르는 것이 아닌 내려야 수익을 얻을 수 있습니다.

주식 투자에서의 공매도란?

달러 공매도를 이해하기 위해서는 우선 주식시장에서의 공매도 개념을 알아두는 것이 좋습니다. 공매도는 '없는 것을 판다'라는 뜻으로 주식을 가지고 있지 않은 상태에서 매도하는 것을 말합니다.

보유하고 있지 않은, 즉 없는 것을 매도해야 하기 때문에 주식을 보유하고 있는 다른 투자자에게 주식을 빌려서 매도하는 방식을 취하게 됩니다. 향후 주가가 하락할 것으로 예상되는 종목의 주식을 공매도해 실제로 주가가 하락하면 수익을 얻을 수 있는 구조입니다.

예를 들면 다음과 같습니다.

A종목의 주가가 현재 2만 원이고 주가 하락이 예상될 때, A종목을 보유하고 있지 않더라도 A종목을 보유하고 있는 다른 투자자의 주식 1주를 빌려와 현재가인 2만 원에 매도합니다.

참고로 주식을 빌리는 행위는 증권사에서 일종의 중개를 해주기 때문에 실제로 투자자가 하는 일은 2만 원에 주식 1주에 대해 매도 주문만 하면 됩니다. 그리고 예상 혹은 바람대로 2만 원이던 주가가 1만 원으로 하락하는 경우 A종목을 1만 원에 매수해 빌려왔던 주식을 되갚습니다. 주식 1주를 빌린 후, 다시 1주를 되갚았으니 아무런 수익도 없는 것이라고 생각할 수 있지만 빌려서 판 가격은 2만 원이었고 되갚을 때는 1만 원에 샀으니 총 1만 원의 시세 차익이 생기는 것입니다.

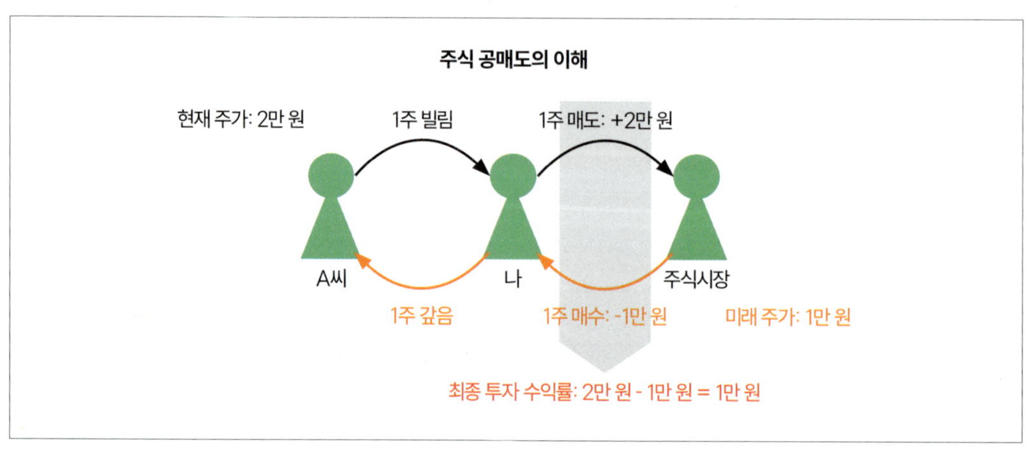

달러 투자에서의 공매도란?

달러 공매도 역시 주식 공매도와 유사한 과정을 거쳐 이뤄집니다. 원/달러 환율이 현재 1,200원이고 환율의 하락이 예상되는 경우, 현재의 환율인 1,200원에 매도합니다.
이때 주식 투자와 다른 점은 매도를 위한 달러를 빌려올 곳도 없고, 그런 서비스를 중개해주는 증권사도 없다는 것입니다. 하지만 분할 매수를 통해 투자자가 나눠져 있는 세븐 스플릿으로 투자하는 경우에는 얘기가 달라집니다.

다음과 같이 달러 매수를 진행했다가 환율이 1,200원 아래로 하락하는 것이 예상되었다고 가정해보겠습니다.

▼ 달러 투자 내역

구분	원/달러 환율	투자 규모	결과
넘버 1	1,500원	10,000달러	매수
넘버 2	1,400원	10,000달러	매수
넘버 3	1,300원	10,000달러	매수
넘버 4	1,200원	10,000달러	매도

넘버 4는 1,200원에 1만 달러를 추가 매수하는 것이 아닌 1,200원에 1만 달러를 매도하는 것을 선택하게 될 것입니다. 하지만 넘버 4는 매도할 달러, 그러니까 보유하고 있는 달러가 없기 때문에 누군가에게 달러를 빌려와야 합니다. 다행히도 넘버 4는 넘버 3에게 1만 달러를 빌려와 1,200원에 쇼트 포지션 투자, 즉 공매도를 할 수 있습니다.

그리고 예상 혹은 바람대로 1,200원이었던 원/달러 환율이 1,100원으로 하락하게 되면 해당 환율에 달러를 매수한 후 넘버 3에게 되갚을 수 있게 됩니다. 1만 달러를 빌린 후, 다시 1만 달러를 되갚았으니 아무런 수익도 없는 것이라고 생각할 수 있지만 빌려서 판 달러의 가격, 그러니까 원/달러 환율은 1,200원이었고 되갚을 때는 1,100원에 샀으니 달러당 100원의 시세 차익이 생기게 되는 것입니다.

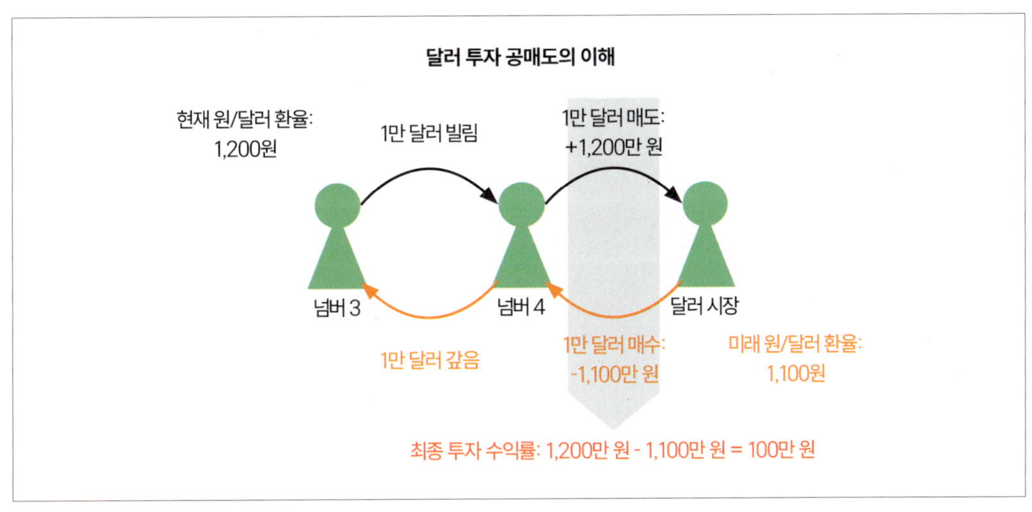

달러 공매도를 할 때 주의해야 할 점

나눠서 사고, 나눠서 파는 세븐 스플릿 없이 단순히 보유하고 있는 달러를 환율 하락에만 베팅하는 것은 무모하고 위험한 짓입니다. 원/달러 환율은 원화와 달러의 교환 비율이기 때문에 1,200원을 기준으로 이보다 낮으면 상승할 가능성이, 또 이보다 높으면 하락할 가능성이 큽니다.

롱-쇼트 전략을 하방과 상방이 열려 있는 주식 투자에 이용했을 때는 큰 위험에 처할 수 있지만, 하방과 상방이 어느 정도 닫혀 있는 환율에 이용하면 오히려 안정적인 투자가 가능합니다.

이해를 돕기 위해 아주 극단적인 예를 들어 설명해보겠습니다.

100만 달러를 보유하고 있는 투자자가 1만 달러를 공매도한 후 환율이 끝도 없이 상승하는 상황을 맞닥뜨린다면 어떻게 될까요? 만약 1만 달러의 손실률이 99%가 된다고 하더라도 99만 달러의 롱 포지션 투자 수익으로 충분하고도 남는 커버가 가능할 것입니다.

원/달러 환율의 하락에는 한계가 있습니다. 원화 가치가 달러 가치보다 높아질 가능성보다 그 반대의 가능성이 훨씬 더 크기 때문입니다. 따라서 달러 공매도를 할 때 공매도를 하는 달러보다 더 많은 달러를 롱 포지션에 두는 것이 좋습니다. 그럼에도 불구하고 저는 혹시나 있을지 모르는 실수에 대비해 그것이 미국 주식이든, 아니면 외화 예금이나 외화 RP이든 간에 환율과 관계없이 절대로 팔지 않는 장기 투자용 달러를 언제나, 항상, 늘 보유하고 있습니다.

아직까지도 이해가 잘되지 않는 분들은 1달러도 좋고 10달러도 좋으니 소액으로 직접 경험해보시길 권합니다. 투자는 머리만으로는 절대 이해할 수 없는, 오직 경험으로만 이해할 수 있는 두뇌 불가침의 영역이 존재하기 때문입니다.

MEMO

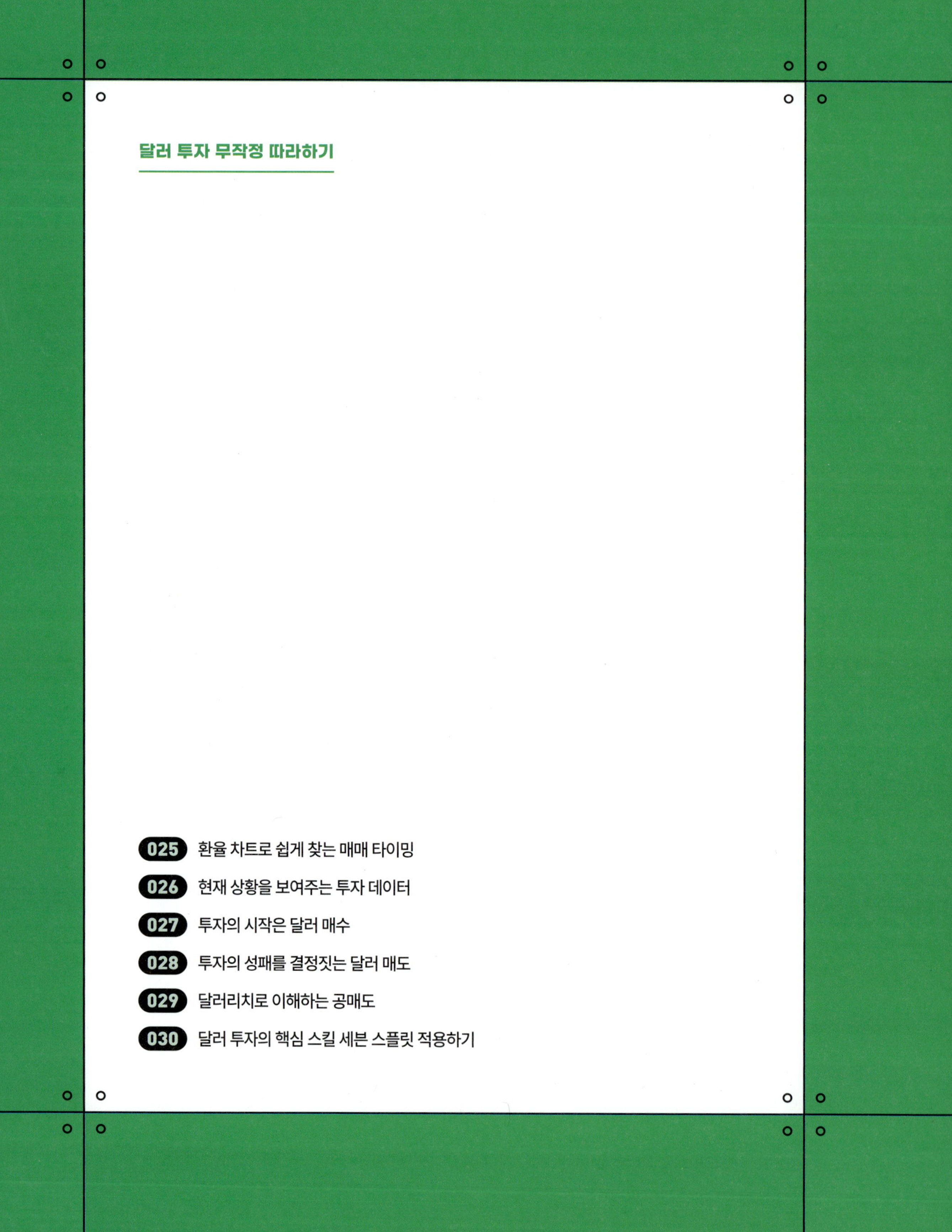

달러리치로 쉽게 달러 투자하기

투자이야기

불편한 투자의 끝

결과도 중요하지만 과정도 중요하다는 말이 있습니다. 이것은 투자에도 통하는 말입니다. 어떻게 했든 수익만 나면 되는 거 아니냐고 생각할 수도 있습니다. 하지만 예측 불가능한 영역에 있는 투자의 결과가 항상 좋을 수는 없습니다. 좋지 않은 결과에 대해서도 미리 대응해야 합니다.

투자는 일반적으로 불안과 공포를 견뎌내는 만큼 큰 수익을 얻을 수 있는 구조를 지니고 있습니다. 인내한 만큼 결과도 비례한다면 투자의 열매도 열심히 하는 사람들의 몫이어야 합니다. 하지만 실제로는 운 좋은 몇몇만이 달콤한 열매를 맛보았기 때문에 열심히 공부할 이유도, 불안과 공포를 인내할 이유도 설득력을 잃습니다.

운동을 열심히 하면 날씬하고 건강한 몸매를 가질 수 있다는, 그러니까 결과가 어느 정도 보장된 일을 하는 데도 불편하고 힘든 과정 때문에 쉽게 포기하는 것이 인간의 본성입니다. 그런데 투자처럼 그 결과가 전혀 보장되지 않는 일에 그 과정까지 어렵고 힘든 일을 계속해서 견뎌낸다는 것은 불가능에 가까운 일입니다. 한두 번은 운 좋게 가능해도 여러 번 성공할 수는 없습니다.

저는 잃지 않는 안전한 투자를 지향합니다.

'잃지 않는'이라는 말에는 투자의 결과에 대한 목적의 의미가 있습니다. 그 결과를 알 수는 없지만 최악의 상황은 피할 수 있으며, 운이 따라준다면 기대 이상의 수익을 얻을 수도 있는 투자를 하려는 것입니다. 또 '안전한'이라는 말에는 편안함의 의미가 있습니다. 시장의 거친 파도에도 불안과 고통을 인내하는 것이 아닌, 오히려 즐길 수 있는 구조의 투자를 하려는 것입니다.

결과는 알 수 없지만 그 과정만은 불편하지 않은 방법이 존재하며, 내리면 나눠서 사고, 오르면 나눠서 파는 것만으로도 충분히 가능합니다. 투자의 과정을 어떻게 하느냐에 따라 돈의 노예가 될

지, 돈을 노예로 삼을지가 결정됩니다. 내가 어제 산 달러의 환율이 궁금해 일할 때도, 먹을 때도, 쉴 때도 스마트폰을 손에서 놓을 수 없다면 돈은 나를 위해 돈을 벌어다 주는 노예가 아니라, 내 머리와 정신을 지배해 나를 노예로 삼는 주인이 됩니다. 그리고 그 끝도 좋을 수 없습니다.

025

환율 차트로 쉽게 찾는 매매 타이밍

환율은 보통 박스권 안에서 움직인다

"눈 위에 새겨진 과거에 지나온 발자국을 보고 미래에 나아갈 방향을 알 수는 없습니다." 차트 무용론을 주장하는 사람들이 자주 인용하는 투자 격언입니다. 환율 역시 차트를 보고 앞으로 환율이 오를지 내릴지를 알 수는 없습니다.

저는 많이 올랐길래 팔았는데 더 많이 오르고, 많이 내렸길래 샀는데 더 많이 내리는 것을 수없이 경험했습니다. 방향도 알 수 없고 예측도 할 수 없는 환율에 따라 투자의 성패가 결정되기에 달러 투자를 어렵다고 생각하는 사람이 많습니다.

하지만 그 범위를 확대해보면 얘기가 달라집니다. 눈 위에 새겨진 발자국의 방향도 작게는 국가의 영토, 넓게는 지구 안에 한정되어 움직일 수밖에 없습니다. 마찬가지로 환율 역시 시계열을 넓혀 고정환율제가 변동환율제로 바뀌기 시작한 1970년대 이후로부터 50여 년이 지난 지금까지의 움직임을 통해 대략적인 변동 범위를 한정 지을 수 있습니다.

원/달러 환율이 가장 낮았을 때가 700원 정도, 그리고 가장 높았을 때가 1,700원 정도라면 아주 특별한 경제 이슈나 사건이 일어나지 않는 한 환율은 그 이상의 범위로 이탈할 가능성이 매우 작은 것입니다. 아주 극단적인 상황을 가정해봐도 원/달러 환율이 10원이 되거나 1만 원이 되는 일은 일어나기 어려울 것입니다.

그런데 우리나라와 미국의 경제력과 국가 경쟁력 등을 종합적으로 고려해보면 원화의 가치가 상승해야 벌어질 수 있는 원/달러 환율의 하락보다는 달러의 가치가 상승해서 야기되는 원/달러 환율의 상승 가능성이 더 크다는 것이 사실입니다. 극단적인 하락 가능성과 극단적인 상승 가능성만 놓고 본다면 후자의 가능성이 훨씬 더 크기 때문에 달러에 투자하는 것을 안전한 일이라고 하는 것입니다.

더욱이 원화 가치가 극단적으로 상승하는 일이 발생한다면 주택, 예금, 급여 등 대부분의 자산을 원화 베이스로 보유하고 있는 대한민국 국민들에게는 아무런 노력도 없이 글로벌 관점에서의 자산 가치가 상승하는 축복과도 같은 일이라고 할 수 있을 것입니다. 환율의 등락을 미리 예측할 수는 없지만 등락의 대략적인 범위는 예측 안에 존재한다는 얘기입니다.

달러 가치 평가의 기준, 달러 지수

〈첫째마당〉의 달러 갭 비율에서 설명했지만 달러의 가격과 가치를 아는 것이야말로 달러 투자의 핵심이므로 다시 한번 설명하겠습니다.

원화와 달러의 교환 비율로 달러의 가격을 표시하는 원/달러 환율은 그 자체의 차트로는 방향을 예측하기 어렵습니다. 하지만 달러의 가치를 표시하는 달러 지수와의 비교를 통해 가격이 가치보다 낮은 상태인지, 아니면 높은 상태인지 정도는 대략적으로 가늠할 수 있습니다.

1년간의 평균 원/달러 환율이 1,000원이었다고 가정하고 달러 지수는 100이었다고 가정해보겠습니다. 달러 지수가 10% 상승해 110이 되었다면 달러의 가치가 상승했다고 할 수 있습니다. 그리고 달러의 가치 상승에 따라 달러의 가격이라고 할 수 있는 원/달러 환율도 상승한다면 원/달러 환율은 1,100원이 되어야 할 것입니다.

하지만 그것이 원화 가치의 상승이든 다른 어떠한 이유든 원/달러 환율이 1,000원인 상태 그대로라면 원/달러 환율이 달러 지수를 따라 상승할 가능성이 커졌다고 할 수 있을 것입니다.

하지만 문제는 달러 지수의 방향을 예측할 수 없다는 것은 여전하다는 것입니다. 원/달러 환율의 상승 가능성이 커졌다고 판단해 달러를 매수했는데, 갑자기 달러 지수가 20% 하락해 90이 된다면 원/달러 환율도 달러 가치를 따라 900원으로 하락할 수 있기 때문입니다.

따라서 원/달러 환율과 달러 지수의 상관관계를 데이터로 하여 달러 투자를 할 때는 달러 지수가 상승했다고 해서 원/달러 환율도 곧 상승하게 될 것이라고 판단하면 안 됩니다. 반대로 달러 지수가 하락했다고 해서 원/달러 환율도 곧 하락하게 될 것이라고 맹신해서는 안 됩니다.

그럼에도 불구하고 이 둘의 상관관계를 참고하는 것은 달러 투자에 있어 매우 유의미한 일이라고 할 수 있는데, 그것은 환율의 등락을 예측하는 근거가 아닌 투자의 안정성을 확보하는 차원에서 그렇다고 할 수 있습니다.

결론부터 얘기하자면 원/달러 환율과 달러 지수의 연간 평균 갭을 10이라고 했을 때, 그 갭이 작을 때보다는 클 때가 달러를 매수하기에 더 안전한 구간이라고 할 수 있습니다.

다시 말해 달러 지수는 많이 상승했는데 원/달러 환율은 상승하지 않아 그 갭이 20일 때와 달러 지수도 많이 상승했지만 원/달러 환율도 조금 상승해 그 갭이 10일 때를 비교해본다면 갭이 작을 때보다는 클 때가 달러 매수에 더 안전한 상황이라고 할 수 있는 것입니다.

달러리치에서 환율 차트 보는 법

정리하자면, 우리가 환율 차트를 보는 이유는 결국 달러 갭 비율의 차이를 알고 적절한 타이밍에 달러를 매수하고 매도하기 위해서입니다.

달러리치 앱을 켜면 제일 먼저 보이는 화면은 [실시간 환율]입니다. 상단에서 [차트]를 선택하면 세 종류의 환율 차트를 확인할 수 있습니다. 원/달러 환율 차트인 USDKRW와 달러 지수 차트인 USD Index, 그리고 이 둘의 차이를 한눈에 살펴볼 수 있는 USD-KRW& USD Index 비교 차트입니다.

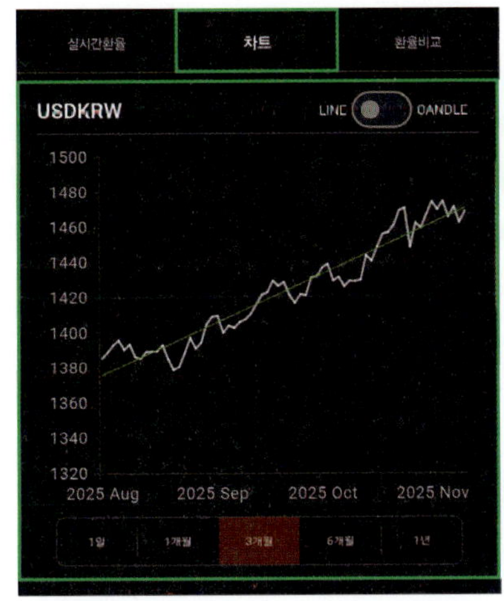

원/달러 환율 차트

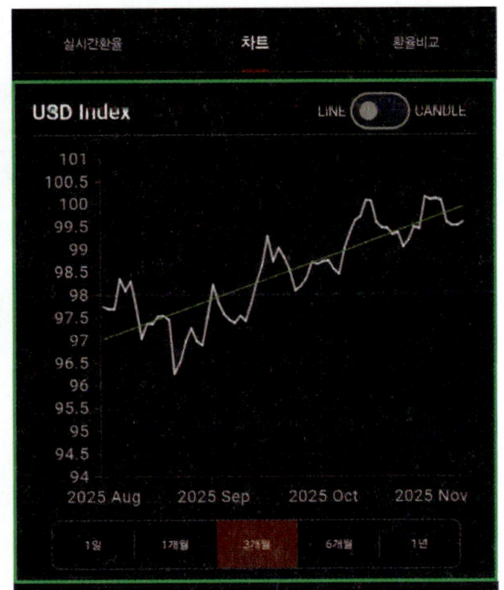

달러 지수 차트

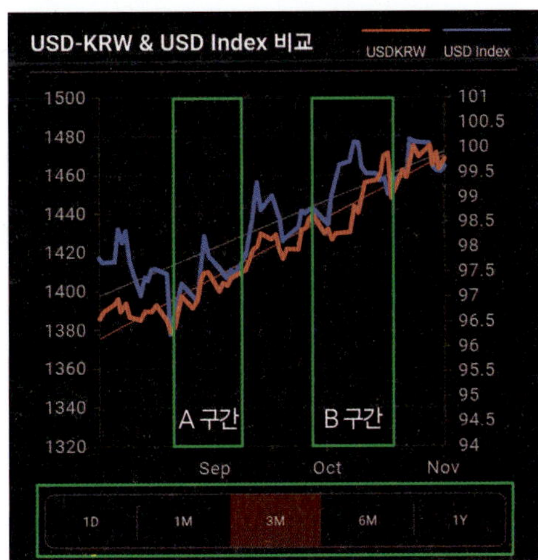

원/달러 환율&달러 지수 비교 차트

그중 원/달러 환율&달러 지수 비교 차트를 보면 A구간은 파란색으로 표시되는 달러 지수와 빨간색으로 표시되는 원/달러 환율이 거의 일치해 그 갭이 크지 않은 반면, B구간은 그 갭이 넓은 것을 볼 수 있습니다. A구간보다는 B구간이 달러의 매수에 더 적합한 시기라는 것을 한눈에 확인해볼 수 있는 것입니다.

참고로 달러리치의 달러 비교 차트는 1년, 6개월, 3개월, 1개월 등 그 기간을 다양하게 확인할 수 있습니다.

026

현재 상황을 보여주는 투자 데이터

달러리치에서 투자 데이터 확인하기

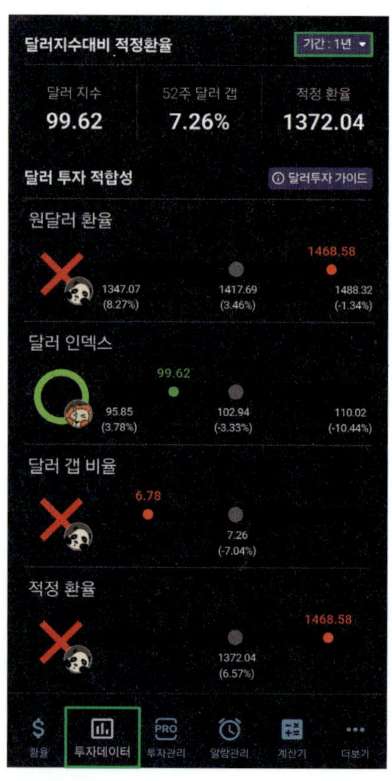

투자 데이터 화면

달러리치에는 달러 투자를 시작할 때 참고하면 좋을 네 가지의 데이터, 즉 원/달러 환율, 달러 인덱스, 달러 갭 비율, 적정 환율을 시각적으로 표현해놓은 달러 투자 데이터가 있습니다.

달러리치 홈 화면에서 하단의 [투자 데이터]를 선택하면 볼 수 있습니다. 그리고 1년, 6개월, 3개월, 1개월 이렇게 총 4개의 기간별로 데이터를 확인할 수 있습니다.

1. 원/달러 환율

먼저 현재의 환율이 최근 1년 중 원/달러 환율이 가장 낮았을 때와 높았을 때의 중간 환율 값보다 높은지 낮은지 확인할 수 있습니다. 중간 환율 값보다 낮을 때 투자를 시작하는 것이 높을 때 투자를 시작하는 것보다 더 안전한 투자가 가능하다고 할 수 있습니다. 또한 현재의 환율이 대략 어느 정도 수준에 위치하고 있는지도 확인할 수 있습니다.

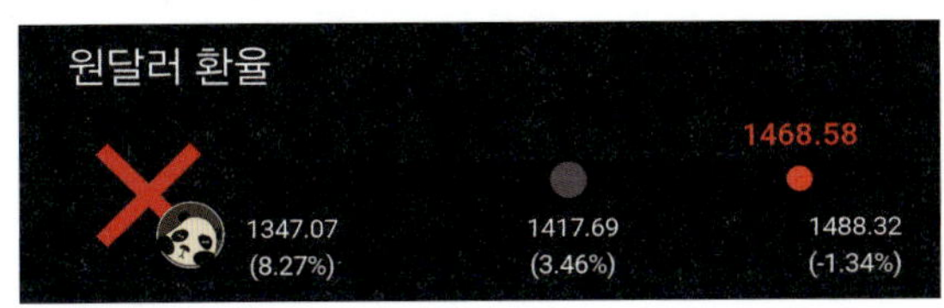

원/달러 환율 데이터

2. 달러 지수

원/달러 환율과 마찬가지로 현재의 달러 지수가 1년 중 어느 정도 수준에 위치하는지 알 수 있습니다. 이 역시도 중간 지숫값보다 낮을 때가 달러 투자를 시작하기에 더 안전한 구간이라고 할 수 있습니다.

달러 지수는 곧 달러의 가치이다 보니 그 가치가 높을 때 낮은 가격에 사는 것이 가장 이상적인 투자 타이밍이라고 할 수 있습니다. 그것이 미국의 금리든, 달러 수요 증가든, 그 어떠한 이유든 간에 가치가 높게 평가되어 있는 상황이라는 것은 곧 하락할 가능성도 열어두어야 한다는 것을 의미합니다.

따라서 달러 지수는 낮게 평가되었을 때가 달러 투자를 하기에 더 안전한 상황이라고 할 수 있습니다. 그럼에도 불구하고 원/달러 환율의 수준보다는 높을수록 더 싸게 살 수 있다는 양면성을 지닌 데이터라고 할 수 있습니다.

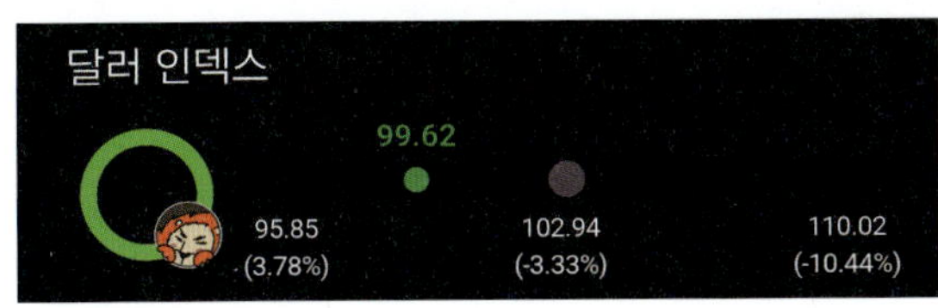

달러 지수 데이터

3. 달러 갭 비율

이 혼란스러운 상황을 정리하기 위해 함께 확인해봐야 하는 것이 바로 달러 갭 비율입니다. 앞에서도 언급했듯 달러의 가격이라고 할 수 있는 원/달러 환율은 달러의 가치라고 할 수 있는 달러 지수에 수렴하는 구조를 가지고 있습니다. 따라서 둘 간의 차이, 즉 달러 갭 비율이 크면 클수록 달러 투자의 안정성을 확보할 수 있는 것입니다.

달러리치에는 1년간의 원/달러 환율 중간가와 달러 지수의 중간가를 토대로 한 달러 갭 비율 중간가를 제공하고 있습니다. 현재의 달러 갭 비율이 중간가보다 클 때가 작을 때보다 달러 투자를 시작하기에 더 안전한 구간이라고 할 수 있습니다.

즉 낮을수록 투자 안정성이 확보되는 달러 지수는 현재의 달러 지수가 달러 지수의 중간가보다 낮은지를 확인해야 합니다. 그럼에도 불구하고 원/달러 환율의 수준보다는 높을수록 투자 안정성이 확보된다고 할 수 있는 달러 지수의 수준은 둘 간의 갭을 수치로 표현한 달러 갭 비율을 통해 확인해야 합니다.

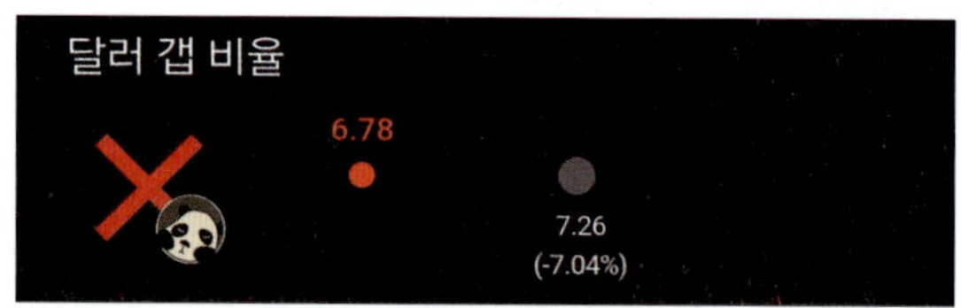

달러 갭 비율 데이터

4. 적정 환율

그리고 중간 달러 갭 비율을 현재의 달러 지수에 대입해보면 적정한 원/달러 환율 값을 산출해낼 수 있습니다. 이 적정 환율 값보다 현재의 환율이 낮은 수준이라면 달러 투자를 시작하기에 좋은 상황이라고 할 수 있습니다.

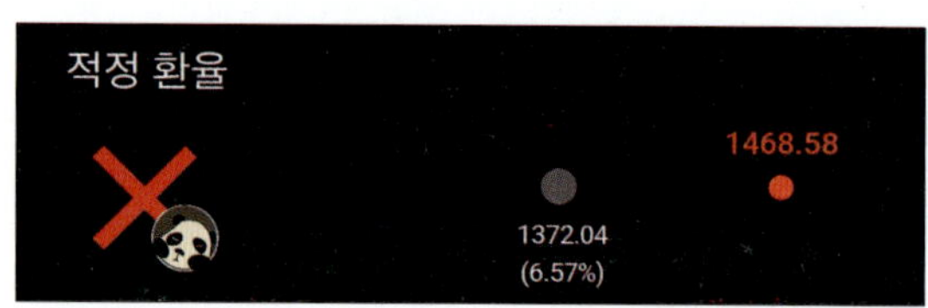

적정 환율 데이터

네 가지 달러 투자 데이터들 앞에 표기된 'O, X' 표시를 통해 지금이 투자하기 좋은 시기인지 아닌지를 판단해볼 수 있습니다.

기간별로 살펴보면 2025년 11월 기준 1년 달러 투자 데이터로는 달러 투자를 시작하기에 안전하지 않은 구간임을 알 수 있습니다. 그리고 1개월 달러 투자 데이터를 봤을 때도 투자하기에 좋은 타이밍은 아니라는 것을 확인할 수 있습니다.

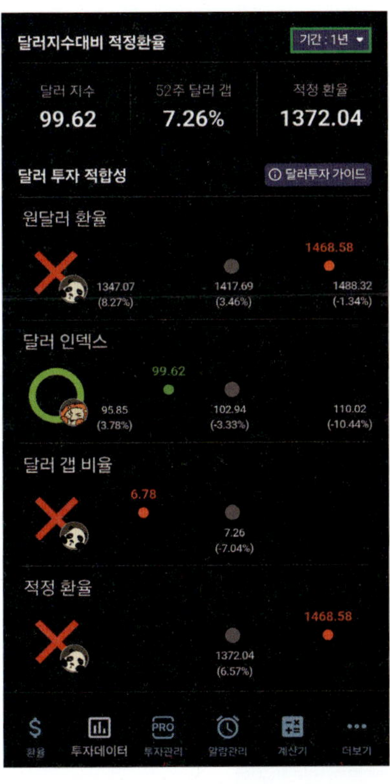

1년간 투자 데이터

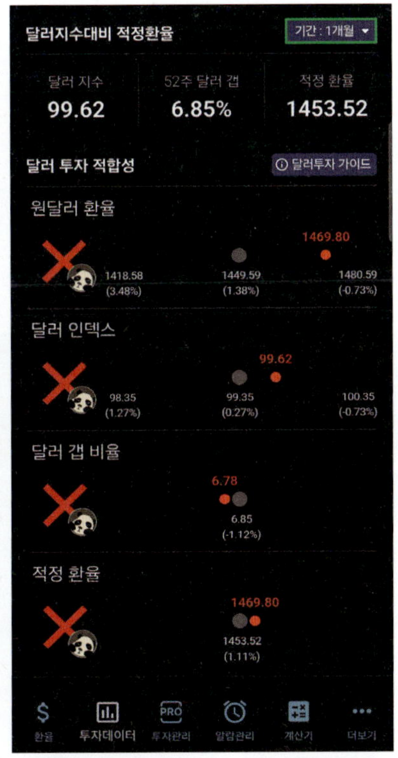

1개월간 투자 데이터

027

투자의 시작은 달러 매수

성공 투자를 위한 매수 내역 점검하기

1. 매수 내역 기록하기

[투자 진행 중] 화면

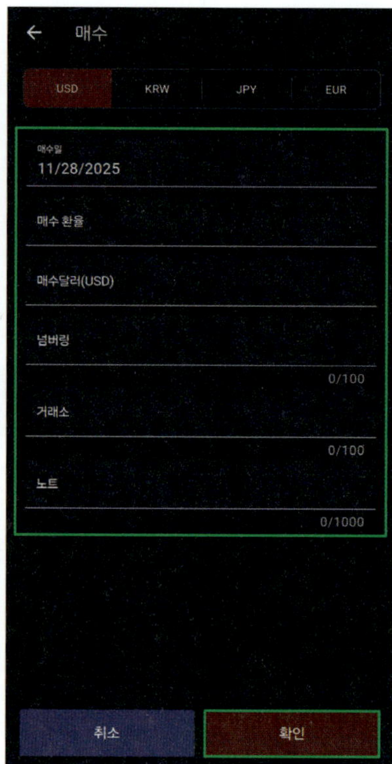

매수 거래 기록 화면

달러리치 앱 하단의 [투자 관리]를 선택하면 상단에 [투자 현황], [투자 진행 중], [투자 완료] 메뉴를 선택할 수 있습니다. 그중 [투자 진행 중]을 선택하고 아래쪽에 있는 [+(플러스)] 버튼을 누르면 매수 거래를 기록할 수 있는 입력창이 나옵니다.

'매수일'은 자동으로 현재 날짜가 기본으로 입력되는데 만약 입력 시기를 놓쳐 지난 날짜의 거래 기록을 입력하고 싶다면 수정도 가능합니다.

'매수 환율' 입력란에는 말 그대로 매수 환율을 기록하면 됩니다. 여기서 특히 유의해야 할 점은 거래했을 때의 기준환율이 아니라 수수료까지 포함된 적용환율을 입력해야 한다는 것입니다.

예를 들어 기준환율이 1,200원일 때 스프레드 1%에 95%의 환전 수수료 우대율로 매수하면 적용환율은 0.05%인 0.6원이 더해진 1,200.6원이 됩니다. 바로 이 적용환율을 매수 환율 입력란에 그대로 기록하면 되는 것입니다.

'매수 달러' 입력란에는 매수한 달러의 액수를 기록하면 됩니다.

마지막으로 '노트' 입력란에는 어떤 달러 투자 플랫폼을 통해 매수한 달러인지, 몇 시경에 매수한 것인지 등 투자와 관련된 메모나 특이할 만한 사항을 기록하면 되는데 입력할 내용이 없다면 그냥 비워두어도 됩니다.

1. 매수일: 매수한 날짜 입력
2. 매수 환율: 달러를 매입할 때 적용된 스프레드와 우대율을 포함한 적용환율을 입력
3. 매수 달러: 매수한 달러 금액 입력
4. 노트: 투자와 관련된 기록 사항 입력

달러 매수와 관련된 모든 입력이 끝나고 아래쪽에 [확인] 버튼을 선택하면 [투자 진행 중] 메뉴에 방금 기록했던 내용들이 '매수가, 매수 달러, 매수금, 수익, 수익률, 평가금'으로 자동 계산되어 확인할 수 있습니다.

2. 환율 변경하기

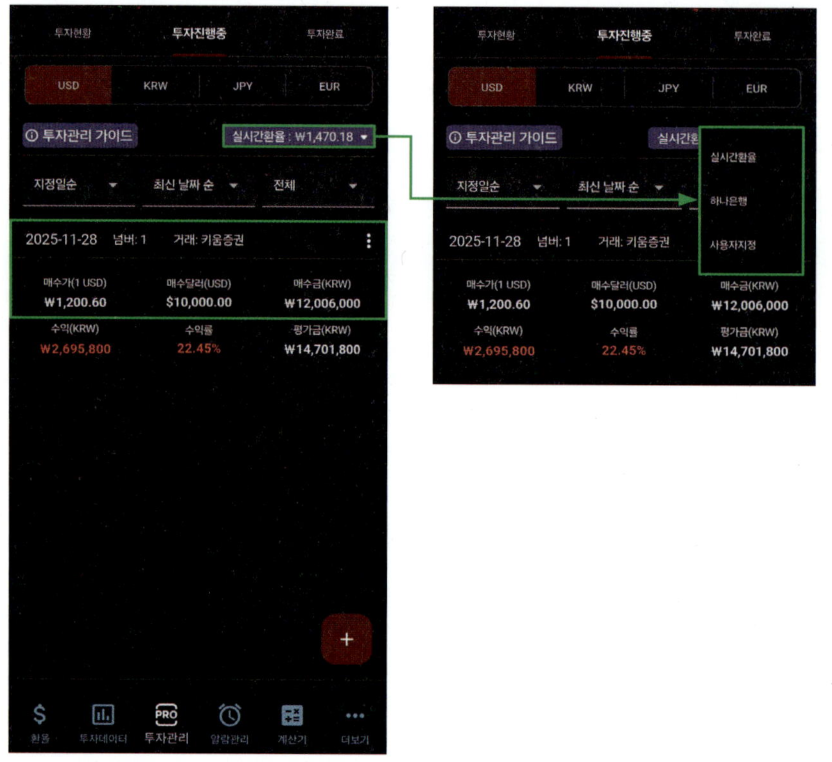

매수 거래 입력 후 화면

수익과 수익률, 그리고 평가금은 화면 상단에 있는 환율에 따른 계산 값인데 키움증권, 야후파이낸스, 하나은행 등을 선택하는 경우에는 해당 환율이 자동으로 갱신되면서 수익과 수익률도 그에 맞게 자동 계산되어 나옵니다.

그리고 필요에 따라 [사용자 지정] 환율을 입력할 수도 있는데, 이를 통해 대략적인 예상 손익을 쉽게 파악할 수 있습니다. 예를 들어, 사용자 지정 환율을 매수한 환율 1,200원보다 10원 정도 높은 1,210원으로 입력해놓으면 1만 달러 거래 시 달러당 10원의 차익을 얻게 되어 수익은 9만 4,000원, 수익률은 0.78% 정도가 된다는 것을 알 수 있습니다.

또한 반대로 사용자 지정 환율을 매수 시의 환율 1,200원보다 5원 정도 낮은 1,195원으로 입력해놓으면 달러당 5원의 손실을 보게 되어 손실액은 5만 6,000원 정도이고, 손실률은 0.47% 정도가 됩니다.

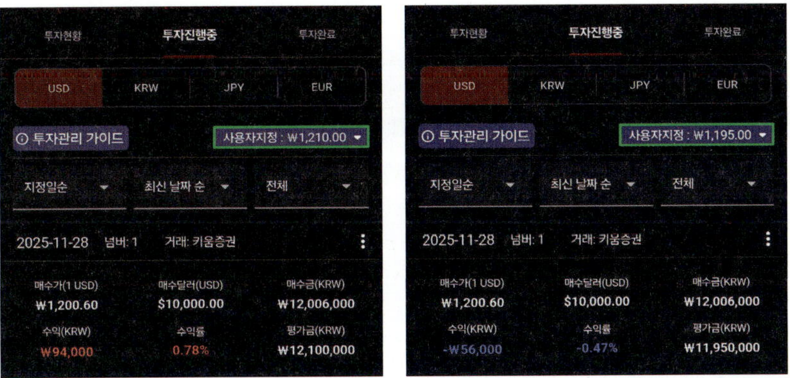

[사용자 지정] 환율을 1,210원(좌)과 1,195원(우)으로 입력했을 때

3. 매수 기록 수정하기

입력한 매수 거래 기록을 선택하면 [세부 거래 내역]을 확인할 수 있습니다. 수정하고 싶은 내역을 다시 한번 선택하면 기록 내용을 수정하거나 삭제할 수 있습니다.

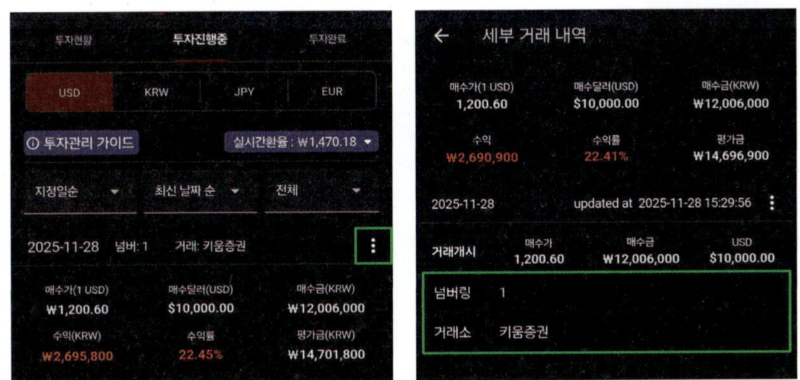

[세부 거래 내역]에서 수정할 투자 내역을 선택하면 수정할 수 있다.

세븐 스플릿에 최적화된 달러리치

달러리치는 세븐 스플릿 투자 시스템으로 달러 투자를 관리할 수 있도록 최적화되어 있기 때문에 모든 매수 거래 기록은 독립적으로 구분되어 기록됩니다.

만약 두 번으로 나누어 매수를 진행했다면 각각의 매수 기록은 독립된 수익과 수익률 두 개로 나누어 관리되는 구조입니다.
1,200원에 1차, 1,190원에 2차로 달러를 매수했을 때 1,190원 정도였던 환율이 4원 정도 상승해 1,194원에 매도할 수 있는 상황이 된다면 1,200원에 매수한 1차 매수 달러는 여전히 손실 상황이지만 1,190원에 매수한 2차 매수 달러는 수익 구간에 들어서게 됩니다.
이때 실제로 2차 매수 달러를 매도한다면 달러당 4원 정도의 평가 수익을 확정 수익으로 만들 수 있게 됩니다.

매수 내역마다 독립적으로 관리할 수 있다.

세븐 스플릿 투자 시스템에 대해 정확하게 이해되지 않은 상황에서 한 가지 의구심을 갖게 됩니다.
'비록 2차 매수 달러는 수익을 얻게 되었지만 1차 매수 달러는 여전히 달러당 6원 정도의 손실 상황이기 때문에 전체적으로 보면 손실이라는 것은 변하지 않는 것이 아니냐'는 것입니다.
하지만 수익을 확정시킨 이후에는 전혀 다른 양상의 투자 상황이 펼쳐집니다. 이후의 투자 상황은 크게 원/달러 환율이 더 오르는 것과 다시 하락하는 상황으로 구분됩니다.
먼저 원/달러 환율이 더 오를 경우에는 1차 매수 달러 역시 수익을 확정할 수 있습니다. 그리고 원/달러 환율이 다시 하락할 경우에는 또다시 달러를 매수할 기회가 생깁니다. 만약 추가 매수를 통해 1,190원에 3차로 달러를 매수한 후 원/달러 환율이 또다시 4원 정도 상승해 1,194원에 매도가 가능한 상태가 되면, 3차로 매수한 달러도 수익 구간에 들어서게 됩니다.

이렇게 되면 원/달러 환율은 2차 매수 달러를 메도했을 때와 같지만, 수익은 전체적으로 플러스로 전환된다는 것을 알 수 있습니다. 1차 매수 달러는 여전히 달러당 6원의 손실이지만, 2차 매수 달러와 3차 매수 달러의 달러당 수익 8원이 손실을 상회하기 때문입니다.

▼ 달러 투자에서 투자 횟수의 중요성

구분	1,200원	1,190원	1,194원	1,190원	1,194원	결과
1차	매수 →					미실현 손실(−6원)
2차		매수 →	매도			수익 실현(+4원)
3차				매수 →	매도	수익 실현(+4원)

그리고 이런 식의 거래가 더 많이 반복된다면 확정 수익은 계속해서 늘어나게 될 것입니다. 그리고 원/달러 환율이 1차 매수 달러의 매수가에 도달하지 못하더라도 수익은 손실분보다 훨씬 더 커지게 될 것입니다.

원/달러 환율은 변동성이 낮기도 하지만 변동이 잦기 때문에 거래 횟수의 증가, 그러니까 수익 실현의 횟수를 증가시켜 작은 수익들을 모아가는 전략이 주효하게 작용한다는 것을 이용한 투자 방법이라고 할 수 있습니다.

028

투자의 성패를 결정짓는 달러 매도

투자 성과가 한눈에! 매도 내역 기록하기

1. 매도 내역 기록하기

[투자 진행 중] 화면

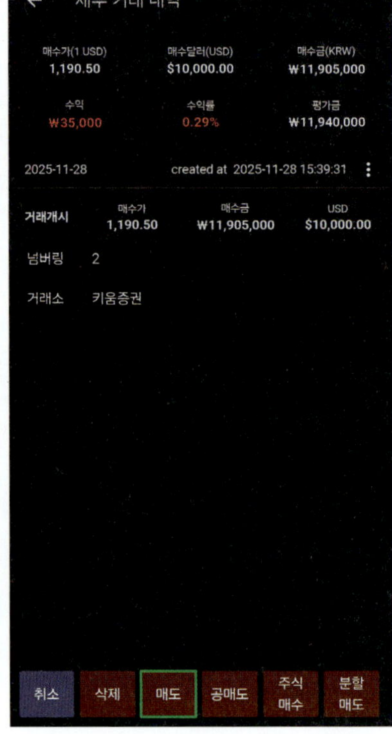

[세부 거래 내역] 화면

달러리치 앱 하단의 [투자 관리] 〉 [투자 진행 중] 탭에서 달러를 매도하기 전에 [사용자 지정]에 예상 매도 환율을 입력하면 수익 구간에 들어선 매수 달러를 한눈에 쉽게 파악할 수 있습니다.

달러 매도 후에는 세부 거래 내역 하단에 위치한 [매도] 버튼을 눌러서 매수할 때도 기준환율 대신 매수 적용환율을 기록했듯, 매도 적용환율을 기록하면 매수와 매도 거래가 모두 완료되면서 해당 거래는 [투자 진행 중] 탭에서 [투자 완료] 탭으로 이동합니다.

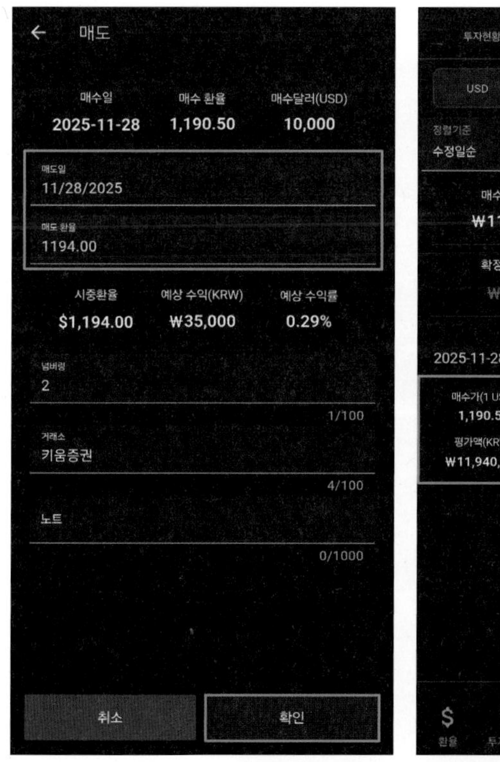

[매도 거래 기록] 화면

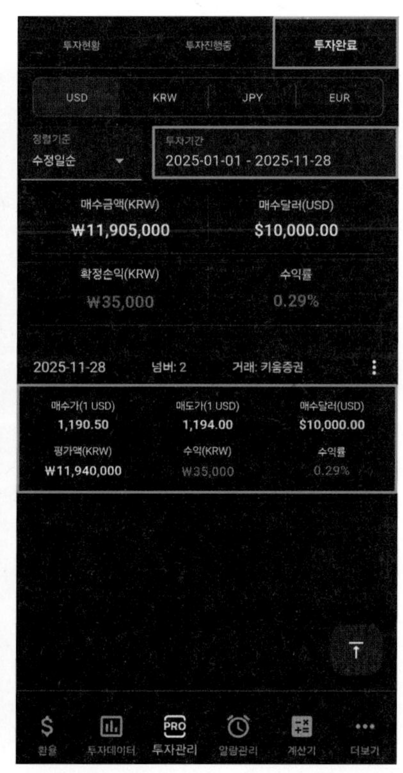

[투자 완료] 화면

[투자 완료] 메뉴에는 기간 설정도 가능하기 때문에 특정 투자 기간 동안의 원화 환산 매수 금액과 매수 달러 금액, 그리고 확정 손익과 수익률을 확인할 수 있습니다.

매도 거래 역시 매수 거래처럼 독립적으로 구분되어 있기 때문에 각각의 거래에서 어느 정도의 투자 성과를 거뒀는지 확인할 수 있습니다.

2. 분할 매도 기록하기

만약 매수한 달러 전체를 매도하는 것이 아닌 일부만 매도하는 경우에는 [세부 거래 내역]에서 [분할 매도] 버튼을 이용해 나눠서 매도하는 것도 가능합니다.

분할 매도의 경우에는 매도할 때 매도 환율만 입력했던 것과는 달리 매도 환율과 매도 금액을 함께 입력해야 합니다.

예를 들어, 1,200원에 매수한 2만 달러 중 1,210원에 1만 달러만 매도했다면 '매도 환율' 입력란에는 1,210, 그리고 '매도액'은 10,000을 입력합니다.

[분할 매도] 기록하기

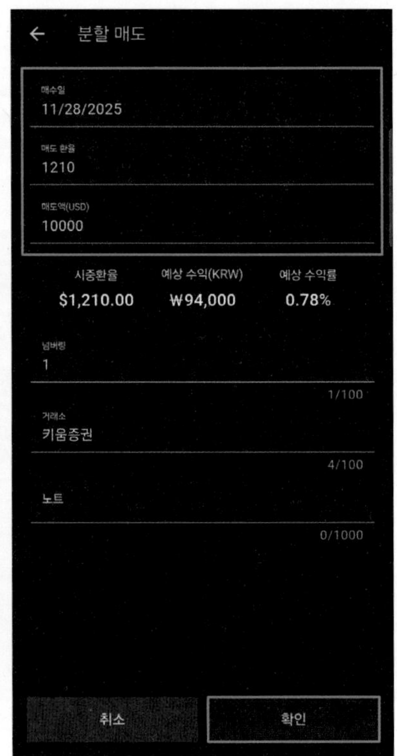

[분할 매도] 화면

입력란을 채우고 [확인] 버튼을 선택하면 [투자 진행 중] 탭에는 1,200원에 매수했던 2만 달러가 1만 달러로 바뀌게 되고, [투자 완료] 탭에는 1,200원에 매수했던 1만 달러를 매도한 것으로 나눠집니다.

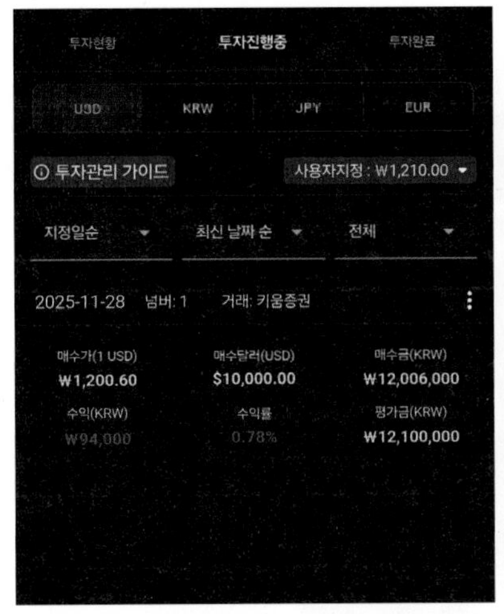

분할 매도한 만큼 줄어든 투자금

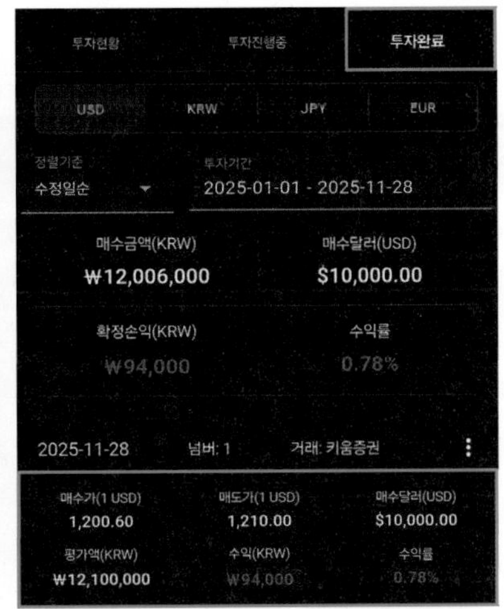

분할 매도한 내역이 [투자 완료] 탭으로 이동한 모습

3. 매도 기록 수정하기

매도 내역을 잘못 기록해서 수정하고 싶다면 [투자 완료] 탭에서 해당 매도 거래 내역을 찾아 선택하면 [세부 거래 내역]을 확인할 수 있습니다.

이 메뉴에서는 매수 거래를 처음 시작했을 때부터 매도 거래를 통해 거래를 종료했을 때까지 모든 거래 기록을 확인할 수 있습니다. 또한 수정하려는 거래 기록을 눌러 '매도일'과 '매도 환율' 등을 수정할 수 있습니다.

매도 기록 수정 또는 삭제하기

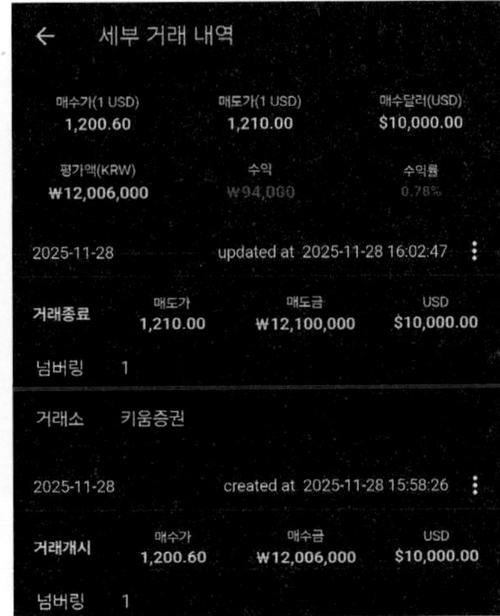

매도 내역 [수정] 화면

4. 매도 기록 복구하기

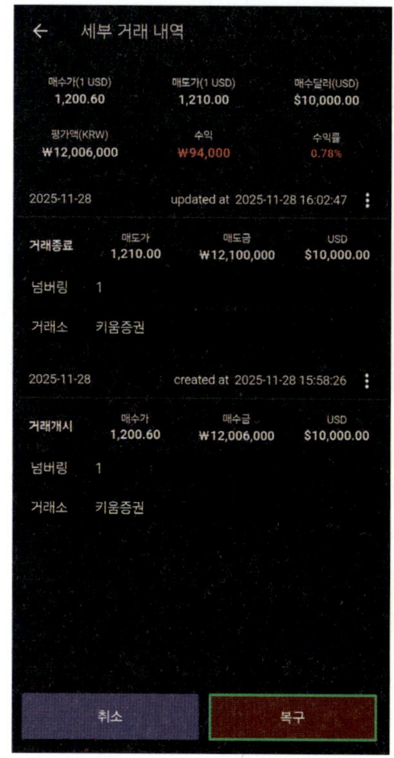

매도 [세부 거래 내역] 화면

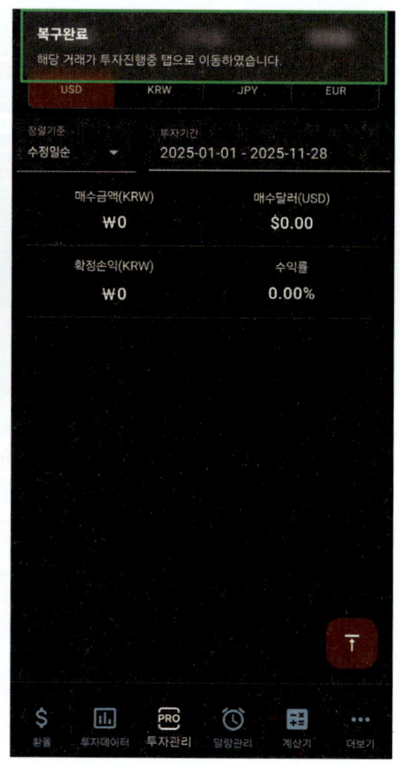

[복구] 버튼을 누른 화면

해당 거래 기록을 수정이 아닌 삭제나 복구도 가능한데 [삭제]를 선택하는 경우 해당 거래 내역 자체가 사라지게 되고, [복구]를 선택하는 경우에는 매도 거래가 취소되어 [투자 완료] 탭으로 이동했던 매수 거래 내역이 다시 원래의 [투자 진행 중] 탭으로 이동하게 됩니다.

달러리치 앱으로 달러 리스플릿하기

여기서 한 가지 팁을 알려드린다면, 분할 매도와 복구를 통해 하나의 매수 거래 기록을 둘 이상의 매수 거래 기록으로 나눌 수 있습니다. 만약 1,200원에 매수한 2만 달러를 1,200원에 매수한 1만 달러와 또다시 1,200원에 매수한 1만 달러, 이렇게 두 개의 매수 거래로 나눠서 거래하고 싶은 경우에는 '분할 매도'를 먼저 한 다음, '복구'의 과정을 거치면 됩니다.

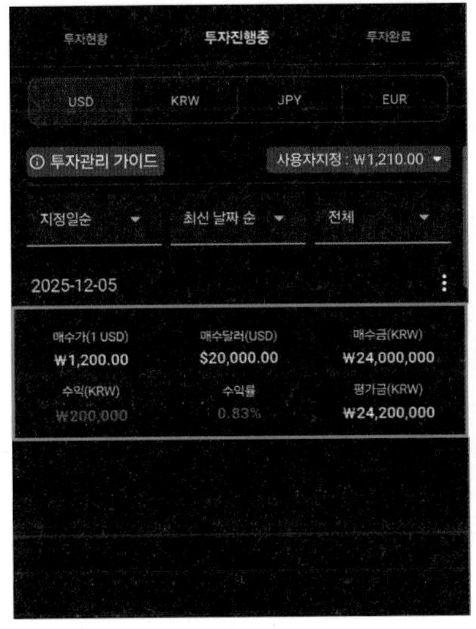

분할 매도 복구 전 매수 내역

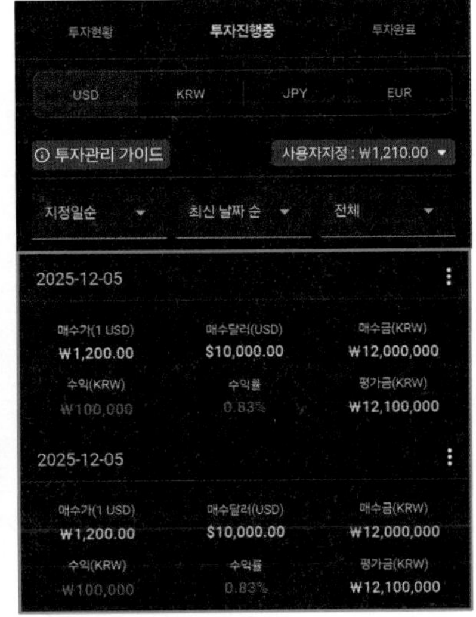

분할 매도 복구 후 매수 내역

이를 이용해 달러 리스플릿도 가능합니다. 〈셋째마당〉에서 리스플릿에 관해 자세히 설명했지만, 세븐 스플릿으로 효과적인 달러 투자를 하기 위해서는 거래 횟수를 늘려야 합니다. 그런데 환율이 하락할 때마다 추가 매수를 진행하다가 투자 자금이 모두 소진되어 원화 현금이 없을 경우 안타깝게도 더 이상의 거래는 불가능합니다. 이때 효과적인 수익 창출을 위해 리스플릿을 진행하는 것입니다.

예를 들어 총 5번의 분할 매수와 그에 따른 매수 기록을 했다고 가정해보겠습니다.

▼ 달러 매수 내역

구분	원/달러 환율	투자 규모
넘버 1	1,200원	10,000달러
넘버 2	1,190원	10,000달러
넘버 3	1,180원	10,000달러
넘버 4	1,170원	10,000달러
넘버 5	1,160원	10,000달러

환율이 더 하락해 1,150원이 되어 이 환율을 중심으로 등락을 반복한다면 투자금 부족으로 추가 매수도 불가능할 뿐만 아니라 분할 매도를 통한 수익도 얻을 수 없게 됩니다.
하지만 보유한 달러들의 매수 평단가를 인위적으로 조정하는 리스플릿을 하게 되면 추가 매수 없이 환율의 등락을 이용하여 수익을 추구할 수 있습니다.
리스플릿을 위해서는 먼저 리스플릿하려는 달러의 총매수 평단가를 계산해야 합니다. 환율이 1,200원일 때부터 달러를 매수하기 시작해 1,160원일 때까지 총 5만 달러의 매수를 진행했고, 총투자 금액은 5,900만 원이므로 매수 평단가는 5,900만 원÷5만 달러=1,180원임을 알 수 있습니다.

▼ **매수 내역에 따른 평단가 구하기**

구분	원/달러 환율	투자 규모	매수 평단가
넘버 1	1,200원	10,000달러	–
넘버 2	1,190원	10,000달러	
넘버 3	1,180원	10,000달러	
넘버 4	1,170원	10,000달러	
넘버 5	1,160원	10,000달러	
합계	59,000,000원	50,000달러	1,180원

내가 지금까지 매수한 원/달러 환율의 총액과 달러 규모 데이터는 [투자 현황] 탭의 [진행 현황]에 계산되어 있기 때문에 이를 참고해서 계산할 수도 있습니다.

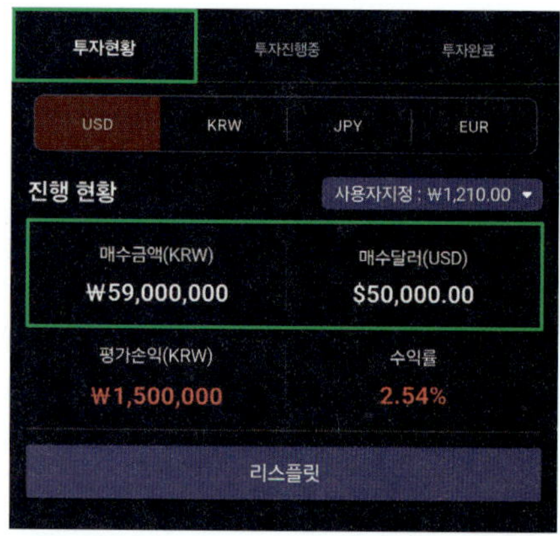

[투자 현황] > [진행 현황]에서 내 총투자 규모를 확인할 수 있다.

리스플릿을 하는 방법에는 두 가지가 있습니다. 첫 번째 방법은 매수의 횟수는 유지한 채 매수 갭을 늘리는 것, 두 번째 방법은 매수의 횟수와 갭 모두 늘리는 것입니다. 그러나 두 방법 모두 매수 평단가는 동일해야 한다는 것을 꼭 잊지 말아야 합니다.

어떻게 리스플릿을 해야 할지에 대한 계획이 세워지고 나면 그다음에 할 일은 달러리치를 통해 매수 거래 기록을 수정하거나, 분할 매도 후 복구하는 작업을 통해 1만 달러씩 5번 매수한 기록을 5,000달러씩 10번 거래한 것으로 바꾸는 일입니다.

최근에 이러한 리스플릿을 간편하게 자동으로 할 수 있는 기능도 추가되었습니다. [투자관리] 〉 [투자 현황]에서 [리스플릿] 버튼을 선택하고 '리스플릿 기준가격'과 '리스플릿 분할차수'를 설정하면 됩니다. 다만 수동으로 설정하는 것과 비교하면 원하는 값대로 정확하게 리스플릿을 할 수 없다는 단점이 있습니다.

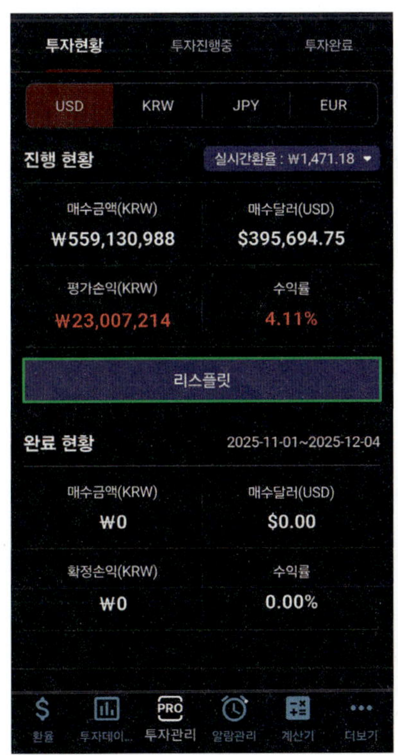

[리스플릿] 선택

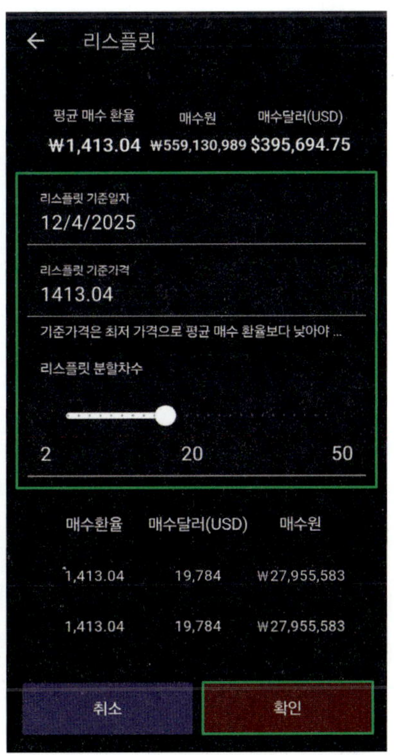

리스플릿 기준가격과 분할차수 설정

029

달러리치로 이해하는 공매도

미실현 손실은 손실이 아니다

달러 투자에서도 공매도를 한다고 이야기하면 '원/달러 환율이 하락하는 것에 베팅했다가 환율이 오히려 상승하게 되면 손실만 더 커지는 것이 아니냐'는 생각이 들 수도 있습니다. 이는 세븐 스플릿이라는 투자 방법을 제대로 이해하지 못했기 때문입니다. 달러 공매도에 관해서는 〈셋째마당〉에서 자세히 설명했으므로 이 장에서는 간단하게 설명하겠습니다.

환율이 1,200원일 때 매수한 2만 달러가 있다고 가정해보겠습니다. 1만 달러는 환율 상승, 그러니까 롱 포지션 투자를 하고 또 다른 1만 달러는 환율 하락, 곧 쇼트 포지션 투자를 하면 어떤 일이 벌어지게 될까요?

편의상 각각의 포지션을 넘버 1, 넘버 2라고 칭하겠습니다.

먼저 환율이 1,300원으로 상승할 때의 상황입니다. 넘버 1은 100원의 수익이 생깁니다. 하지만 넘버 2는 100원의 손실이 발생합니다. 이 둘의 수익과 손실을 합하면 '0'입니다.

하지만 투자의 세계에서는 실현한 수익은 불변의 확정된 수익이 되고, 실현하지 않은 손실은 확정된 것이 아닙니다. 넘버 1이 100원의 수익 실현 후, 환율이 다시 1,100원으로 하락하게 된다면 넘버 2도 확정 수익 100원을 얻을 수 있게 되는 것입니다.

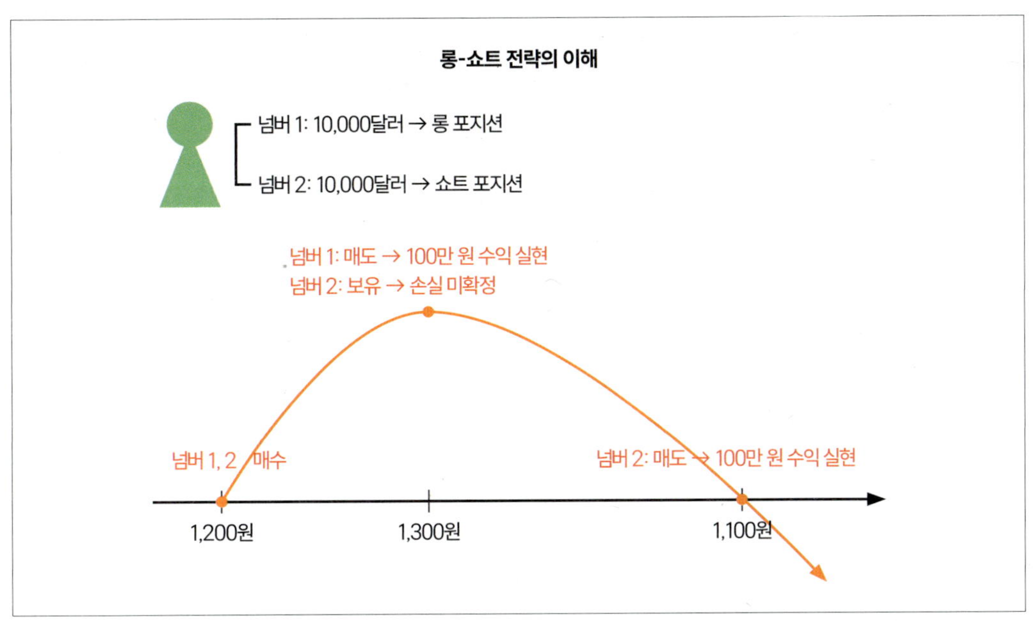

물론 1,300원으로 오른 원/달러 환율이 계속해서 오를 수도 있습니다. 그래서 이런 위험을 최소화하기 위해 1,300원 이상에서도 수익을 만들어낼 수 있는 달러를 더 준비해놓아야 하는 것입니다.

달러리치에서 공매도 사용하기

이 공매도 거래를 달러리치에 기록해 관리하면 이해하기가 좀 더 쉽습니다. 넘버 2가 1,200원에 매수한 1만 달러의 원/달러 환율을 1,100원으로 변경했을 때 손실률은 8.33% 정도이고, 손실금은 100만 원 정도라는 것을 알 수 있습니다.
하단의 거래 메뉴 중 [공매도]를 선택하면 '공매도 환율'과 '재매수 환율'을 입력하는 란이 나옵니다. 공매도 환율은 1,100원, 재매수 환율은 1,000원을 입력하면 하단에 예상 환차익은 100원, 변경 환율은 1,000원이라고 자동으로 계산되어 나옵니다.

[세부 거래 내역] 화면

[공매도] 화면

여기서 한 가지 팁을 말씀드리면 공매도를 실행하는 단계, 그러니까 달러를 매도했을 때는 재매수하게 될 가격을 아직 모르기 때문에 '공매도 환율'도 1,100원, '재매수 환율'도 1,100원으로 동일하게 입력해두었다가 나중에 실제로 재매수를 실행할 때 수정하면 됩니다.

공매도 내역을 기록한 후, [투자 진행 중] 탭을 보면 공매도하기 전의 매수가와 이후의 매수가가 달라졌음을 알 수 있습니다. 공매도를 통해 1,200원이었던 매수 단가를 1,100원으로 낮춘 것입니다. 참고로 해당 거래 기록에는 '공매도'라는 표시가 추가되기도 합니다.

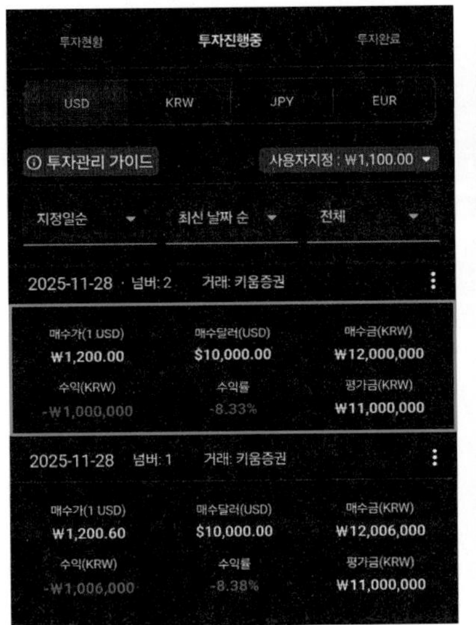

[세부 거래 내역] 화면

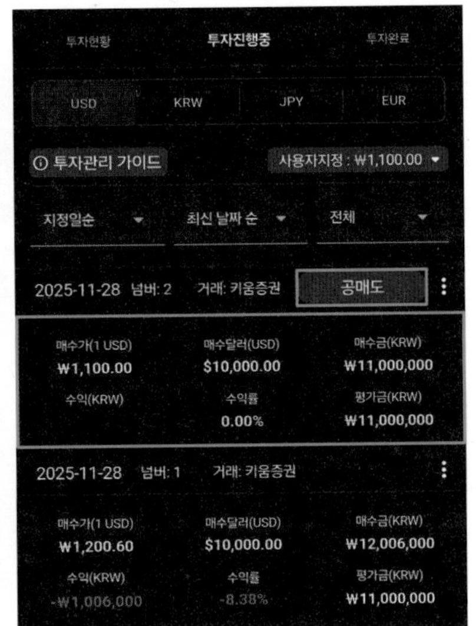

[공매도] 화면

이렇게 매수 단가를 낮추게 되면 수익 실현의 기회와 수익의 크기가 더 커지는 효과를 누릴 수 있습니다. 만약 환율이 1,200원으로 상승한다면 공매도를 하지 않았을 때는 달러당 0원이었을 수익이 달러당 100원이 됩니다.

달러 투자 금액 중 일부는 롱 포지션으로 놔두고, 일부는 쇼트 포지션으로 공매도하게 되면 자연스럽게 '롱-쇼트 전략'의 투자가 진행됩니다.

원/달러 환율이 하락하게 되면 공매도한 달러는 매수 단가를 낮출 수 있으며, 반대로 상승하게 되면 롱 포지션으로 투자한 달러의 수익 실현 기회를 얻을 수 있는 것입니다.

달러 투자를 진행하면서 공매도 전략을 적절하게 잘 활용하면 환율이 올라도 좋고, 내려도 좋은, 그런 잃지 않는 안전한 상황을 만들어낼 수 있게 됩니다.

030

달러 투자의 핵심 스킬 세븐 스플릿 적용하기

증권사 MTS와 세븐 스플릿의 차이

달러를 다음과 같이 원/달러 환율이 하락할 때마다 분할 매수했다고 가정해보겠습니다.

▼ 달러 매수 내역

구분	원/달러 환율	투자 규모
1차	1,200원	10,000달러
2차	1,190원	10,000달러
3차	1,180원	10,000달러

일반적인 투자의 관점에서 볼 때는 원/달러 환율 1,190원에 총 3만 달러를 매수한 것이기 때문에 수익을 얻기 위해서는 원/달러 환율이 1,190원 이상 상승해야 합니다.

하지만 달러 투자에 최적화되어 있다고 할 수 있는 분할 매수, 분할 매도, 즉 세븐 스플릿 투자의 관점에서 볼 때는 각각의 투자 단위는 서로 섞이지 않게 개별적으로 존재하기 때문에 3차에서 매수한 달러의 경우에는 원/달러 환율이 1,180원 이상으로 상승해도 수익 실현을 할 수 있습니다.

다시 한번 강조하지만 원/달러 환율은 지속적으로 우상향하거나 우하향하기보다는 일정한 범위 안에서 등락을 반복하는 특성을 가지고 있습니다. 때문에 맹목적인 장기 투자나 손절매가 필요하지 않습니다.

달러리치는 세븐 스플릿 달러 투자 시스템을 효과적으로 운용하기 위해 달러의 매수를 중심으로 각각의 투자 내역이 구분되어 있습니다. 이는 주식 투자를 할 때 MTS와 비교할 수 있는데, 거의 대부분의 증권사 MTS에서는 최초 매수 후 추가 매수 시의 투자 내역이 총 보유 주식 수와 평균 매수가로 합산되어 나타납니다.

따라서 세븐 스플릿을 주식 투자에 활용하기 위해서는 추가 매수 시 별도의 다른 계좌를 활용하거나 매직 스플릿 같은 투자 관리 프로그램을 활용해야 합니다.

이렇게 추가 매수할 때 매수 현황을 독립적으로 관리하면 자연스럽게 분할 매도할 때 개별적인 수익 관리가 가능하게 됩니다.

원/달러 환율 1,200원에 1만 달러를 최초로 매수한 후, 바로 다음 날에 환율 하락에 따라 1,100원에 1만 달러를 추가 매수한 상황을 가정해보도록 하겠습니다.

▼ 증권사 MTS와 세븐 스플릿 방식의 결과 비교

구분	1,200원	1,194원	1,110원
1차	1만 달러 매수 →	→	→
2차		1만 달러 매수 →	1만 달러 매도

환율이 1,110원으로 상승해 2차 추가 매수한 달러만 분할 매도로 대응하려고 합니다. 이때 증권사 MTS 방식으로 투자 관리를 할 경우에는 보유 중인 총 2만 달러 중 절반인 1만 달러만 매도하더라도 매수 평단가인 1,150원보다 낮은 가격에 매도했기 때문에 수익이 아닌 손실로 나타나게 될 것입니다.

하지만 달러리치의 세븐 스플릿 방식으로 투자 관리를 할 경우에는 1차로 매수한 달러는 여전히 평가 손실 상황이지만, 2차로 매수한 달러는 달러당 10원의 환차익을 얻게 된 것으로 나타나게 됩니다.

- 증권사 MTS: 보유한 총 2만 달러 중 1만 달러를, 1,200원과 1,100원의 평단가인 1,150원보다 저렴한 1,110원에 팔았으므로 4만 원 손실
- 세븐 스플릿: 1차에 매수한 1,200원은 아직 매도하지 않았으므로 미실현 손실이고, 1,100원에 매수한 1만 달러를 1,110원에 매도하였으므로 10만 원 수익

달러 투자를 세븐 스플릿으로 투자할 경우 기본적으로는 손절매하지 않는 구조로 투자하기 때문에 1차로 매수한 달러는 '평가 손실 중'인 상황일 뿐 언젠가는 수익을 기대할 수 있기 때문에 실제 손실은 아니라고 할 수 있습니다.
또한 수익 실현을 한 2차로 매수한 달러의 경우에는 이미 수익을 확정한 상태이기 때문에 환율 하락 시 손실 가능성을 회피할 수 있습니다. 뿐만 아니라 재투자를 통해 또 한 번의 수익을 기대할 수도 있습니다.
원/달러 환율의 일 변동성은 매우 작지만 변동이 잦기도 한 까닭에 일정한 간격으로 매수와 수익 실현을 동반한 매도를 반복하면 수익을 극대화할 수 있습니다.
독립된 매수 기록들은 매수 날짜와 매수 가격으로 정렬이 가능합니다. 일반적인 세븐 스플릿 투자 방식을 따른다면 이전에 매수한 원/달러 환율보다 환율이 하락했을 때에 한해서만 추가 매수를 진행하기 때문에 '최신 날짜 순'으로 정렬했을 때와 '가격 낮은 순'으로 정렬했을 때의 매수 데이터가 일치하게 됩니다.
하지만 공매도를 통해 매수 평단가를 낮추는 것도 가능하기 때문에 '가격 낮은 순'으로 정렬하여 수익 실현을 해야 할 때도 있습니다.

추가 매수 내역마다 관리 가능

정렬 순서 지정하기

달러리치가 유리한 이유

세븐 스플릿으로 달러 투자를 하는 경우 매수 기록과 투자 수익 관리를 엑셀 등의 시트로 관리하는 것도 가능하지만, 달러리치를 활용하는 것이 더 효과적인 이유는 다음과 같습니다.

1. 기록의 간편함

달러를 매수한 환율과 금액 단 두 가지 사항만 입력하면 매수 날짜, 원화 환산 투자금, 현재 환율 혹은 지정 환율 대비 수익과 수익률을 한 눈에 확인할 수 있습니다.

2. 분할 매도 관리

실제 달러 투자를 하다 보면 매수 금액과 매도 금액이 일치하지 않는 경우가 생깁니다. 예를 들어, 증권사에서 매수한 1만 달러를 증권사 거래시간이 마감된 늦은 밤 시간대에 은행에서 매도해야 하는 경우 거래 금액 제한으로 인해 1만 달러 전체가 아닌 절반인 5,000달러만 매도가 가능한 상황도 생기는 것입니다.

이러한 경우 달러리치의 분할 매도 기능을 통해 매도 환율과 매도 금액 두 가지 사항만 입력하면 매도한 달러와 아직 매도하지 않은 달러의 수익과 수익률을 한꺼번에 관리할 수 있습니다.

3. 공매도 관리

매수와 매도, 분할 매도의 경우와는 달리 공매도는 매도와 재매수를 통한 매수 평단가, 그에 따른 수익과 수익률의 변화를 관리하는 것은 비교적 복잡한 구조로 이루어져 있습니다. 이에 더해 공매도는 독립된 하나의 매수 기록에, 많게는 몇 차례 이상의 투자 기록들이 추가되기 때문에 간단한 메모나 엑셀로는 관리가 불가능합니다.

달러 공매도는 달러 투자만이 가진 매우 특별한 투자 방법이기 때문에 이를 잘 관리하는 것은 매우 중요한 일입니다. 달러리치는 달러 공매도를 효과적이고 효율적으로 관리하기 위해 만들어졌습니다.

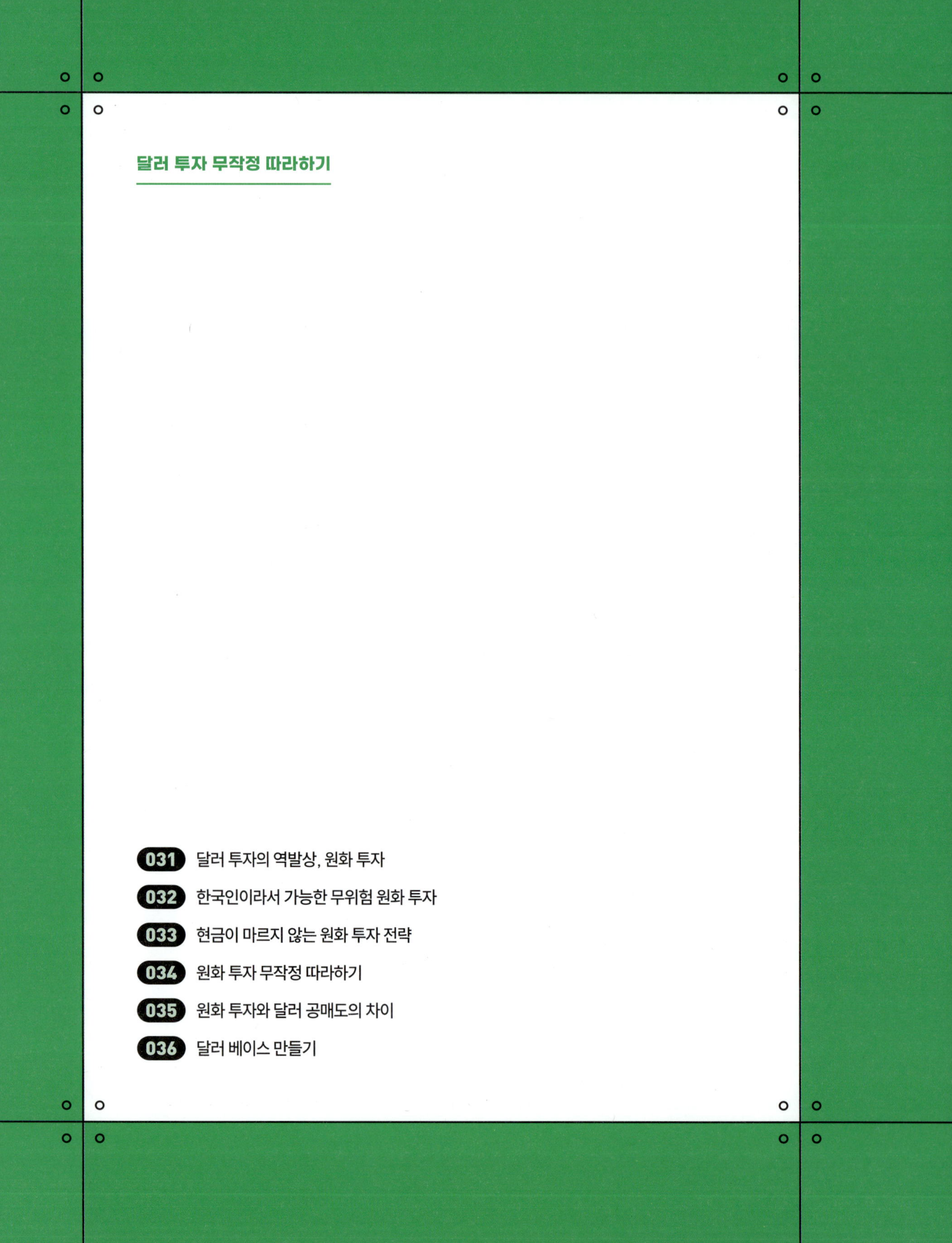

달러 투자 무작정 따라하기

원화 투자 무작정 따라하기

투자이야기

투자금이 모자란 이유

'오르기만 바라는 투자'는 어렵습니다. 생각만큼 잘 오르지도 않을뿐더러 하락이라도 한다면 상당히 괴로워지기 때문입니다. 하지만 '내리기도 바라는 투자'를 하면 엄청난 멘털 강화를 경험할 수 있습니다.

여기 총 1억 원의 투자금을 가지고 달러에 투자하기로 한 A와 B가 있습니다. A는 이 투자금을 5번으로 나누어 투자하기로 했고, B는 50번으로 나누어 투자하기로 했습니다. A와 B 똑같이 원/달러 환율이 1,000원일 때 투자를 시작합니다. A는 첫 투자 금액이 2,000만 원일 것입니다. 하지만 B는 첫 투자 금액이 200만 원입니다.

그런데 A와 B의 자본력과 멘털은 똑같은데도 생각의 차이가 생겨납니다. A는 환율이 5원만 오르더라도 10만 원의 수익을 얻게 됩니다. 하지만 B의 수익은 1만 원뿐입니다. 아마도 A는 환율이 오르기를 더 바랄 것입니다. 하지만 B는 추가 매수를 통해 달러를 더 많이 확보한 후에 오르는 것도 좋기 때문에 상승을 바라는 한편, 동시에 하락을 바랄 수도 있을 것입니다.

만약 이 상태가 5번의 추가 매수가 끝난 뒤라면 어떨까요?

A의 투자금은 모두 소진되어 1억 원이 되어 있을 것입니다. 하지만 B의 투자금은 10분의 1인 1,000만 원 정도에 불과합니다. 이제 A는 환율이 무조건 오르기만을 바랄 수밖에 없지만, B는 여전히 올라도 좋고 더 내려도 좋다고 생각할 것입니다.

여기에서 중요한 것은 내가 가진 투자금을 얼마나 효율적으로 잘 나누었는지입니다. 물론 '유의미한 수익 규모'라는 것이 있어서 너무 적은 금액을 투자했다가는 '내리기만 바라는 투자'를 하게 되는 희한하고 영양가 없는 일을 겪게 될 수도 있습니다. 따라서 투자금 배분의 가장 이상적인 형태는 '올라도 좋고, 내려도 좋을 만큼'이라고 할 수 있습니다.

이것은 개인의 자본력과 투자 환경, 경험과 실력에 따라 모두 다를 수 있기 때문에 오롯이 스스로 정해야 하는 일입니다. 가끔 '투자할 수 있는 돈이 적어서 나눠서 사기 어렵다', '투자금이 모두 소진되어 추가 투자가 불가능하다'라는 하소연을 합니다. 하지만 이것은 비단 자본력의 크기 때문만은 아닙니다. 적당하게 나누지 못해서일 가능성이 더 큽니다. 한마디로 투자의 경험과 지식이 아직 충분하지 않다는 얘기입니다.

투자금이 모자란 이유는 내가 아직 모자라기 때문일 수도 있다는 얘기입니다.

"우리가 위험에 빠지는 것은 무언가를 몰라서가 아니다.
무언가를 확실히 안다고 착각하기 때문이다."
- 마크 트웨인

031

달러 투자의 역발상, 원화 투자

원화 투자의 기본 개념

달러 투자는 원화로 달러를 매수한 뒤 원/달러 환율이 상승했을 때 매도하여 수익을 얻는 것입니다. 원/달러 환율이 1,000원일 때 1,000원의 원화로 산 1달러를 환율이 2,000원일 때 팔면 처음에 있었던 1,000원이 2,000원이 되어 결국 1,000원의 차익이 생깁니다.

이와 마찬가지로 원화 투자는 달러로 원화를 매수한 뒤 원/달러 환율이 하락했을 때 매도해 수익을 얻는 것입니다. 원/달러 환율이 2,000원일 때 1달러로 2,000원을 산 후, 환율이 1,000원으로 하락했을 때 팔면 처음에 있던 1달러가 2달러가 되어 결국 1달러의 차익이 생깁니다.

▼ 달러 투자와 원화 투자 비교

구분	매수	상황	매도	결과
달러 투자	1,000원 → 1달러	원/달러 환율이 2,000원으로 상승	1달러 → 2,000원	1,000원 수익
원화 투자	1달러 → 2,000원	원/달러 환율이 1,000원으로 하락	2,000원 → 2달러	1달러 수익

우리는 원화 베이스의 생활을 하고 있기 때문에 원화로 달러를 사고팔아 수익을 만들어내는 달러 투자는 이해가 어렵지 않습니다. 하지만 달러로 원화를 사고팔아 수익을 내는 원화 투자는 생소하기도 하고, 이해도 쉽지 않을 것입니다. 원화 투자를 좀 더 쉽게 이해하려면 스스로 달러 베이스의 생활을 하는 미국인이 되어 생각해보면 됩니다.

원/달러 환율이 비교적 쉽게 오르는 환율 상승기에는 달러 투자로 수익을 얻고, 반대로 환율이 비교적 쉽게 내리는 환율 하락기에는 원화 투자가 수익을 얻기 수월합니다. 그리고 이 두 가지 투자를 동시에 하게 되면 더욱더 잃지 않는 안전한 투자가 가능해집니다.

원/달러 환율 상승기에는 달러 투자를, 원/달러 환율 하락기에는 원화 투자를 하자!

원화와 달러는 상호 보완관계

원/달러 환율이 1,000원일 때 1억 원의 원화와 또 다른 1억 원으로는 10만 달러를 매수했다고 가정해보겠습니다. 이 투자자는 원화로 환산했을 때는 총 2억 원의 투자금을 보유하고 있고, 달러로 환산했을 때는 총 20만 달러가 투자 원금이라고 할 수 있습니다. 원/달러 환율이 2배인 2,000원이 되면 이 투자자의 총자산은 얼마가 되어 있을까요?
만약 1억 원으로 산 10만 달러를 매도하면 2억 원이 되어 보유하고 있었던 1억 원과 더하면 총 3억 원으로 1억 원의 수익을 얻게 될 것입니다. 그런데 만약 원/달러 환율이 50% 하락한 500원이 된다면 이 투자자의 총자산은 얼마가 되어 있을까요?

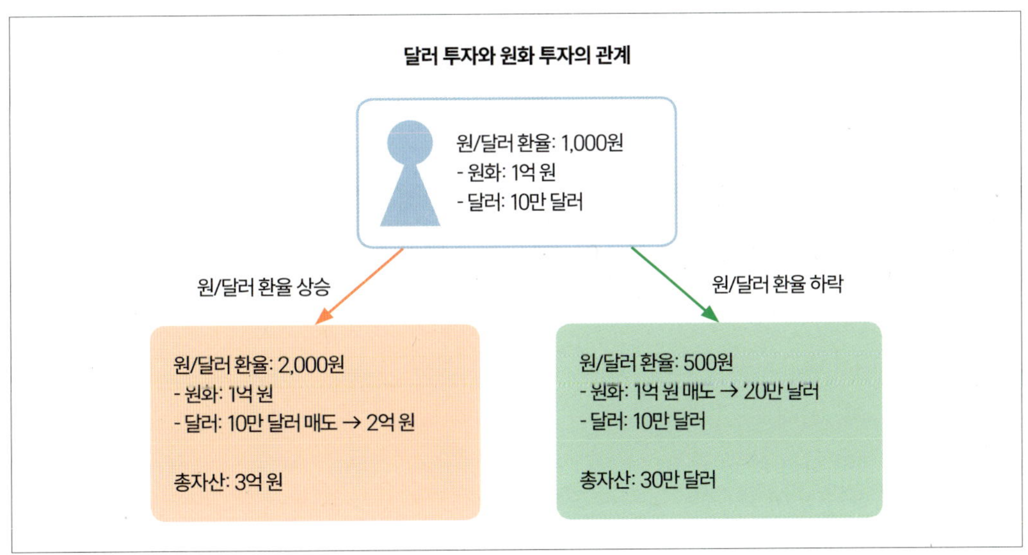

만약 보유하고 있던 1억 원으로 달러를 매수하면 20만 달러가 되어 보유하고 있었던 10만 달러와 더하면 총 30만 달러로 결국 10만 달러의 수익을 얻게 될 것입니다.

환율이 오르면 2억 원이 3억 원이 되고, 반대로 환율이 내리면 20만 달러가 30만 달러가 되는 신기한 일이 벌어지는 것입니다.

그런데 조금 다르게 생각해보면 환율이 500원이 되었을 때 보유하고 있던 10만 달러를 매도하게 되면 5,000만 원이 되어 총자산은 1억 5,000만 원으로 오히려 5,000만 원의 손실을 보게 되는 것 아니냐고 생각할 수도 있습니다.

하지만 환율이 2,000원이 된 상황도 마찬가지입니다. 환율이 2,000원이 되었을 때 보유하고 있던 1억 원을 매도하면, 즉 달러를 매수하게 되면 5만 달러가 되어 총자산은 15만 달러로 오히려 5만 달러의 손실을 입게 되었다고 할 수도 있습니다.

원/달러 환율이 올랐을 때는 달러를 팔아 원화로 수익 실현을 하고, 원/달러 환율이 하락했을 때는 원화를 팔아 달러로 수익 실현을 해야 합니다.

· 원/달러 환율이 상승할 때: 달러 매도 → 원화로 수익 실현
· 원/달러 환율이 하락할 때: 원화 매도 → 달러로 수익 실현

손실 구간에서는 시간을 무기로 삼자

투자는 평가 손익과 확정 손익으로 구분됩니다. 실현하지 않은 손실은 확정된 것이 아니기 때문에 손실 상황에서는 굳이 손실을 확정할 필요가 없으며, 확정된 수익만 챙기면 됩니다.

원/달러 환율이 1,000원에서 2,000원으로 상승한 상황에서는 원화의 평가 손실 상황이라고 할 수 있는데, 이때 굳이 원화를 팔아 달러로 손실을 확정할 필요는 없습니다. 시간을 무기로 삼아 기다리다가 원/달러 환율이 다시 원래의 1,000원으로 돌아가게 되면 평가 손실은 사라지게 될 것입니다.

또 원/달러 환율이 1,000원에서 500원으로 하락한 상황에서는 달러의 평가 손실 상황이라고 할 수 있는데, 굳이 이때 달러를 팔아 원화로 손실을 확정할 필요가 없는 것입니다.

평가 손실 상황에 놓이게 된 원화나 달러는 그대로 놔두고 확정 수익을 얻을 수 있는 원화나 달러로 수익 실현을 하면 됩니다. 환율이 상승했을 때는 달러를 팔아 수익 실현을 하고, 반대로 환율이 하락했을 때는 원화를 팔아 수익 실현을 하면 됩니다.

달러 투자와 원화 투자를 함께하면 환율이 오르든 내리든 그 언제라도 안정적인 현금흐름을 만들어낼 수 있습니다.

좀 더 구체적인 투자 안을 제시해본다면 원/달러 환율 1,200원을 기준으로 하방을 1,000원 정도로, 상방을 1,400원 정도로 본다면 환율이 1,400원에서 1,200원으로 내려가는 동안에는 원화 투자를 합니다. 그리고 1,000원에서 1,200원으로 상승하는 동안에는 달러 투자를 하는 것입니다.

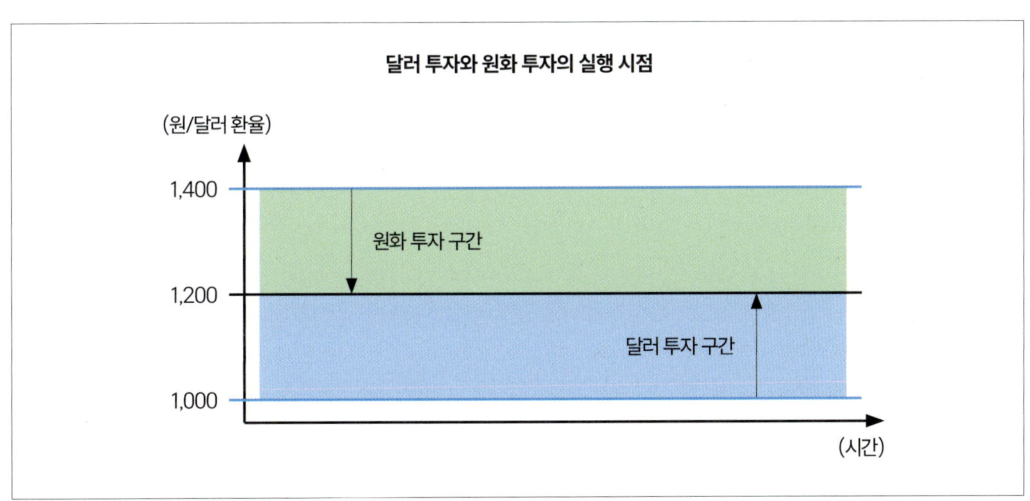

032

한국인이라서 가능한 무위험 원화 투자

가만히만 있어도 수익이 생긴다

원화 투자는 대한민국 사람들에게는 무위험의 안전한 투자라고 할 수 있습니다. 대한민국 사람들에게 1억 원은 그냥 1억 원이기 때문입니다. 원/달러 환율이 1,000원일 때나 1,200원일 때나 우리에게 1억 원은 똑같은 1억 원입니다. 달러 투자를 하지 않는, 그러니까 원/달러 환율에 아무 관심도 없는 대부분의 사람은 달러 대비 원화 가치의 상승과 하락에도 아무 관심이 없을 것입니다.

무위험의 원화 투자는 이러한 개념을 이용한 것이라고 할 수 있습니다. 방법도 아주 간단합니다. 그냥 원화 현금을 들고 가만히 있기만 하면 됩니다. 그러다가 만약 원화의 가치가 상승하면, 그러니까 원/달러 환율이 하락하면 원화 투자자는 수익을 얻게 될 것입니다.

1,200원이었던 환율이 1,100원이 되어 원화를 매도하면 약 10% 정도의 원화 투자 수익을 얻게 되는 셈입니다. 여기서 원화를 매도한다는 것은 곧 달러를 매수한다는 것을 의미합니다. 달러를 팔아 원화로 수익 실현을 하는 것이 달러 투자라면, 원화를 팔아 달러로 수익 실현을 하는 것은 원화 투자가 되는 것입니다.

실천하는 사람이 수익을 챙긴다

이처럼 그냥 가만히만 있어도 투자가 성립되는 원화 투자는 그렇다고 해서 누구나 수익을 얻을 수 있는 것은 아닙니다. 실현하지 않는 수익은 평가 수익일 뿐, 실제로 확정 수익을 만들어내기 위해서는 매도를 통한 수익 실현이 필요합니다. 그런데 대부분의 대한민국 사람은 매수는 되어 있는 상태이지만 매도하지는 않기 때문에 진정한 의미의 원화 투자는 성립되지 않는 것입니다.

투자는 기본적으로 쌀 때 사서, 비쌀 때 파는 것입니다. 그런데 환율이 1,200원 이상일 때는 달러보다는 원화가 훨씬 싸다고 할 수 있습니다. 즉 달러보다는 원화에 투자하는 게 수익을 얻을 가능성이 더 큰 것입니다.

그런데 만약 기대와는 달리 원화의 가치가 더 하락한다면 어떻게 될까요? 참고로 원화의 가치가 하락한다는 것은 원/달러 환율이 더 크게 상승하는 경우를 말합니다. 만약 1억 원을 원화로 가지고 있었는데 1,200원이었던 원/달러 환율이 1,300원이 된다면 1억 원의 실제 가치가 10% 정도 하락하게 되는 것일까요?

그때도 아마 1억 원은 그냥 1억 원일 것입니다. 대부분의 대한민국 사람은 환율이 오르든 떨어지든 관심조차 없을 테니 말입니다. 이런 의미에서 원화를 보유하고 있는 것은 조금도 위험이 없는 무위험 투자라고 할 수 있습니다.

심지어 단기 예치 이자를 받을 수 있는 예금 상품을 잘 활용하면 작으나마 이자 수익도 챙길 수 있습니다. 원화를 파킹통장에 넣어 놓고 매일매일 이자를 챙겨 받는 것입니다. 이는 달러 투자를 할 때 확보한 달러를 외화 정기예금에 넣어두고 이자 수익을 만들어내는 것과 유사한 구조입니다.

환율이 많이 낮았던, 그러니까 달러 가치가 낮았을 때 달러를 잔뜩 사놓고 외화 정기예금에 넣어둔 채 환율이 오르기를 기다리던 때가 있었습니다. 그리고 이렇게 생각했습니다.

'대부분의 미국 사람에게 10만 달러는 원/달러 환율이 1,000원일 때도 1,200원일 때도 똑같은 10만 달러일 거야.'

원화 투자가 무위험 투자이듯, 달러 투자도 무위험의 투자가 될 수 있다는 것입니다.

033

현금이 마르지 않는 원화 투자 전략

자산이 2배가 되는 놀라운 투자법

원/달러 환율이 너무 많이 상승하면, 즉 달러 가치가 많이 상승하면 달러를 쌀 때 사서 비싸게 파는 투자는 어려워집니다. 하지만 반대로 생각해보면 원/달러 환율의 상승은 곧 원화 가치의 하락을 의미하기 때문에 가치가 하락한 원화를 쌀 때 사서, 비싸게 파는 것이 가능할 수 있습니다.

원화로 달러를 매수했다가 달러 가치가 상승하면 매도해서 수익을 얻듯, 달러로 원화를 매수했다가 원화 가치가 상승하면 매도해서 수익을 얻는 것입니다.

원/달러 환율의 상승은 달러 가치의 상승이기도 하지만, 원화 가치의 하락이기도 합니다.

마찬가지로 달러의 매도는 곧 원화의 매수이고, 원화의 매도는 곧 달러의 매수가 됩니다.

달러 투자를 하려면 원화가 필요합니다. 마찬가지로 원화 투자를 하려면 달러가 필요합니다. 달러 투자가 돈으로 돈을 사는 투자이듯, 원화 투자 또한 돈으로 돈을 사는 투자입니다.

좀 더 이해하기 쉽게 물물교환을 예로 들어 설명하겠습니다.

사과 10개와 감 10개를 보유하고 있던 농부가 가지고 있던 사과 10개로 감 10개를 샀는데 감의 가치가 2배로 올랐다면 감 10개로 사과 20개를 살 수 있습니다. 이렇게 되면 농부는 사과 20개와 감 10개를 보유하게 됩니다.

그런데 얼마 후, 감의 가치가 원래대로 돌아와 보유하고 있던 감 10개로 사과 10개를 샀는데 사과의 가치가 2배로 올랐다면 사과 10개로 감 20개를 살 수 있습니다. 이렇게 되면 농부는 최종적으로 사과 20개와 감 20개를 보유하게 됩니다.

▼ 가치 변동에 따른 자산 변화

가치 변동	행동	결과
–	–	감 10개, 사과 10개
감 가치=사과 가치	사과 10개를 감 10개와 교환	감 20개
감의 가치 2배 상승	감 10개를 사과 20개와 교환	감 10개, 사과 20개
감의 가치 회복	감 10개를 사과 10개와 교환	사과 30개
사과 가치 2배 상승	사과 10개를 감 20개와 교환	감 20개, 사과 20개

농부가 사과와 감을 함께 보유하고 있는 것이 유리했듯, 투자자 역시 원화뿐만 아니라 달러를 함께 보유하고 있으면 원/달러 환율의 상승기와 하락기 모두의 상황에서 잃지 않는 안전한 투자를 할 수 있습니다.

환율과 상관없이 결과는 하나뿐

원화 투자를 위해서는 달러로 원화를 사야 하는데 이 과정은 잃지 않는 안전한 투자의 끝판왕이라고 할 만큼 매력적입니다. 투자 실패 가능성이 제로에 가깝기 때문입니다.

1,200원 아래에서 산 달러로 1,300원 정도에 원화 투자를 하게 되면 크게 두 가지 경우의 수가 생깁니다.

첫째는 기대했던 대로 원화 가치가 상승하는 것입니다. 원화 가치의 상승은 원/달러 환율의 하락을 의미하며, 이때 달러로 사놓았던 원화를 매도해서, 그러니까 달러 매수를 통해 수익 실현을 할 수 있습니다.

둘째는 기대와는 달리 원화 가치가 하락하는 것입니다. 원화 가치의 하락은 원/달러 환율의 상승을 의미하며, 이때는 그냥 가만히 두면 됩니다.

원화 투자를 포기하고 달러 투자로 포지션을 바꾸기만 하면 1,200원 아래에서 매수했던 달러를 1,300원 근처에서 매도해 수익 실현을 한 것이 되는 것입니다. 원/달러 환율이 오르든 내리든, 원화 가치가 상승하든 하락하든, 그 어떠한 경우에라도 수익이 발생하는 마법 같은 일이 벌어지게 되는 것입니다.

원화로 달러 투자를 할 때는 해당 원화가 원/달러 환율이 얼마일 때 생긴 원화인지는 중요하지도 않을뿐더러 확인도 필요하지 않습니다. 마찬가지로 달러로 원화 투자를 할 때도 해당 달러가 원/달러 환율이 얼마일 때 확보한 것인지는 중요하지 않습니다.

물론 원/달러 환율이 낮을 때 사놓은 달러라면 원화 투자가 실패하게 되더라도 잃지 않는 안전한 투자가 가능하다는 장점이 있습니다. 하지만 원/달러 환율이 1,400원일 때 비싸게 사놓은 달러라고 할지라도 원화 투자는 가능합니다.

원화 투자는 이렇게 하자

달러 투자가 원화로 달러를 싸게 사서 비싸게 팔아 수익을 내는 구조이듯, 원화 투자 역시 달러로 원화를 싸게 사서 비싸게 팔면 수익을 얻게 되는 구조입니다. 하지만 원화를 언제 사는 것이 싼 것인지 알 수 없기 때문에 달러 투자를 할 때처럼 나눠 사고, 나눠 파는 전략이 필요합니다.

앞서 말했듯이 기본적으로 원화 투자는 원/달러 환율이 1,200원 이상일 때부터 시작하는 것이 좋습니다. 원/달러 환율이 1,200원 이상에서 산 원화는 환율이 1,200원 이하로 하락해 수익을 얻을 가능성이 크기 때문입니다.

그리고 아주 당연하게도 원화는 환율이 높을 때 살수록 유리합니다.

우리의 자산 중 일부는 달러로 보유하고 있는 것이 좋습니다. 이론적으로는 원/달러 환율 1,200원을 기준으로 달러 투자 자산과 원화 투자 자산의 비율을 50% 정도로 맞추어 보유하고 있으면 환율이 1,200원 이하일 때는 달러 투자를, 그리고 1,200원 이상일 때는 원화 투자를 통해 평생 현금이 마르지 않는 투자를 이어갈 수 있습니다.

원화 투자 전략

1. 분할 매수, 분할 매도를 실천한다.
2. 원/달러 환율이 1,200원보다 높을 때 매수한다.
3. 원화와 달러의 비중을 50 : 50으로 투자한다.

원화 투자와 세븐 스플릿의 개념을 제대로 이해하지 못하면 이 투자 방식을 실익은 없는 정신 승리라고 오해하기도 합니다. 그리고 달러 투자와 원화 투자를 같은 것이라고 착각하기도 합니다. 하지만 실현하지 않은 손실은 확정된 것이 아니기 때문에 등락의 파도를 여러 번 거치고 나면 수익은 계속해서 쌓여갑니다.

저는 롱-숏트 전략이 환율을 이용한 투자에 가장 적합한 방식임을 알게 되었습니다. 지난 5년간 원/달러 환율 1,100원부터 1,470원까지의 움직임 안에서 달러 투자와 원화 투자를 해본 결과, 잃지 않는 안전한 투자가 실제로 가능하다는 것을 경험했습니다.

원화 투자는 넓은 의미에서는 달러 투자라고 할 수 있습니다. 우선 달러를 보유해야만 가능한 투자이며, 달러로 하는 투자이기 때문입니다. 또한 아주 공격적인 개념의 원화 투자라고도 할 수 있습니다. 그냥 원화를 보유하고 있는 것만으로도 원화의 가치 상승에 투자하는 것이지만, 달러로 원화를 매수하게 되면 보다 적극적인 투자가 이루어지게 됩니다.

034

원화 투자 무작정 따라하기

사례로 이해하는 원화 투자 4단계

1단계: 원화 투자용 달러 준비하기

원화 투자를 위해서는 우선 달러가 필요합니다. 달러 투자를 위해서 원화가 필요한 것과 똑같습니다. 원화 투자용 달러는 이미 보유 중인 달러를 활용해도 되지만 환율이 낮을 때 준비해놓는 것이 유리합니다.

원/달러 환율이 1,100원일 때 원화 투자용 달러 1만 달러를 매수했다고 가정해보겠습니다. 참고로 이때 확보한 달러는 달러 투자를 위해 매수한 것이 아니라 원화 투자를 위해 준비한 달러이므로 환율이 아무리 오르거나 내려도 수익 실현을 하거나 손절매해서는 안 됩니다.

원/달러 환율이 1,100원일 때 원화 투자용 달러 1만 달러 매수

2단계: 원화 매수하기

원화 가치의 상승에 투자해야 할 때 1단계에서 준비한 달러로 원화를 매수합니다. 환율이 낮을 때 준비해 놓은 달러가 있다면 언제든 가능합니다. 참고로 저는 환율이 1,100원 이하일 때 사놓은 달러를 주로 활용합니다.

여기서 중요한 것은 달러를 매도한 것이 아니라 원화를 매수한 것이라는 사실입니다. 그리

고 원화 투자를 위해 달러를 매수했던 환율보다 높을 때 매수할수록 원화 투자에 유리합니다. 원/달러 환율이 1,300원일 때 1만 달러로 원화를 매수했다고 가정해보겠습니다.

원/달러 환율이 1,300원으로 상승했을 때 투자용 달러로 준비해둔 1만 달러로 원화 매수

3단계: 원화 매도하기 또는 포지션 스위칭하기

이 단계에서는 원/달러 환율이 내리는 경우와 오르는 경우 두 가지의 상황이 벌어집니다. 먼저 원/달러 환율이 원화를 매수했던 1,300원에서 1,200원으로 하락하는 경우에는 매수해놓았던 원화를 매도해 수익 실현을 할 수 있습니다. 이때 원화 가치 상승으로 원화 투자에 성공해 달러당 100원의 환차익을 얻게 됩니다.

하지만 이와는 반대의 상황이 연출될 수도 있습니다. 원/달러 환율이 원화를 매수했던 1,300원에서 1,400원으로 오히려 상승하는 경우에는 원화 가치의 하락으로 인해 원화 투자는 실패하게 되고, 달러당 100원의 손실을 입게 됩니다.

하지만 이때 필살기를 사용하면 손실을 수익으로 전환할 수도 있습니다. 원화 투자를 포기하고 달러 투자로 포지션을 스위칭하는 것입니다.

원/달러 환율이 1,300원일 때 원화 투자를 하는 것이 아니라 1단계에서 원화 투자를 위해 1,100원에 매수한 달러를 1,300원에 팔아 달러당 200원의 차익을 얻은 것으로 처리하는 것입니다.

- 원/달러 환율이 1,200원으로 하락한 경우: 1,300만 원 매도
- 원/달러 환율이 1,400원으로 상승한 경우: 달러 투자로 포지션 스위칭

4단계: 패자 부활전, 무위험 원화 투자하기

원/달러 환율이 1,400원으로 올라서 비록 원화 투자에는 실패했지만, 시간을 두고 기다리다 보면 원화의 가치가 다시 상승해 원/달러 환율이 1,200원이 될 수도 있습니다. 이때는 또다시 원화를 팔아 달러로 수익 실현을 할 수 있게 됩니다.

그런데 원화 투자를 하는 동안에는 환율이 더 오르더라도 무위험 투자가 가능해집니다. 또한 번 강조하지만 원화 베이스의 생활을 하고 있는 우리는 환율이 1,000원일 때의 1억 원이나 1,500원일 때의 1억 원이나 모두 같은 1억 원으로 사용이 가능하기 때문입니다.
환율이 하락하기를 기다리는 동안 파킹통장이나 발행어음 등에 원화를 넣어두면 이자 수익을 덤으로 얻을 수도 있습니다.

원/달러 환율이 하락할 때까지 파킹통장이나 발행어음 등을 이용해 수익 창출

▼ 한눈에 보는 달러 투자

구분	상황		결과(수익률)
	원/달러 환율	행동	
1단계	1,100원	10,000달러 매수	10,000달러(−)
2단계	1,300원	10,000달러 매도	1,300만 원(+200만 원)
3단계 ①	1,200원	1,300만 원 매도	10,833달러(+833달러)
3단계 ②	1,400원	달러 투자로 포지션 스위칭	2단계와 동일: 1,300만 원(+200만 원)
4단계	1,400원↑	파킹통장, 발행어음 등에 투자	이자 수익 창출

잠깐만요 원/달러 환율이 상승 중일 때 주목해야 할 대체 투자

원/달러 환율이 1,200원 이하로 비교적 낮은 수준일 때는 분할 매수와 분할 매도를 통해 안정적인 달러 투자를 할 수 있습니다. 하지만 환율이 높은 상황에서는 투자하기 좋은 가격으로 환율이 하락할 때까지 기다리는 것도 좋은 전략이 될 수 있습니다.

달러 투자자의 경우에는 사실 원화를 보유한 채로 가만히 있기만 해도 투자 행위가 성립합니다. 원/달러 환율의 하락은 원화 가격의 상승이라고 할 수 있기 때문에 환율이 하락했을 때 원화를 매도하고 달러를 매수함으로써 수익을 실현할 수 있습니다.

하지만 이렇게 원화 투자를 하는 동안 부가 수익을 기대할 수도 있습니다. 다만 원화로 투자가 가능한 일반적인 주식이나 부동산에 투자할 경우 갑작스런 원/달러 환율 하락을 기회로 원화를 매도, 즉 달러로 발 빠르게 수익 실현에 대응할 수 없게 될 수도 있습니다. 이른바 돈이 묶여버리는 상황이 발생하는 것입니다.

따라서 원화 투자용 원화의 경우에는 언제든 달러를 매수할 수 있는 상황을 만들어낼 수 있는, 즉시 혹은 일주일 이내에 환금이 가능한 투자를 하는 것이 좋습니다. 사실 단기성 예금 상품을 투자라고 하기에는 그 수익률이 너무 낮기 때문에 원화 투자를 하는 동안 부가 수익 창출을 통해 기회비용을 헤지하는 수준이라고 생각하는 것이 좋습니다.

① 파킹통장

파킹통장은 높은 금리를 주는 수시 입출금 통장을 통칭하는 말입니다. 정기예금처럼 일정한 기간을 예치하지 않고 중간에 출금하게 되면 약속한 이자를 지급받을 수 없는 구조가 아니라, 단 하루만 예치해도 비교적 높은 이자를 받을 수 있습니다.

은행들의 파킹통장 상품들을 비교하여 그중 금리가 높은 곳에 가입하면 되는데, 은행이 파산하거나 망하면 정부나 정부에서 지정한 위탁기관에서 예치한 돈을 보호해주는 한도, 즉 예금자보호 한도인 1억 원을 초과하지 않는 것이 좋습니다.

예금자보호 한도는 은행별로 보호를 받을 수 있기 때문에 만약 더 큰 금액을 예치해야 하는 상황이라면 은행을 여러 개로 나누어 예치하는 것이 좋습니다. 참고로 대표적인 파킹통장 중 하나인 토스의 파킹통장인 토스뱅크의 경우 밤 12시 이전에 입금하고 단 1초만 예치해놓아도 밤 12시 이후에는 이자를 지급받을 수 있습니다. 2025년 11월 기준, 토스뱅크의 이자율은 연 1%입니다.

② 발행어음

증권사의 단기 예치 상품인 발행어음은 회사채와 비슷한 구조의 투자 상품입니다. 파킹통장과 비교했을 때 이자율이 높은 편이기는 하나 예금자보호를 받을 수 없다는 약점이 있습니다. 하지만 해당 증권사가 망하지만 않는다면 비교적 안전한 투자 상품이라고 할 수 있습니다. 발행어음 역시 파킹통장과 마찬가지로 해당 증권사 계좌에 원화, 즉 돈을 예치해놓으면 매일매일 이자 수익을 얻을 수 있습니다.

참고로 NH나무의 발행어음은 오후 11시 이전에 입금을 해야 이자 지급 대상으로 인정받을 수 있으며, 오전 6시경 이전에 출금할 경우 이자를 받지 못할 수 있으니 주의해야 합니다. 2025년 12월 기준, NH나무의 이자율은 3.05%입니다.

035

원화 투자와 달러 공매도의 차이

수익 실현 시점을 주목하라

원화 투자는 원/달러 환율이 높을 때 보유하고 있던 달러로 원화를 매수하고 환율이 하락했을 때 해당 원화를 팔아 달러를 확보해 수익을 얻는 것입니다. 그리고 달러 공매도는 원/달러 환율이 높을 때 달러를 매도한 후 낮은 가격에 되사서 투자한 달러의 매수 단가를 낮추는 것입니다.

원화 투자와 달러 공매도 모두 높은 환율에 달러를 매도하고, 낮은 환율에 달러를 매수하는 구조라는 점은 같습니다. 하지만 이 둘은 수익 실현의 시점이 다르다는 데 그 차이가 있습니다.

1. 원화 투자의 수익 실현 시점

먼저 원화 투자의 경우에는 달러로 원화를 매수(달러 매도)한 후 원화를 매도(달러 매수)하는 즉시 수익이 실현됩니다. 원/달러 환율이 1,300원일 때 달러로 산 원화를 1,290원에 팔게 되면, 즉 달러 매수를 통해 수익 실현을 하게 되면 달러당 10원의 환차익을 얻게 됩니다.

2. 달러 공매도의 수익 실현 시점

하지만 달러 공매도의 경우에는 높은 가격에 달러를 매도한 후, 낮은 가격에 되사는 행위 그 자체로만으로는 매수 단가를 낮추는 것일 뿐 수익 실현이 되지는 못합니다.

예를 들어, 원/달러 환율이 1,310원일 때 매수한 달러를 1,300원일 때 매도한 후 더 낮은 가격인 1,290원에 되샀다고 가정해보겠습니다. 원래의 매수 단가 1,310원은 공매도를 통해 1,300원으로 바뀌게 됩니다. 공매도가 완료된 시점의 원/달러 환율은 1,290원이므로 여전히 달러당 10원의 평가 손실 상황인을 알 수 있습니다. 즉 최종 수익 실현을 위해서는 원/달러 환율이 1,300원 이상일 때 달러를 매도해야 합니다.

▼ 원화 투자와 달러 공매도의 수익 실현 시점

구분	상황		결과(수익률)
	원/달러 환율	행동	
원화 투자	1,300원	원화 매수	
	1,290원	원화 매도	수익 실현(+10원)
달러 공매도	1,310원	달러 매수	
	1,300원	달러 매도	
	1,290원	달러 매수	매수 평단가 변경(1,300원), 손실

원화 투자와 달러 공매도 모두 원/달러 환율이 높을 때 달러를 매도하고, 원/달러 환율이 낮을 때 달러를 매수하지만, 둘의 투자 대상이 각각 원화와 달러이므로 수익 실현 시점이 달라집니다.

먼저 원화 투자의 경우 달러로 투자하는 것이므로 수익도 달러로 실현해야 합니다. 즉 원화가 쌀 때(원/달러 환율이 높을 때) 사서, 원화가 비쌀 때(원/달러 환율이 낮을 때) 파는 것이므로 원화를 매도하는 즉시 달러 수익이 발생합니다.

반면, 달러 투자의 경우 상황은 같지만 원화로 투자하는 것이므로 수익도 원화로 실현해야 합니다. 이때 공매도는 원/달러 환율의 하락에 베팅하는 것에 유의합니다.

따라서 달러 공매도의 경우 달러가 비쌀 때(원/달러 환율이 높을 때) 판 것을 달러가 쌀 때(원/달러 환율이 낮을 때) 산 것으로 메워 매수 평단가를 낮추는 데 목적이 있습니다. 이때 달러가 평단가를 넘어설 때 수익을 얻게 되므로 여전히 손실 상태라고 볼 수 있습니다.

원화 투자와 달러 공매도의 선택 기준

원화 투자와 달러 공매도는 그 방식과 메커니즘이 유사하기 때문에 투자자의 선택에 따라 수익 실현으로 처리할지, 투자해놓은 달러의 매수 단가를 낮추는 것으로 처리할지를 결정할 수 있습니다.

저의 경우에는 기준을 두고 이를 관리하는데, 먼저 원화 투자로 처리하는 경우는 다음과 같습니다.

1. 매수한 장기 보유용 달러로 투자하는 경우(원/달러 환율 1,100원 이하)
2. 수익 실현이 요원한 고가에 매수한 달러로 투자하는 경우

그리고 달러 공매도로 처리하는 경우는 다음과 같습니다.

1. 달러 보유량이 많은 경우
2. 수익 실현이 가까운 저가에 매수한 달러로 투자하는 경우

참고로 달러 보유량이 많을 때 원화 투자보다는 공매도로 처리하는 것이 좋은 이유는 공매도를 통해 매수 단가를 낮추면 수익 실현을 통해 지나치게 많아진 달러 보유량을 감소시킴과 동시에 원화 보유량을 늘려보다 안정적인 투자를 이어나갈 수 있기 때문입니다.

036

달러 베이스 만들기

한국 사람에게만 허락된 원화 투자

우리는 원한다면 언제든지 달러를 살 수 있습니다. 우리는 기본적으로 원화를 가지고 있기 때문입니다. "무슨 소리야! 난 한 푼도 없는데…"라고 말하는 사람들도 스마트폰은 가지고 있을 것입니다. 그걸 중고마켓에 팔면 돈, 그러니까 원화가 생깁니다. 이는 우리가 '원화 베이스'의 생활을 하고 있다는 것을 복잡하게 설명한 것입니다.

달러로 원화를 사는 것도 똑같습니다. 달러가 있어야 원화 투자도 가능합니다. 우리는 원화 베이스의 삶을 살고 있기에 마음만 먹으면 언제든 달러 투자가 가능한 것처럼 원화 투자가 언제든 가능한 구조를 만들기 위해서는 '달러 베이스'를 만들어내야 합니다.

달러 투자를 하지 않는 99.999%의 일반적이고 평범한 대한민국 국민들은 원화 베이스라는 선을 넘을 이유도 없을 뿐만 아니라, 그 방법도 모를 것입니다. 하지만 그 선을 넘는 순간 달러 투자만큼이나 좋은 원화 투자가 가능해집니다. 미국에 사는 99.999%의 일반적이고 평범한 사람들 역시 우리와 마찬가지로 달러 베이스의 생활을 하고 있습니다.

해외여행을 위해서는 달러가 꼭 필요한 우리와는 다르게, 달러는 전 세계에서 통용되는 화폐이므로 미국 사람 대부분은 달러 외의 다른 나라 돈에는 관심조차 없습니다. 심지어 그 범위를 좁혀 대한민국의 원화에 대한 미국인들의 관심은 아마도 제로에 가까울 것입니다.

달러 투자는 전 세계에서 가능하지만 원화 투자는 대한민국 사람들에게만 허락된 투자인 것입니다. 우리는 원화에 아주 관심이 많은 민족이니까요.

언밸류드 달러를 확보하라

달러 투자든 원화 투자든 그 안정성은 투자가 실패할 때의 상황에 달려 있습니다. 투자에 실패하더라도 그 자체가 돈이기 때문에 밥이라도 사 먹을 수 있습니다.

만약 미국인이 원화에 투자했다가 가격이 많이 하락해서 원화를 들고 무한정 기다려야 하는 상황이 펼쳐진다면 어떻게 될까요? 그 원화를 사용하는 것은커녕 정기예금에 넣어두는 것조차 쉽지 않을 것입니다.

하지만 우리는 다릅니다. 원화의 가치가 많이 하락해 원화를 계속 가지고 있는 상황이 발생하더라도 우리에게 원화로 할 수 있는 일은 무궁무진합니다. 한국에서 돈으로 할 수 있는 일은 다 할 수 있다고 해도 무방합니다.

투자의 행위는 기본적으로 성공했을 때의 수익률과 실패했을 때의 수익률이 유사합니다. '하이 리스크, 하이 리턴'이라는 말이 괜히 있는 것이 아닙니다. 그런데 원화 투자는 앞에서 설명한 이유들로 인해 '로우 리스크, 하이 리턴'이 가능합니다.

그렇다면 이제 남은 일은 원화 베이스의 선을 넘어 달러 베이스를 만들어내는 일이 될 것입니다. 방법은 예상 외로 아주 간단합니다. 그 가치를 측정하지 않는 '언밸류드 달러(Unvalued Dollar)', 그러니까 순수한 달러를 사놓으면 됩니다. 우리에게 1,000만 원은 원/달러 환율이 1,200원일 때도 1,210원일 때도 1,000만 원의 가치입니다.

하지만 달러만은 1,200원 가치의 1만 달러인지, 1,210원에 산 1만 달러인지를 구분합니다. 사실 미국 사람들의 입장에서 볼 때 1만 달러는 원/달러 환율이 1,200원이든 1,500원이든 관계없이 그냥 1만 달러일 뿐입니다. 심지어 원화의 가치 등락에 따른 원/달러 환율이라는 것 자체에 아무런 관심도 없는 사람들이 대부분일 것입니다.

물론 이 언밸류드 달러를 확보하는 데는 환율에 따라 그 비용이 달라집니다. 당연히 환율이 낮을 때 확보하는 것이 유리할 것입니다. 하지만 어차피 가치를 측정하지 않을, 투자의 베이스가 되는 일종의 도구를 사는 것이라고 생각해본다면 환율에 관계없이 꾸준히 확보해나가는 전략으로 모아가는 것도 나쁘지 않습니다.

노트북으로 글을 써서 돈을 버는 일을 한다고 했을 때, 노트북을 가능하면 싸게 사는 것이 좋겠지만 돈을 벌기 위해서는 조금 비싼 것을 사는 것과 비슷합니다.

저는 이러한 깨달음을 남들보다 조금 더 일찍 얻는 행운이 있었습니다. 때문에 원/달러 환율이 1,100원 이하일 때 확보해놓은 언밸류드 달러로 좀 더 수월하고 마음 편한 원화 투자가 가능합니다.

그런데 이 말을 조금 바꿔보면 '저는 아주 싸게 산 노트북으로 일을 합니다' 정도일 뿐입니다. 노트북을 얼마에 샀건 그 노트북으로 일을 해서 얼마를 버느냐가 더 중요한 것처럼, 원화 투자를 할 때도 언밸류드 달러를 얼마나 싸게 확보했느냐보다는 원화 투자를 얼마나 잘하느냐가 더 중요한 일이라고 할 수 있는 것입니다.

원화 투자에서 중요한 것은 언밸류드 달러를 얼마나 싸게 확보했느냐보다는 원화 투자를 얼마나 잘하느냐이다.

그럼에도 불구하고 원화 투자에 있어 언밸류드 달러를 싸게 확보하는 것은 여전히 중요한 일입니다. 그리고 다행히도 그 방법을 이 책을 통해 잘 알게 될 것입니다.

환율이 내릴 때마다 나눠 사면 되는 것입니다.

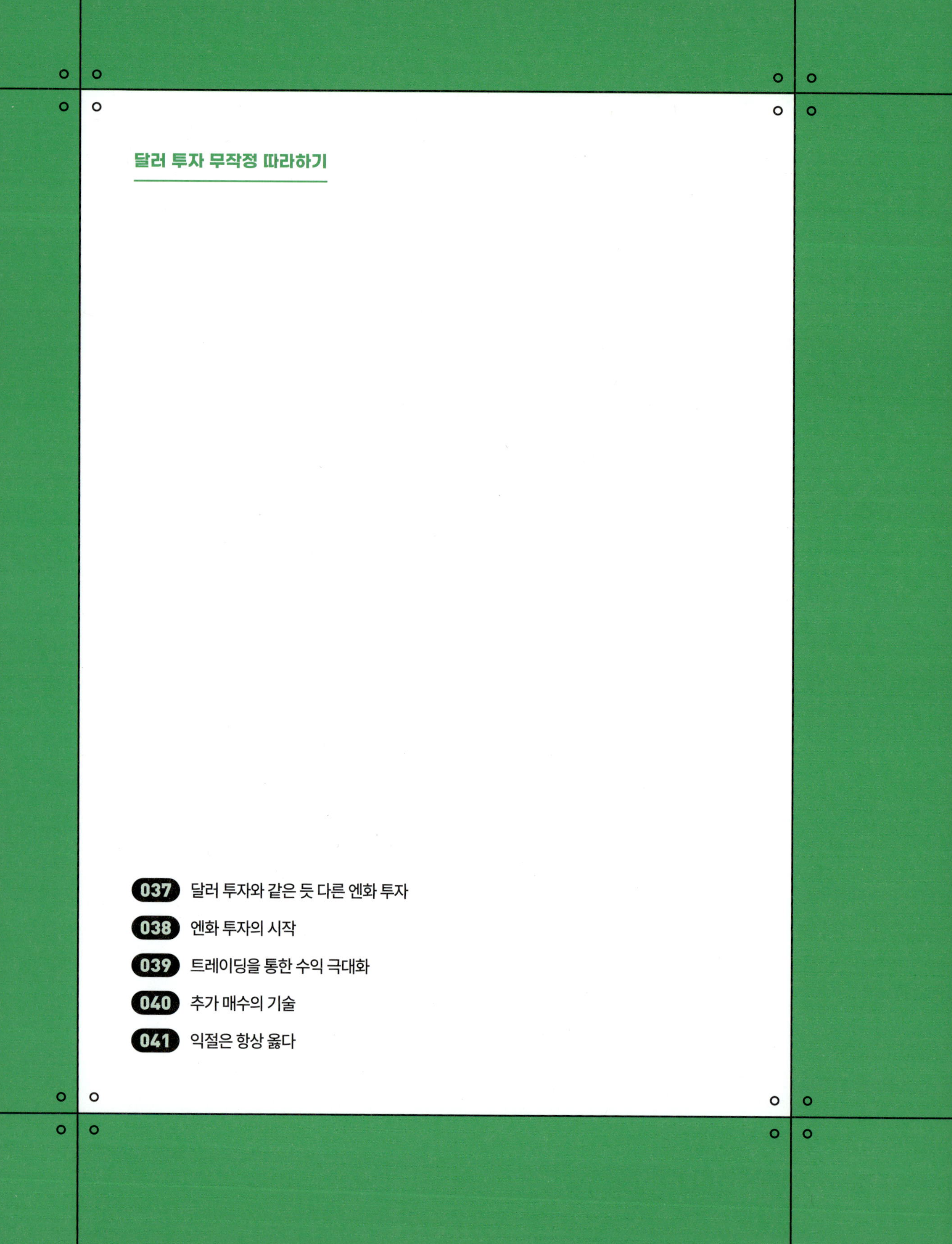

실전 사례로 배우는 엔화 투자

투자이야기

투자금의 규모를 늘리기 전에 해야 할 일

투자 계획을 세울 때 투자금의 규모는 어떻게 정해야 할까요?

제가 개인적으로 중요하게 고려하는 것들에는 크게 세 가지가 있습니다.

1. 자본력
2. 투자 대상의 가치와 가격
3. 투자 실력과 경험

총재산이 100억 원인 사람이 1억 원을 투자하는 것과 1억 원의 자본력을 가진 사람이 1억 원을 올인하는 것은 투자의 과정과 멘털뿐 아니라 그 결과도 다를 수밖에 없습니다.

투자 대상의 가치와 가격 역시 투자금에 큰 영향을 미칩니다. 그 가치와 가격이 제로에 수렴할 가능성이 있는 자본 잠식 상태 회사의 주식을 사는 것과 삼성전자에 투자하는 것은 분명히 다른 일일 것입니다.

또한 잘 알려지지 않은 알트코인에 투자할 때는 자본력의 0.1% 미만으로 투자해도 위험할 수 있지만, 진짜 돈(달러)은 100%를 투자하더라도 안전할 수 있을 것입니다. 미국 사람 대부분은 전재산을 달러 베이스 자산으로 보유하고 있다는 것이 그 방증이라고 할 수 있습니다.

또한 같은 투자 대상이라고 하더라도 그 가격이 가치에 비해 쌀 때와 비쌀 때 투자금의 크기는 달라야 할 것입니다. 제가 1,200원 이하에서만 달러에 투자하는 이유입니다.

그리고 아주 당연하게도 투자 실력과 경험에 따라서도 투자금의 크기는 달라져야 합니다. 똑같은 자본력을 지니고 있는 사람이 똑같은 달러에 투자하더라도 투자 경험이 1년인 사람과 한 달밖에 되지 않은 사람이 투여하는 자금 규모는 달라야 합니다. 간혹 투자금의 규모가 크면 수익도 커질 거라고 착각하는 사람들이 있습니다. 이것은 매우 위험한 생각입니다.

자본력 대비 너무 과도한 자금을 투자하는 경우 예상치 못한 폭락 상황을 만나게 되면 투자금도 금세 바닥이 나고 멘털이 무너져, 나눠 사고 나눠 파는데도 불구하고 '올라도 좋고, 내려도 좋은 투자'가 아니라 '올라야만 하고, 내리면 망하는 투자'가 되는 것입니다.

또한 쌀 때 사서 비쌀 때 파는 투자를 해야 하는데도 비쌀 때 사서 더 비쌀 때 팔려는 욕심으로 위험을 자초하는 경우도 있습니다.

똑같은 시기에 똑같은 것에 투자를 해서 똑같은 크기의 돈을 벌었다고 해서 그 투자금의 규모 또한 같을 거라는 생각 또한 투자의 실력과 경험을 고려하지 않은 계산이라고 할 수 있습니다.

'저 정도의 수익을 얻으려면 투자금이 많아야 할 거야…. 그래서 나는 안 되겠네….' 이런 생각으로 지레 포기할 필요는 없다는 얘기입니다.

투자 수익을 늘리는 방법은 단순히 투자금의 규모를 늘리는 것만 있는 것이 아닙니다. 투자 대상의 가치와 가격을 잘 파악해서 투자 실력과 경험을 쌓는 것도 투자 수익을 늘리는 좋은 방법이 될 수 있습니다.

투자를 농사에 비유하는 경우가 많습니다. 씨앗(Seed)이 많다고 해서 수확량이 많은 것은 아닐 것입니다. 오히려 농부의 재배 기술과 경험이 더 중요합니다.

037

달러 투자와 같은 듯 다른 엔화 투자

엔화 투자 시 주의해야 할 점

원화로 미국 화폐를 쌀 때 사서 비쌀 때 팔아 수익을 얻는 달러 투자와 마찬가지로 원화로 일본 화폐, 그러니까 엔화를 사고팔아 수익을 얻을 수도 있습니다. 앞에서 살펴본 달러 투자 방법을 그대로 엔화 투자에도 적용할 수 있습니다.

달러의 매수와 매도, 환율 스프레드와 우대율에 따른 적용환율 계산, 그리고 세븐 스플릿 투자 시스템까지 이 책에서 다룬 모든 방법을 엔화 투자에 그대로 활용하면 달러 투자와 마찬가지로 잃지 않는 안전한 투자가 가능합니다.

하지만 세계에서 가장 안전한 돈이라고 할 수 있는 기축통화인 달러와 준 기축통화라고 불리는 엔화는 투자 안정성과 난이도가 다릅니다. 달러와 엔화 모두 안전자산이라고 불릴 만큼 경제적·사회적으로 안정적이고 안전한 국가의 보증을 배경으로 하고 있습니다. 하지만 일본의 경제는 미국의 금리 정책과 통화 정책에 영향을 받기 때문에 언제든 플라자 합의[1]와 같은 환율 충격이 발생할 수 있습니다.

일본의 엔화

알아두세요

1 **플라자 합의** 1985년 9월 22일 미국 뉴욕시티 플라자호텔에서 G5 재무부장관과 중앙은행 총재가 미국의 무역 수지 개선을 위해 외환시장에 개입할 것을 결정한 회의입니다. 이 회의를 통해 엔화의 가치가 인위적으로 높게 조정되었습니다.

또한 오랜 기간 제로 금리에 가까운 저금리 정책을 내세우고 있는 엔화는 달러처럼 이자 수익을 기대하기도 어려울 뿐만 아니라, 국내 달러 투자 플랫폼들의 환전 수수료 우대율도 달러만큼 높지 않아 거래비용이 많이 든다는 약점도 지니고 있습니다.
달러의 경우에는 대부분의 은행에서 현찰 달러 입금 후 출금이나 이체 시 현찰 수수료가 발생하지 않지만, 엔화는 현찰 엔화를 입금할 때도 출금할 때도 모두 현찰 수수료가 발생하는 경우가 있을 정도로 보관과 이동에도 제약이 따릅니다.

중앙은행 기준금리

미국연방준비은행 10월 30일	4.00% ▼0.25
한국은행 11월 27일	2.50%
유럽중앙은행 10월 30일	2.15%
영국은행 11월 06일	4.00%
일본은행 10월 30일	0.50%

2025년 12월 1일 기준 기준금리

잃지 않는 엔화 투자를 하려면

하지만 이러한 여러 가지 단점을 감수하고서라도 투자하는 것이 좋을 때가 있습니다. 바로 '엔화가 많이 싸졌을 때'입니다.
2012년부터 2025년까지 13년간의 엔/원 환율 차트를 보면 100엔당 최고 1,500원에서 최저 900원 정도 사이에서 등락을 반복해왔음을 알 수 있습니다. 이 기간 동안의 엔/원 환율 중간가는 100엔당 1,200원 수준이었습니다. 달러 투자를 할 때처럼 환율이 1,200원 이하일 때만 매수하면 잃지 않는 안전한 투자가 가능한 것입니다.

2012~2025년 13년간 엔/원 환율 차트

하지만 앞에서도 언급했듯 엔화는 달러와 비교했을 때 투자 안정성이 떨어지고 투자 난도도 높은 편이라 좀 더 보수적인 접근이 필요합니다.

예를 들면, 중간가 1,200원보다 20% 정도 더 낮은 구간인 엔/원 환율 1,000원 이하에서 투자하면 가격 메리트가 엔화 투자의 약점을 상쇄할 수도 있는 것입니다. 아주 극단적인 예로 평균 10억 원 정도인 서울 지역 아파트에 투자할 때는 수많은 리스크를 감수해야 하지만, 가격이 5억원으로 하락했을 때 투자한다면 대부분의 리스크가 사라지게 되는 것과 비슷한 상황이라고 할 수 있습니다.

038

엔화 투자의 시작

1년 동안 수익만 내는 투자

'내리면 나눠 사고, 오르면 나눠 팔고….'

과연 이러한 분할 매수, 분할 매도 전략이 실전 투자에서 어떤 효과를 발휘하는지를 직접 보여주자고 마음먹었습니다. 그래서 거래 과정을 빠짐없이 공개하기로 했습니다.

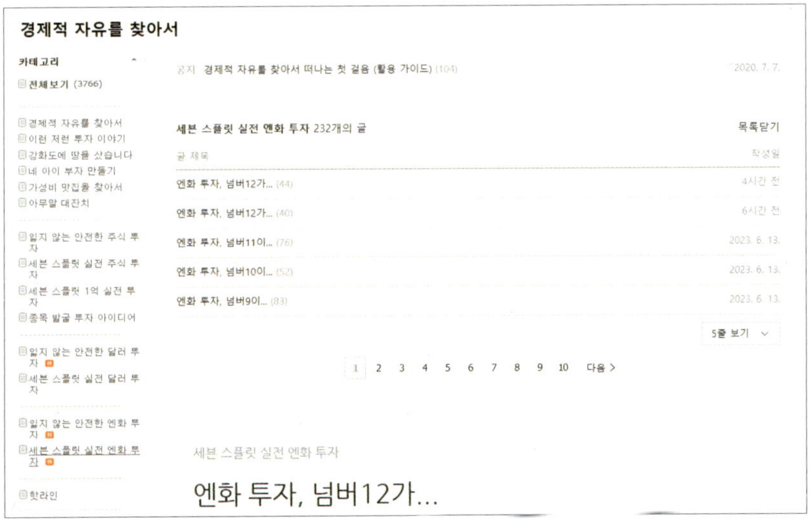

'경제적 자유를 찾아서' 네이버 블로그 화면

제가 운영 중인 네이버 블로그 '경제적 자유를 찾아서(blog.naver.com/boot)'에서 해당 블로그의 [세븐 스플릿 실전 엔화 투자] 카테고리를 보면 1년간의 엔화 투자 내역이 고스란히 기록되어 있습니다. '온고지신(溫故知新)'이란 말처럼 옛 기록을 통해 배우고 익히면 앞으로 어떻게 해야 하는지도 알 수 있을 것입니다.

매수를 진행한 순서대로 1차 매수를 '넘버 1'이라 칭하고, 2차 매수를 '넘버 2'로 하고 추가 매수를 할 때마다 넘버링을 하였습니다. 혹시 매수/매도 환율에 조작이 있지 않을까 하는 오해가 없도록 거래한 직후 빠르면 10~20초, 늦어도 1~2분 이내에 공개했습니다. 공개 투자를 참고하여 함께 엔화 투자를 했던 많은 투자자의 댓글도 그 증거가 될 수 있을 것입니다.

2022년 4월 19일에 넘버 1의 첫 엔화 투자로 시작해 2023년 4월 20일 보유 원화를 모두 매도하고 수익 실현을 한 것을 끝으로 한 1년간의 투자 기록을 분석해보면 엔화는 물론, 달러를 어떻게 사고팔아야 하는지 이해하는 데 도움이 될 것입니다.

이 1년의 기간 동안 총 208회의 거래가 진행되었으며 최고 8회까지 분할 매수가 있었는데, 놀라운 것은 이렇게 총 104회의 매수와 104회의 매도가 진행되는 동안 단 1원도 잃지 않고 수익만 계속해서 쌓이는 투자가 가능했다는 것입니다. 또한 같은 방법으로 투자를 진행한 투자자들 모두가 같은 결과를 얻게 되었다는 것도 큰 의미가 있습니다.

투자 내역을 기록하다

2022년 4월 19일 11시 3분경에 넘버 1이 100엔당 968.58원에 처음으로 엔화를 샀습니다.

'경제적 자유를 찾아서' 네이버 블로그 화면

넘버 1의 첫 매수 후 바로 다음 날인 4월 20일에 넘버 2가 959.66원에 엔화를 매수했습니다. 이전에 매수한 가격보다 5원 정도 하락하면 추가 매수를 하겠다는 계획을 세워두었는데 그 이상 하락했기 때문에 계획대로 매수를 진행한 것입니다.

바로 다음 날인 4월 21일에는 엔/원 환율이 다시 상승해 넘버 2가 965.04원에 매도하여 5.38원의 환차익을 얻게 되었습니다.

참고로 모든 매수/매도 기록의 환율은 기준 환율이 아닌 수수료가 포함되어 있는 적용환율이기 때문에 해당 환차익은 고스란히 수익금이 되는 구조입니다. 게다가 엔화 투자를 할 때도 달러 투자처럼 환차익에 대한 어떠한 세금도 부과되지 않습니다.

투자 시작 3일 만에 넘버 2가 5.38원의 환차익을 얻기는 했지만, 968.58원에 엔화를 매수한 넘버 1은 여전히 100엔당 3.54원의 평가 손실 상황이었습니다.

▼ 4월 19~21일간 투자 기록(단위: 원)

구분	4/19	4/20	4/21	결과
넘버 1	968.58원 매수 →	→	→	미실현 손실(−3.54원)
넘버 2		959.66원 매수 →	965.04원 매도	수익(+5.38원)

하지만 실현하지 않은 손실은 확정된 것이 아니기 때문에 말 그대로 평가 손실일 뿐, 실제 손실은 아니라고 할 수 있습니다. 또한 5.38원의 실현 수익을 감안하며 손실을 확정한다 하더라도 1.84원의 수익 상황이라고도 할 수 있습니다.

저는 이때 계획했던 대로 엔/원 환율이 넘버 1이 매수한 가격 이상으로 상승하면 수익 실현을, 반대로 매수 가격 이하로 하락하면 넘버 2의 추가 매수를 진행하기로 했습니다.

오르면 넘버 1이 수익 실현을 할 수 있어서 좋고, 반대로 내리더라도 넘버 2가 다시 한번 투자의 기회를 얻게 되면서 올라도 좋고, 내려도 좋은 상황이 된다는 생각에 마음 편안한 투자가 시작된 시점이라고 할 수 있습니다.

039

트레이딩을 통한 수익 극대화

홀딩과 트레이딩 시의 수익률 비교

2022년 4월 21일, 넘버2가 100엔당 965.04원에 수익 실현을 한 이후 환율은 넘버 1이 수익 실현을 하거나 넘버 2가 다시 추가 매수할 만큼 오르내리지 않고 3일 정도 정체하는 흐름을 보였습니다. 사실 환율이 움직이지 않는 토요일과 일요일이 있었기 때문에 그런 것이기는 했습니다.

월요일인 4월 25일이 되자 환율은 더 많이 상승했고, 이번에는 넘버 1이 968.58원에 매수하여 보유하고 있던 엔화를 973.11원에 매도하며 4.53원의 수익을 얻게 되었습니다.

4월 19일부터 25일까지 약 일주일 동안 총 2번의 매수와 총 2번의 매도가 있었고, 각각 5.38원과 4.53원의 수익을 얻게 되었습니다. 그로부터 4일 후인 4월 29에는 환율이 다시 하락해 넘버 1이 969.31원에 재매수합니다. 그리고 3일 후인 5월 2일에는 다시 환율이 상승해 넘버 1이 974.75원에 수익 실현을 하여 100엔당 5.44원의 수익을 얻게 됩니다.

만약 넘버 1이 투자가 처음 시작되었던 4월 19일에 968.58원으로 매수한 후 계속 보유하고만 있다가 이날 수익 실현을 했다면 단 한 번의 수익 실현으로 6.17원의 수익을 얻을 수 있었을 것입니다.

하지만 넘버 1은 내리면 사고, 오르면 파는 것을 두 번 반복함으로써 첫번째 수익 실현을 통해 4.53원, 그리고 두 번째 수익 실현을 통해 5.44원의 수익을 얻게 되었으니 총 9.97원의 수익을 얻게 된 것입니다. 매수 후 홀딩(보유) 전략으로 얻을 수 있었던 6.17원과 비교하면 3.8원이나 더 높은 수익을 얻게 되었습니다.

또한 넘버 1은 두 번째 수익 실현 이후에도 5월 4일에 968.81원에 세번째 매수를 시작으로 5월 6일에는 975.93원에 세 번째 매도를 통해 7.12원의 수익을, 5월 9일에는 969.82원에 네 번째 매수, 5월 10일에는 977.89원에 네 번째 매도를 통해 8.07원의 수익을 실현하게 됩니다.

매수 후 홀딩 전략으로 기대할 수 있었던 수익과 내리면 사고, 오르면 파는 트레이딩을 통해 얻게 되었던 수익을 다시 정리해보면 다음과 같습니다.

▼ 4월 19일~5월 10일까지 홀딩했을 때의 수익률(예상)

구분	거래 내역	수익
4월 19일	968.58원 매수	–
5월 10일	977.89원 매도	+9.31원
총수익 합계		+9.31원

▼ 4월 19일~5월 10일까지 트레이딩했을 때의 수익률

구분	거래 내역	수익
4월 19일	968.58원 매수	–
4월 25일	973.11원 매도	+4.53원
4월 29일	969.31원 매수	–
5월 2일	974.75원 매도	+5.44원
5월 4일	968.81원 매수	–
5월 6일	975.93원 매도	+7.12원
5월 9일	969.82원 매수	–
5월 10일	977.89원 매도	+8.07원
총수익 합계		+25.16원

매수 후 홀딩했을 때에는 9.31원이었을 수익을 트레이딩을 통해 2배가 넘는 25.16원의 수익을 얻을 수 있었습니다.

이러한 투자가 가능했던 이유 첫째는 내리면 사고 오르면 파는, 그러니까 탐욕을 억제할 수 있는 계획된 투자를 했기 때문입니다. 둘째는 환율의 변동성은 작지만 잦고, 상방과 하방이 닫혀 있는 상태에서 일정한 범위 안에서 움직인다는 특성을 미리 알고 대응했기 때문입니다.

040

추가 매수의 기술

사서 잃는 것보다 사지 않아서 후회하는 것이 낫다

5월 10일에 넘버 1이 엔화를 판 후 약 20일 동안 엔/원 환율이 1,000원 이상을 돌파하는 등 계속해서 상승했기 때문에 다시 환율이 하락할 때까지 기다리기로 하였습니다.

'사서 잃는 것보다 사지 않아서 후회하는 것이 더 낫다'는 투자 철학을 지킨 것입니다. 덕분에 5월 30일에는 넘버 1이 973.81원에 매수할 수 있었습니다. 하지만 그 이후로도 엔/원 환율은 계속해서 하락했고, 5월 31일에는 넘버 2가 967.98원에, 6월 2일에는 넘버 3가 958.66원에 추가 매수를 하게 되었습니다. 넘버 3의 매수 후 3시간도 안 되어 환율은 다시 상승했고, 같은 날 넘버 3는 962.99원에 매도, 4.33원의 수익을 얻을 수 있었습니다.

그런데 다음 날부터 환율은 다시 하락하기 시작했고, 6월 3일에 넘버 3가 956.60원, 6월 7일에는 넘버 4가 949.19원, 6월 8일에는 넘버 5가 945.33원, 6월 9일에는 넘버 6가 936.07원에 각각 엔화를 매수했습니다.

5월 12일에 장중 엔/원 환율이 1,005.63원까지 올랐던 것을 생각하면 한 달 만에 환율이 무려 70원 가까이나 폭락한 것입니다. 참고로 이때의 엔/원 환율은 마지막 투자일인 2023년 4월 20일을 기준으로 했을 때 두 번째로 낮은 환율이었으며, 2023년 4월 6일에 기록했던 최고 환율 1,000.46원과 비교해보면 100엔당 65원 정도의 수익을 얻을 수 있었던 환율이었습니다. 지금에서 돌아보면 매우 좋은 투자 기회였던 것입니다.

▼ 5월 30일~6월 9일간 투자 기록(단위: 원)

구분	5/30	5/31	6/2		6/3	6/7	6/8	6/9
넘버 1	973.81 →	→	→	→	→	→	→	→
넘버 2		967.98 →	→	→	→	→	→	→
넘버 3			958.66 →	962.99	956.60 →	→	→	→
넘버 4						949.19 →	→	→
넘버 5							945.33 →	→
넘버 6								936.07

매수 매도

넘버 6가 이렇게 좋은 투자의 기회를 놓치지 않았던 비결은 아주 간단합니다. 가격 하락의 공포에 휘둘리지 않는, 내리면 나눠 사는 계획에 의한 투자를 했기 때문입니다. 또한 가격이 오를 때, 그러니까 비쌀 때는 투자를 쉬는 전략도 주효했습니다.

단기간에 1,000원 이상까지 오르는 것을 보고 더 오를 것이라는 탐욕에 매수했었다면 좋은 기회가 왔을 때는 정작 투자금이 없어 손가락만 빨게 될 수도 있었을 것입니다. 예측할 수 없는 환율에 투자하면서 오를 것이라는 예측으로 나눠 사지 않거나, 더 내릴 수도 있을 것이라는 예측으로 매수를 주저해서는 안 된다는 얘기입니다.

씨앗을 뿌려야 얻을 수 있는 열매

폭락이라는 표현이 과하지 않을 정도로 단기간에 크게 하락한 엔/원 환율도 바닥이 있었습니다. 6월 9일에 넘버 6가 936.07원에 엔화를 매수한 바로 그날 오후 환율은 반등하기 시작했고, 넘버 6는 하루도 지나지않아 939.47원에 매도해 3.4원의 수익을 얻게 되었습니다.

그리고 다음 날인 6월 10일에는 945.33원에 엔화를 매수했던 넘버 5가 더 높은 가격인 950.26원에 매도하게 되면서 4.93원에 수익을, 3일 후인 6월 13일에는 949.19원에 매수했던 넘버 4가 953.74원에 매도해 4.55원의 수익을, 하루 후인 6월 14일에는 956.60원에 엔화를 매수했던 넘버 3가 961.79원에 매도하여 5.19원의 수익을 얻게 되었습니다.

▼ 5월 30일~6월 14일간 투자 기록(단위: 원)

구분	5/30	5/31	6/2		6/3	6/7	6/8	6/9		6/10	6/13	6/14
넘버 1	973.81											
넘버 2		967.98										
넘버 3			958.66	962.99	956.60							961.79
넘버 4						949.19					953.74	
넘버 5							945.33			950.26		
넘버 6								936.07	939.47			

매수 매도

6월 9일에 넘버 6의 3.4원 수익을 시작으로 단 5일 만에 넘버 5가 4.93원, 넘버 4가 4.55원, 넘버 3가 5.19원으로 총 18.07원의 확정 수익을 만들어낸 것입니다. 만약 환율 폭락 상황에서 넘버 3, 4, 5, 6가 추가 매수를 하지 않았다면 얻을 수 없었던 수익입니다.

세븐 스플릿 투자 시스템에서의 추가 매수는 씨앗을 뿌리는 과정과 닮아 있습니다. 가격이 이전에 매수한 가격보다 하락했을 때만 추가 매수를 하기 때문에 추가 매수를 진행하면 할수록 열매를 수확할 가능성, 그러니까 수익 실현의 가능성은 점점 더 커진다고 할 수 있습니다.

가끔 환율이 오르는 상황에서 하락할 때 미리 씨를 뿌려놓지 않아 뒤늦게 추가 매수를 하려는 투자자들이 있습니다. 파종 시기를 놓치게 되면 좋은 열매를 수확할 가능성이 작아지듯, 오르고 있는 가격에 추가 매수를 하는 것 역시 투자 성공 가능성이 작습니다.

투자의 고수라면 높은 가격에 사서 더 높은 가격에 파는 투자를 통해서도 수익을 얻을 수 있지만, 일반적이고 평범한 투자자라면 낮은 가격에 사서 덜 낮은 가격에 파는 투자를 하는 것이 투자 성공 가능성을 키우는 거의 유일한 방법입니다.

달러 투자와 마찬가지로 엔화 투자도 환율이 한없이 하락하거나 끝도 없이 상승하는 구조는 아니기 때문에 봄에 씨를 뿌리고 가을에 수확하는 것처럼 씨를 뿌리는 시기와 열매를 수확하는 시기를 미리 정해두고 계획된 투자를 하면 잃지 않는 안전한 투자를 할 수 있는 것입니다.

저는 이것을 약 50년간의 환율 변동 데이터를 참고하여 달러는 1,200원, 엔화는 100엔당

1,000원 이하일 때는 씨를 나눠 뿌리고, 이상일 때는 열매를 나눠 수확하는 방식으로 투자하게 되었습니다. 그리고 투자를 시작한 지 7년 차인 지금까지 단 1원도 잃지 않는 전무후무한 대기록을 달성할 수 있었습니다. 그리고 이 방법은 지금도 여전히 통하며 그 누구라도 어렵지 않게 할 수 있는 일이기에 그 의미가 큽니다.

041

익절은 항상 옳다

팔아서 얻는 것이 팔지 않아서 잃는 것보다 낫다

계속해서 오를 것 같던 엔/원 환율은 6월 14일 오전에 넘버 3가 961.79원에 매도한 지 몇 시간 만에 다시 하락했고, 넘버 3는 같은 날 오후에 956.10원에 엔화를 다시 매수하게 됩니다. 그리고 그다음 날인 6월 15일에는 다시 환율이 상승해 넘버 3는 958.83원에 매도하여 2.73원의 수익을 얻게 됩니다.

비교적 낮은 수익에도 수익 실현을 했던 것은 환율이 다시 하락할 것이라고 예측했기 때문입니다. 환율 예측은 신의 영역에 있다며 잃지 않는 투자의 비결이 예측을 하지 않아서라고 했었던 것과는 사뭇 다른 행동입니다.

세븐 스플릿으로 투자하게 되면 가끔은 예측도 대응이 되는 경우가 생깁니다. 환율이 다시 하락할 것이라고 예측하고 수익 실현이라는 대응을 한 것이지만 예측이 빗나가더라도 별 문제가 되지 않을 때가 있습니다.

만약 예측대로 환율이 하락하면 추가 매수를 하면 될 것이고, 예측이 빗나가 상승하면 넘버 2가 수익 실현을 할 수 있게 될 것이니 말 그대로 올라도 좋고, 내려도 좋은 상황이라고 할 수 있습니다.

'익절은 항상 옳다'라는 말이 있습니다. 매수할 때 사서 잃는 것보다 사지 않아서 후회하는 것이 낫듯, 매도를 통해 수익 실현이 가능한 때는 팔아서 얻는 것이 팔지 않아서 잃는 것보다 나은 것입니다.

익절은 항상 옳다고 생각해 넘버 3가 엔화를 매도한 후 예측은 보기 좋게 빗나갔고 환율은 오히려 더 올랐습니다. 하지만 이 기회를 틈타 6월 17일에 넘버 2는 967.98원에 매수해두었던 엔화를 975.83원에 매도해 7.85원의 수익을 기두게 되었습니다. 예측했던 대로 내려도 좋았겠지만 올라도 좋은 상황이 연출된 것입니다.

하지만 넘버 2가 수익 실현을 한 지 몇 시간 만에 환율은 다시 하락했고 넘버 2는 959.41원에 엔화를 다시 매수합니다. 그리고 며칠 후인 6월 21일에는 환율이 더 하락해 넘버 3가 954.79원에 매수합니다. 넘버 3의 예측이 뒤늦게라도 맞아떨어진 것입니다.

이후 엔/원 환율은 더 크게 하락해 다음 날인 6월 22일에는 넘버 4가 948.10원에 추가 매수하였고, 공개 투자 시작일로부터 1년 후인 2023년 4월 20일까지 비슷한 패턴의 투자는 계속되었습니다.

▼ 5월 30~6월 22일간 투자 기록(단위: 원)

구분	5/30	5/31	6/2		6/3	6/7	6/8	6/9		6/10	6/13	6/14		6/15	6/17		6/21	6/22
넘버 1	973.81																	
넘버 2		967.98													975.83	959.41		
넘버 3			958.66	962.99	956.60							961.79	956.10	958.83			954.79	
넘버 4						949.19					953.17							948.10
넘버 5							945.33			950.26								
넘버 6								936.07	939.47									

매수 매도

아직 끝나지 않은 엔화 투자

등락을 반복하던 엔/원 환율은 11월 11일, 장중 927.38원까지 하락합니다. 공개 투자로 기록된 내역을 보면 11월 10일에 넘버 8이 933.11원에 엔화를 매수하게 되는데, 이때 1년 동안 가장 많은 추가 매수가 이뤄졌습니다.

이후에도 오르면 팔고, 내리면 사는 것을 반복하다가 2023년 1월 3일, 977.85원에 넘버 1이 매도를 통해 수익 실현을 하면서 보유하고 있던 모든 엔화를 100% 수익 실현하게 됩니다.

투자가 처음 시작되었던 2022년 4월 19일에 968.58원에 엔화를 사서 가만히 가지고만 있었다면 1년 동안의 수익은 100엔당 9.27원에 불과했을 것입니다. 하지만 지속적인 거래를 통해 비교도 되지 않을 만큼 큰 수익을 거둘 수 있었습니다.

그리고 바로 다음 날인 1월 4일에 넘버 1이 973.52원에 매수하면서 엔화 투자가 또다시 시작되었고, 4월 20일 넘버 1이 987.15원에 매도하면서 1년간의 공개 엔화 투자가 모두 마무리되었습니다.

하지만 이후에도 엔화 투자가 끝난 것은 아니었습니다.

며칠 후인 4월 25일 원/엔 환율이 장중 1,002.68원까지 치솟았다가 5월 29일에는 장중 939.13원까지 하락하는 등 지난 1년과 똑같이 상승과 하락을 반복했고, 또 앞으로 반복해 나갈 것입니다.

엔화 투자가 준 새로운 기회

이미 성공적인 투자를 위해 필요한 두 가지 요인 중 하나는 '어디에 투자하느냐?'입니다. 그리고 또 하나는 '어떻게 투자 하느냐?'라고 언급했던 바가 있습니다.

실전 엔화 투자 사례를 통해 얘기하고 싶은 것은 바로 이것입니다. 똑같은 달러, 똑같은 엔화에 투자하더라도 어떻게 투자하느냐에 따라 그 결과는 달라질 수 있습니다.

장기 투자는 바르고 안전한 방법이고 단기 트레이딩은 옳지 않고 위험한 투자의 방법이라는 단순한 이분법적 사고로는 투자에서 성공하기 어렵습니다. 투자 대상의 특성과 투자자의 멘털과 경험 등 다양한 요소들에 따라 수많은 변수를 제대로 컨트롤할 수 있어야 하는 것입니다.

저는 2025년 12월 현재까지도 엔화 투자를 하고 있습니다. 그리고 여전히 잃지 않는 안전한 투자를 이어가고 있습니다. 2025년 8월에는 엔화 투자를 하다가 실패하면 일본에 집을 사겠다는 농담이 현실로 이어져 실제로 후쿠오카에 집을 사기도 했습니다. 다행히 엔화 투자에 실패한 것은 아니고 원/엔 환율이 낮을 때 엔화로 집을 사 놓으면 집값이 오르지 않더라도 환차익만으로도 수익을 얻을 수 있겠다고 판단한 것인데, 집을 샀던 2025년 8월의 원/엔 환율은 100엔당 940원 정도였고 2025년 12월 현재의 환율은 950원 정도이니 4개월 여만에 집값의 1% 정도의 평가 수익이 발생한 상태라고 할 수 있습니다.

참고로 저는 원/엔 환율이 1,300원 이상은 되어야 집을 팔겠다는 계획을 세워 놓은지라 만약 계획대로 된다면 큰 수익을 얻게 될 것이고 그렇지 않더라도 엔화로 임대 수익을 만들어낼 수도 있을 것입니다. 엔화 투자와 부동산 투자를 동시에 하게 된 셈이니 새로운 투자의 기회가 열린 것이라고도 할 수 있을 것 같습니다.

달러 스테이블코인 투자 무작정 따라하기

투 자 이 야 기

손실이 두려운가요?

근육이 커지는 원리는 해당 근육이 운동으로 인해 찢어지고 파열된 후 회복되는 것이라고 합니다. 손상되었던 근육이 재생을 통해 부피가 늘어나듯 자산 역시 비슷한 과정을 통해 증가합니다.

투자를 통해 수익을 얻는 것도 근육 운동을 통해 근육의 크기를 키우는 일과 유사합니다. 근육 파열의 고통이 두려워 운동을 하지 않으면 근육도 커지지 않고 오히려 쪼그라들 것입니다. 그리고 손실의 고통이 두려워 투자를 하지 않으면 자산도 커지지 않을 것입니다.

대부분의 사람은 운동을 귀찮아하고 싫어하지만 소수의 어떤 사람들은 근육 파열의 고통을 놀이나 취미처럼 즐기기도 합니다. 과학적으로도 근력 운동의 과정에서 앤돌핀이나 도파민이 분비된다고 하니 근거 없는 얘기는 아니라고 할 수 있습니다.

멋진 근육을 가진 사람들이 그러하듯 많은 돈을 가진 부자들은 손실의 고통을 이겨낸 것을 넘어 즐길 수 있었던 사람들입니다.

운동을 하는 것이 어렵고 힘든 것처럼 투자를 하는 것 역시 쉽지 않습니다. 하지만 손실이 회복되어 더 큰 자산이 되었을 때의 짜릿함을 경험하지 못한다면 투자는 그저 괴로운 일일 뿐이며 멀리 해야 하는 일이 될 수밖에 없을 것입니다.

힘든 운동도 무게를 나누고 시간을 나누어 하면 덜 고통스럽듯, 투자도 투여되는 자금을 나누고 조금씩 천천히 하면 그 고통을 줄일 수 있습니다.

이미 멋지고 큰 근육을 가진 이들은 더 무겁고 더 빠른 시간에 더 크고 멋진 근육을 만들어내기도 합니다. 고통의 무게를 견딜 수 있는 근육을 이미 가지고 있기 때문입니다. 하지만 힘도, 근육도 부족한 이가 감당하기 힘든 무게를 들어 올리는 무리한 운동을 시도한다면 심하게 다칠 수도 있습니다.

다시 말해 투자 실력도, 경험도 부족한 이가 큰 수익을 얻고자 큰돈을 무리하게 투자하면 비슷한 결말을 맞이하게 될 거라는 얘기입니다.

투자 역시 감당할 만한 수준의 작은 손실의 고통을 지속적이고 반복적으로 받아 들여 익숙해질 수 있도록 해야 합니다.

운동으로 인한 근육 파열의 고통이 근육을 키우기 위해 반드시 필요한 일이듯 투자로 인한 손실의 고통은 자산이 커지기 위해 반드시 필요한 일이며 나누어 사고 나누어 파는 행위를 통해 손실의 고통과 수익의 짜릿함을 습관화해야 합니다.

손실은 자산 증가의 자연스럽고도 당연한 과정입니다.

042

달러의 진화, 달러 스테이블코인

스테이블코인의 등장

저는 비트코인 같은 가상화폐 투자에 대해서는 다소 부정적인 입장을 취해왔던 사람입니다. 하지만 저는 지금 가상화폐라고 할 수 있는 달러 스테이블코인에 투자하고 있습니다. 심지어 최근에는 달러보다 더 공격적으로 투자할 때도 많습니다.

제가 가상화폐에 대해 부정적으로 생각하는 이유는 단순합니다. 그 실체를 알 수 없고 이해하기도 어렵기 때문입니다. 같은 이유로 달러 스테이블코인에 투자하는 이유 역시 단순합니다. 달러 스테이블코인은 그 실체가 명확하며 이해하기 쉽기 때문입니다.

달러 스테이블코인은 가상화폐의 모습을 하고 있기는 하지만 일반적인 가상화폐와는 다른 특이점들이 존재합니다. 달러 스테이블코인은 달러와 1:1의 교환 가치를 지닌 디지털 형태로 변환된 달러라고 할 수 있습니다.

그 가치를 달러와 동일하게 맞추기 위해 스테이블코인을 발행하는 회사는 해당 금액만큼의 달러 자산, 이를테면 달러 현금이나 미국 국채를 보유해야 합니다.

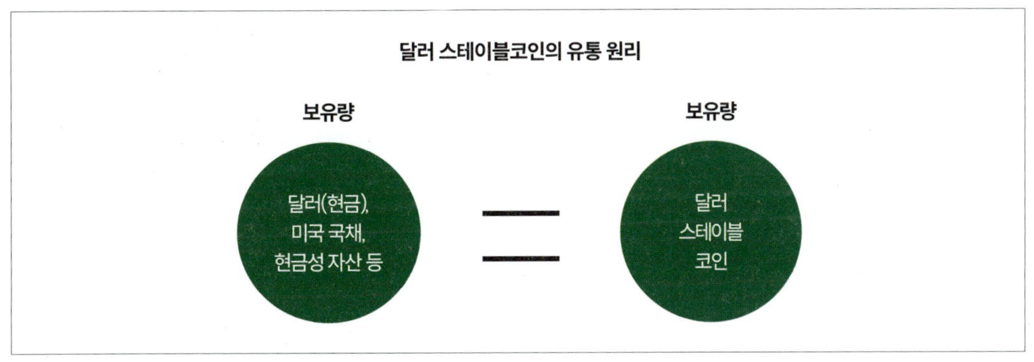

대표적인 달러 스테이블코인에는 '테더'라는 이름의 회사가 발행한 'USDT'와 '서클'이라는 이름의 회사가 발행한 'USDC'가 있습니다. 두 회사 모두 말 그대로 국가가 아닌 일반 회사에 불과하기 때문에 해당 회사가 파산하거나 문제가 생기면 그들이 발행한 스테이블코인 역시 달러와의 1:1 교환 가치를 지키지 못하고 휴지 조각이 될 수 있습니다.

하지만 2025년 미국 연방정부가 일명 '지니어스법'이라는 '스테이블코인에 대한 규제 법안'을 통과시키면서 이러한 위험은 크게 완화되었습니다. 이 법안의 핵심 내용을 살펴보면 다음과 같습니다.

1. 연방 및 주 정부의 이중 허가제
2. 알고리즘 스테이블코인의 제한
3. 준비금 적립 및 회계공시 의무
4. 이용자 우선 변제권 보장

어렵고 복잡한 내용으로 느껴질 수 있겠지만 쉽게 말하면 미국 정부가 달러 스테이블코인의 가치가 달러와 동일하게 유지될 수 있도록 규제하고 감시한다는 것입니다.

이 이야기는 곧 달러 스테이블코인도 그 형태가 가상 자산 혹은 디지털화된 모습을 가지고 있을 뿐, 달러와 거의 동일하게 봐도 된다는 이야기이기도 한 것입니다.

비트코인과 스테이블코인의 차이

미국의 달러가 세상에 처음 등장했을 때의 모습은 '화폐'라기보다는 '증서'에 가까운 모습이었습니다. 달러는 이른바 금 본위 화폐[1]로서 화폐 단위의 가치와 일정량의 금 가치가 같은 관계를 유지하도록 함으로써 전 세계 무역 거래에 활용할 수 있는 기축통화로서의 기반을 다질 수 있었습니다. 실제로 초창기 달러에는 'TEN DOLLARS IN GOLD COIN'이라는 문구가 새겨져 있었고, 이는 곧 '이 증서를 금으로 바꿔 드립니다'라는 의미로 일종의 '금 교환권'이라고 할 수 있습니다.

초창기 달러의 모습

닉슨 쇼크[2]로 금을 통해 달러의 가치를 지켰던 시대가 끝났습니다. 그리고 사우디아라비아와 맺은 협약으로 중동 산유국들의 원유 거래 대금을 반드시 미국 달러로만 결제하도록 하는 페트로 체제[3]를 지나 지금의 달러는 미국의 경제력과 군사력, 에너지를 기반으로 한 신용 화폐로 탈바꿈했습니다. 미국이 그 힘을 잃지 않는 한 미국 달러의 가치도 그대로 유지될 수 있다는 이야기입니다.

이러한 상황에 등장한 비트코인과 같은 암호화폐는 미국 달러의 기축통화 지위에 큰 위협이 되었습니다. 암호화폐는 국가 간의 이동과 결제가 자유롭기 때문에 국제 무역과 금융에

알아두세요

1 **금 본위 화폐** 돈의 가치를 금으로 정해두고, 원하면 그 돈을 실제 금으로 바꿀 수 있게 만든 화폐를 말합니다. 즉, 국가가 "이 돈은 얼마만큼의 금과 동일한 가치가 있습니다"라고 약속하고 운영하는 제도입니다.

2 **닉슨 쇼크** 1971년 8월, 당시 미국 대통령이던 리처드 닉슨이 달러와 금의 교환을 중단한다고 발표한 사건을 말합니다. 이는 사실상 금본위제의 종료를 의미했고, 이후 전 세계 금융 질서가 크게 바뀌게 되었습니다.

3 **페트로 체제** 세계가 석유를 달러로 거래하고, 산유국들이 그 달러를 다시 미국에 투자하는 국제 경제 구조입니다.

서 결제원으로 사용되는 기축통화 자체가 불필요한 상황을 야기시켰기 때문입니다.

하지만 비트코인과 같은 암호화폐는 가치의 변동성이 크기 때문에 결제 수단으로서는 적합하지 않다는 치명적인 문제가 있었습니다. 스테이블코인은 이렇게 불안정한 암호화폐의 가치를 말 그대로 스테이블(Stable)하게, 그러니까 안정적으로 만들기 위해 생겨난 암호화폐입니다.

스테이블코인은 사실 처음에는 암호화폐 투자를 원활하게 하기 위해 만들어졌습니다. 달러로 비트코인을 사기 위해서는 거래 수수료가 발생하고, 또 비트코인을 팔아 달러로 바꾸는 과정에서 또 한 번의 수수료가 발생하게 됩니다. 하지만 달러와 동일한 가치의 스테이블코인을 이용한다면 현금에서 암호화폐, 또 암호화폐에서 현금으로 바꾸는 과정이 사라집니다. 이를테면 스테이블코인에서 비트코인으로 바뀌었다가 다시 비트코인에서 스테이블코인으로 바뀌는 거래가 빈번하게 일어나더라도 결국 암호화폐의 형태만 바뀌는 것일 뿐이므로 수수료도 발생하지 않고 빠르고 편리하게 거래할 수 있게 됩니다.

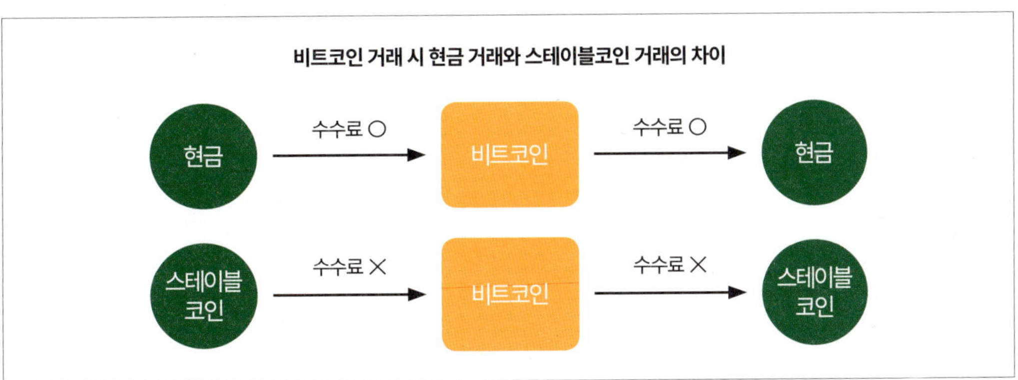

스테이블코인은 달러 본위 화폐

그러나 2022년 5월, 암호화폐 테라와 그 화폐의 가치 유지를 목적으로 발행해 연동하여 스테이블코인을 표방한 루나가 대폭락해 해당 코인 투자자들에게 막대한 손실을 입혔던,

이른바 '테라-루나 사태'로 인해 지금까지도 달러 스테이블코인에 대해 부정적인 생각을 가지고 있는 사람들이 많습니다.

하지만 USDT나 USDC와 같은 '달러 기반 스테이블코인'은 루나와 같은 '알고리즘 기반 스테이블코인'과는 확연히 다르다고 할 수 있습니다. 앞에서도 언급했듯 스테이블코인은 그 실체나 가치가 없어 쉽게 깨질 수 있는 알고리즘이나 구조를 기반으로 달러와 동일한 가치를 만들어내는 것이 아닙니다. 초창기 달러가 금을 담보로 그 가치를 유지시킬 수 있었듯, 스테이블코인은 USDT나 USDC 같이 실제 달러 자산을 담보로 그 가치를 달러와 동일하게 만들어내고 있기 때문입니다.

스테이블코인의 발행사는 '총준비금'이라는 개념을 이용하여 사용자가 예치한 담보뿐 아니라 운용을 위해 재투자된 은행 예치금, 단기 국채, 상업 어음, 대체담보 자산 등을 관리하며, 이것이 항상 발행된 스테이블코인 수량과 가치를 1:1로 뒷받침되도록 적정 비율 이상을 유지해야 합니다.

USDT를 발행한 테더사는 미국 정부가 원리금 상환을 법적으로 보장하고 있어 디폴트 가능성이 사실상 제로에 가까운, 그러니까 현금 달러보다 오히려 더 안전하다고 할 수 있는 미국 단기 국채를 대량으로 보유하고 있습니다. 그리고 분기별 감사보고서를 통해 이를 투명하게 공개하고 있습니다.

실제로 테더는 2025년 5월 기준 미국 단기 국채를 약 1,114억 달러 이상 보유하고 있습니다. 이는 독일 등 주요국의 보유량을 넘어선 수치이며 중국, 일본, 영국 등과 함께 세계 상위권 수치이기도 합니다.

그런데 여기서 주목해야 할 점은 암호화폐가 더 이상 달러의 기축통화 지위를 위협하는 존재가 아니라는 점입니다. 미국 달러가 기축통화로서의 지위를 지켜내기 위해서는 미국 국채의 수요가 필요한데, 달러 스테이블코인이 미국 국채 시장의 주요 자금원이 되고 있기 때문입니다.

스테이블코인의 발행량이 증가하면 준비금 확보를 위한 미국 국채 수요가 증가하기 때문에 미국 정부는 스테이블코인이 달러 유동성 공급과 부채 관리에 긍정적인 역할을 할 수 있다고 본 것입니다.

요약하자면 달러 스테이블코인의 등장으로 인해 암호화폐가 달러의 기축통화 지위를 위협하는 것이 아니라, 오히려 달러의 가치를 지켜주는 아이러니한 상황이 만들어졌습니다. 결국 달러 스테이블코인은 물론, 그것이 '지니어스법'에 부합되게 발행된 것이어야 한다는 전제가 있기는 하지만 디지털화된 달러, 혹은 달러 자체라고도 할 수 있습니다.

잠깐만요 전 세계가 스테이블코인에 주목하는 이유

전 세계가 스테이블코인에 주목하는 이유는 통화 주권을 지키기 위해서입니다. 달러 스테이블코인이 전 세계가 사용하는 결제 수단으로 자리 잡게 되면 굳이 다른 통화를 사용할 이유가 없게 될 것입니다. 스테이블코인은 국가 간 송금도 빠르고 편리할 뿐 아니라, 해외에서의 결제도 쉬워질 것이기 때문입니다.

만약 원화 스테이블코인이 결제 수단으로서 달러 스테이블코인보다 먼저 자리를 잡게 된다면 환율 변동에 신경을 쓰지 않아도 된다는 장점 때문에 굳이 달러 스테이블코인을 사용하지는 않을 것입니다.

043

스테이블코인 투자의 장단점

스테이블코인에만 있는 김치 프리미엄

달러 스테이블코인(이하 스테이블코인)이 달러와 그 가치와 특성이 유사하다고 하더라도 스테이블코인 투자가 달러 투자를 완전히 대체하는 데는 한계가 있습니다. 물론 가격의 상방과 하방이 닫혀 있다는 환율의 특성과 수익에 대한 세금이 없다는 장점은 똑같기 때문에 이 책에서 강조하는 분할 매수, 분할 매도의 방법과 같은 투자의 원칙만 잘 지킨다면 달러에 투자하는 것과 스테이블코인에 투자하는 것이 크게 다르지 않을 것입니다.

하지만 스테이블코인에는 이른바 '김치 프리미엄'이라는 변수가 존재합니다. 김치 프리미엄(이하 김프)은 해외 코인 거래소에서의 코인 가격과 국내 코인 거래소에서의 코인 가격이 불일치하는 현상을 말합니다. 일반적으로 해외 거래소 대비 국내 거래소의 코인 가격이 2~3% 정도 높게 형성되는데 스테이블코인도 이 김프에 따라 가격이 달라집니다.

환율 변동성에 김프 변동성까지 더해지면 일반적인 환율의 움직임보다 변동성이 더 커지게 되는 까닭에 같은 기간 동안 달러에 투자하는 것과 스테이블코인에 투자했을 때의 결괏값이 달라질 수 있는 것입니다.

예를 들어 원/달러 환율이 1,000원일 때 달러를 매수하는 경우 환율이 1,100원으로 오른다면 약 10%의 차익을 얻을 수 있습니다. 그러나 스테이블코인에 투자하는 경우 원/달러 환율이 1,000원, 김프가 10%인 상황에서 1,100원에 스테이블코인을 매수한 후, 환율이 1,100원이 되었을 때 매도를 하는 상황에서 김프가 5%로 바뀐다면 1.155원이 되므로 결과적으로 달러 투자보다 차익이 5% 정도 작을 수 있습니다.

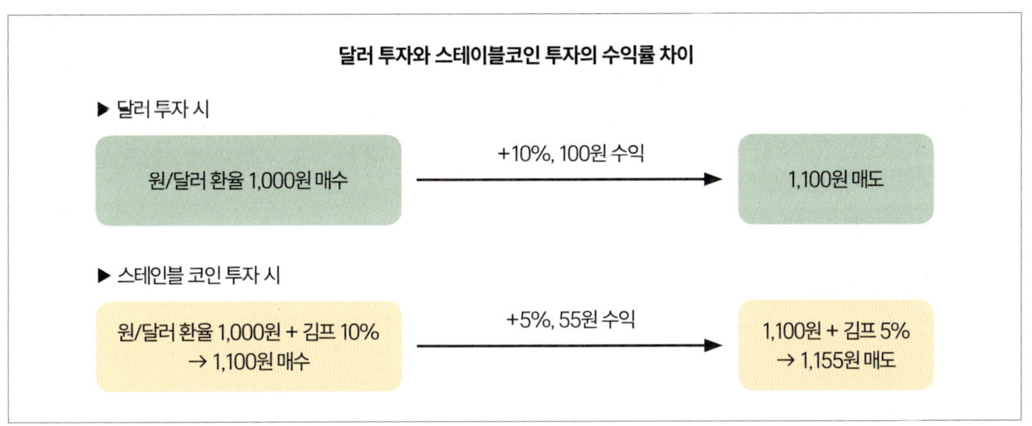

심지어 김프는 플러스 방향으로만 생기는 것이 아니라, '역 김치 프리미엄(이하 역프)'인 마이너스 방향으로도 생기기도 합니다. 따라서 환율이 올랐는데도 역프 상황에 놓이게 되어 오히려 손실을 입기도 합니다.

하지만 스테이블코인의 큰 변동성이 오히려 투자할 때 강점이 되기도 합니다. 변동성이 크다는 것은 그만큼 자주 매수와 매도를 할 기회가 되고, 이는 곧 수익의 크기와도 연관이 되기 때문입니다. 따라서 큰 변동성을 단순히 위험 요소라고만 볼 수는 없습니다.

또한 역프와 같이 실제 달러보다 싸게 살 수 있는 상황과 김프처럼 실제 달러보다 비싸게 팔 수 있는 상황을 잘 이용하면 좋은 투자 전략이 될 수도 있습니다.

스테이블코인의 강력한 매력

앞에서 살펴보았듯 김프로 인한 스테이블코인의 현금 달러 대비 큰 변동성은 투자의 위험 요소가 되기도 하지만, 반대로 기회의 요소가 되기도 하는 양면성을 지니고 있습니다. 하지만 스테이블코인 투자가 현금 달러 투자보다 확실하게 유리한 부분도 존재합니다.

① 시간에 제약이 없는 거래 시스템

우선 주말이나 공휴일, 새벽에는 제대로 된 거래를 할 수 없는 현금 달러 투자와는 달리 스테이블코인은 365일, 24시간 자유로운 거래가 가능합니다. 거래 회전율에 따라 수익 규모가 달라지는 분할 매수, 분할 매도의 방법으로 투자하기에는 현금 달러 투자보다 오히려 유리한 투자 환경에 놓여 있다는 이야기입니다.

② 낮은 거래 수수료

또한 스테이블코인 투자는 현금 달러 투자에 비해 거래 수수료가 낮습니다. 물론 현금 달러 투자 시에도 토스뱅크처럼 거래 수수료가 무료인 경우도 있기는 하지만, 스테이블코인 투자는 투자 금액의 제한이 없기 때문에 대등한 비교 대상이 될 수는 없습니다.
국내 암호화폐 거래소 중 하나인 빗썸의 경우 스테이블코인 투자 시 실제 수수료는 0.04% 정도입니다. 하단 주의사항에 쿠폰 등록 고객에 한하여 할인된 수수료를 적용한다는 문구가 있는데, 쿠폰 등록은 몇 번이고 언제든 할 수 있으니 크게 신경쓰지 않아도 됩니다. 쿠폰 기한이 만료되었는데도 깜빡 잊고 재등록을 하지 않은 경우가 아니라면 사실상 계속해서 수수료 우대 혜택을 받을 수 있습니다.

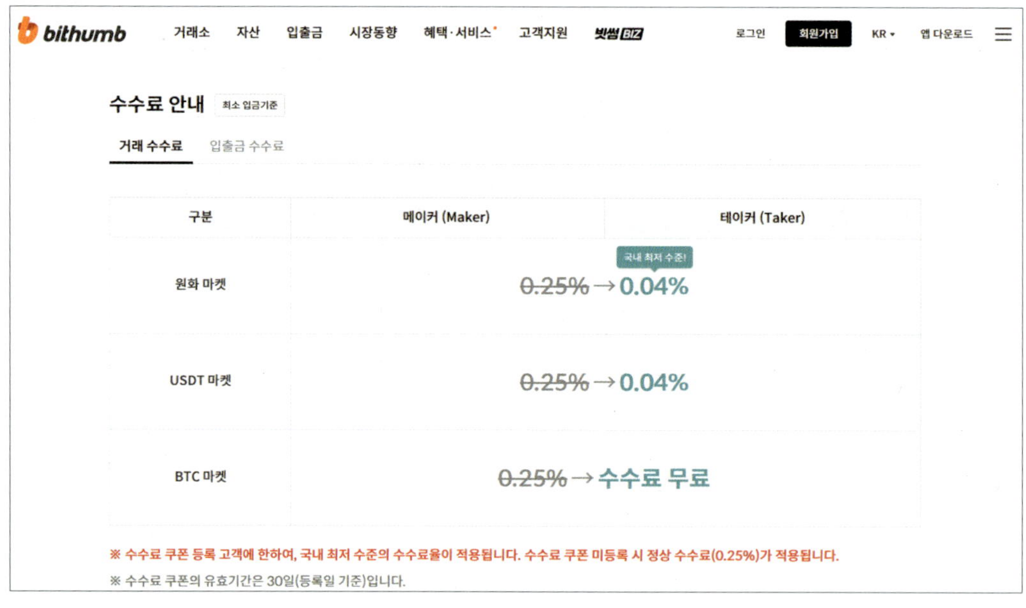

빗썸의 스테이블코인(USDT) 거래 수수료

투자 금액에 제한이 없는 은행과 증권사를 통한 현금 달러 거래 시 최저 환전 수수료가 0.05% 수준임을 감안하면, 스테이블코인의 수수료가 0.01% 정도 더 저렴하다는 것을 알 수 있습니다. 심지어 가끔 수수료 무료 이벤트를 열기도 하고, 거래 금액에 따라 현금으로 사용할 수 있는 포인트가 지급되는 경우도 있어 실제 수수료는 0.04%보다 더 낮다고 할 수 있습니다.

저의 경우 빗썸에서 월 100억 원 이상 거래하면 얻게 되는 '오렌지 등급'에 해당합니다. 오렌지 등급으로 지급받는 0.018%(거래 포인트 0.01%+메이커 리워드 0.008%) 정도의 현금 포인트를 감안하면 실제 거래 수수료는 0.022% 수준인 것입니다.

등급 안내

등급	거래금액 (지난달)	거래 포인트	메이커 리워드
화이트	1,000만원 미만	0.003%	-
블루	1,000만원 이상	0.005%	-
그린	1억원 이상	0.008%	-
퍼플	10억원 이상	0.01%	0.005%
오렌지	100억원 이상	0.01%	0.008%
블랙	1,000억원 이상	0.01%	0.01%

빗썸의 등급별 혜택 안내

▼ **달러(현금)와 스테이블코인의 장단점 비교**

구분	달러(현금)	스테이블코인
장점	보유하고 있는 달러를 외화 정기 예금을 통해 이자 수익을 추구하거나, 미국 주식 투자에 활용할 수 있음	· 365일 24시간 거래가 가능함 · 현금 달러 투자 대비 수수료가 낮음 · 자동 거래 시스템을 이용할 수 있음
단점	· 주말이나 공휴일, 새벽 시간 등에는 거래 금액이 제한되거나 수수료가 높아짐 · 스테이블코인보다 거래 수수료가 높음	변동성이 크고 김프로 인한 손실 가능성이 있음

스테이블코인의 활용 가치

앞서 말했듯 달러 스테이블코인은 처음부터 암호화폐 투자를 편리하게 할 수 있도록 만들어진 코인입니다. 우리가 미국 주식에 투자할 때 원화를 달러로 환전한 후 매수하듯, 비트코인 같은 암호화폐에 투자하기 전 원화를 스테이블코인으로 환전해 암호화폐를 거래할 수 있습니다.

스테이블코인을 사용하면 암호화폐 거래 수수료가 무료이므로, 꾸준히 암호화폐를 거래하려는 사람들은 미국 주식 투자자들이 예수금을 달러로 보유하듯 스테이블코인으로 예치해놓는 경우가 많습니다.

달러 스테이블코인은 달러와 1:1의 교환 가치를 지니고 있기 때문에 이 구조가 지켜지는 한 달러와 동일하다고 봐도 됩니다. 스테이블코인으로 해외 송금이나 해외 결제는 물론 달러로 교환할 수도 있습니다. 해외에는 이미 테더(USDT)를 현금 달러로 인출할 수 있는 ATM도 있고, 신용카드처럼 보유하고 있는 테더로 상품이나 서비스를 결제할 수도 있습니다. 결국 투자 대상으로의 가치는 스테이블코인과 달러가 동일하다고 볼 수 있습니다.

잠깐만요 김치 프리미엄은 왜 생길까?

김치 프리미엄은 해외 거래소와 국내 거래소의 수요와 공급이 달라서 생깁니다. 코인의 가격은 매수 호가와 매도 호가로 결정됩니다. 이때 해외 거래소에서 팔려는 사람보다 사려는 사람이 많고(매수 우세), 국내 거래소에서는 팔려는 사람이 사려는 사람보다 많으면(매도 우세) 해외 거래소에서의 가격보다 국내 거래소에서의 가격이 낮게 형성됩니다.

개인적인 추측이기는 하지만 요즘은 스테이블코인이 김치 프리미엄의 원인이 되기도 하는 것 같습니다. 우리나라 사람이 해외 거래소에서 암호화폐를 거래하기 위해서는 국내 거래소에서 원화를 스테이블코인으로 환전한 후 해외 거래소로 송금해야 하기 때문입니다.

이때 비트코인 가격이 하락하게 되면 스테이블코인을 사려는 사람이 많아져 김치 프리미엄이 커지게 되고, 반대로 비트코인 가격이 상승하게 되면 해외 거래소에서 비트코인을 팔아서 생긴 스테이블코인을 국내로 가져와 원화로 바꾸려는 수요가 늘어나 김치 프리미엄이 낮아지는 경향이 있습니다.

무작정 따라하기

빗썸에서 수수료 쿠폰 적용하기

스테이블코인 투자의 장점 중 하나가 현찰 달러 투자보다 저렴한 수수료였으므로 이 장점을 제대로 활용하기 위해서는 수수료 쿠폰을 잊지 않고 적용해야 합니다.

1. 먼저 빗썸에 접속합니다. 화면 하단의 [혜택/서비스] 탭 > [국내 최저 수수료 적용]을 선택합니다.

2. [등록하기] 버튼을 클릭하면 수수료 쿠폰이 적용됩니다.

[빗썸] > [혜택/서비스] 화면

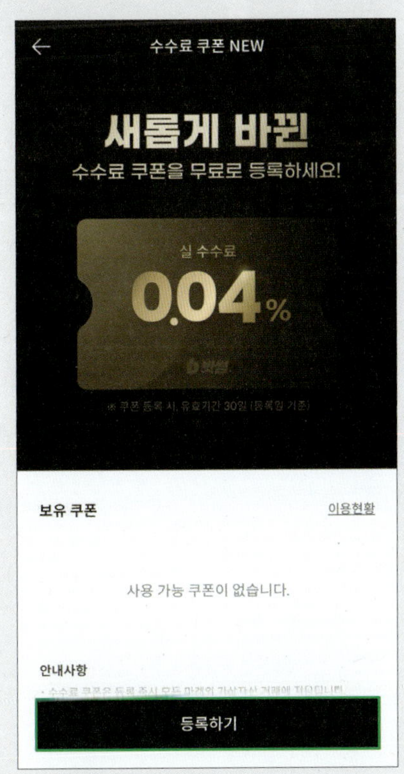

[등록하기] 선택

③ 등록된 쿠폰의 유효기간은 30일입니다. 그전에 연장을 해야 계속해서 저렴한 수수료로 이용할 수 있습니다. [기간 연장] 버튼을 누르면 만료일이 갱신되며, 기간 연장은 익일부터 다시 할 수 있으니 만료 전에 잊지 말고 연장하세요.

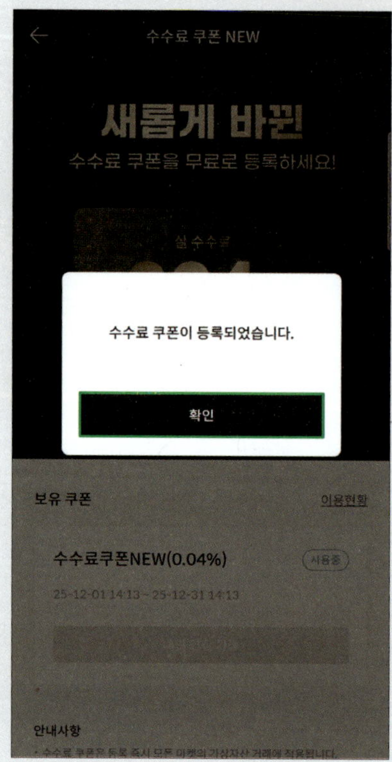

쿠폰 등록 완료

익일부터 연장 가능

무작정 따라하기

빗썸에서 테더(USDT) 거래하기

저는 스테이블코인에 투자할 때 빗썸 등의 거래소에서 직접 투자하기보다는 '비트스플릿'을 활용합니다. 비트스플릿에 관하여는 다음 장에서 설명하겠습니다. 특별한 일이 있을 경우에는 가상화폐 거래소를 통해 직접 거래하기도 합니다. 따라서 이번에는 빗썸에서 직접 스테이블코인을 거래하는 법을 보여드리겠습니다.

① 빗썸에 접속해 화면에서 [거래소 바로가기] 버튼을 클릭합니다.

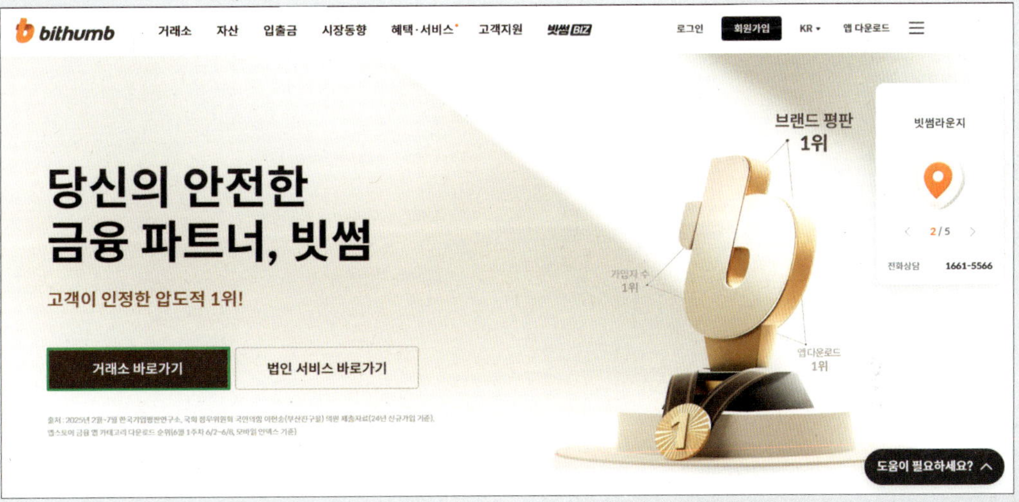

② 화면 왼쪽 거래되는 가상자산 중에 '테더'를 검색 또는 클릭하면 현재 거래 차트를 볼 수 있습니다. 이때 검색창 아래 [원화], [USDT], [BTC]의 세 가지 카테고리는 각각의 통화나 코인으로 거래할 수 있는 마켓을 의미합니다. 코인을 사거나 팔 때 원화로도 거래할 수 있지만 USDT나 비트코인으로도 거래가 가능합니다.

- 원화: 원화로 코인을 거래할 때 사용
- USDT: USDT로 코인을 거래할 때 사용. 거래 시 수수료가 없거나 저렴함
- BTC: 비트코인으로 코인을 거래할 때 사용. 거래 시 수수료가 없거나 저렴함

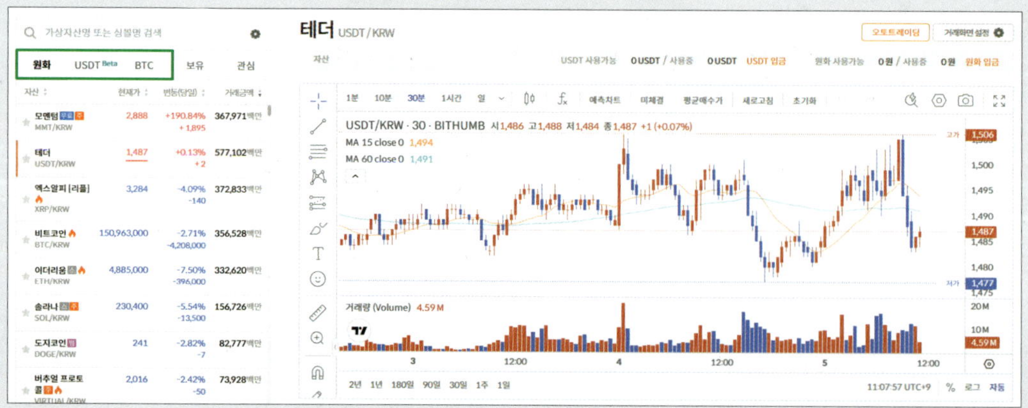

테더 거래 차트

③ 그다음으로 보이는 [보유]는 현재 보유하고 있는 코인과 자산을, [관심]은 저장해둔 코인을 보여줍니다.

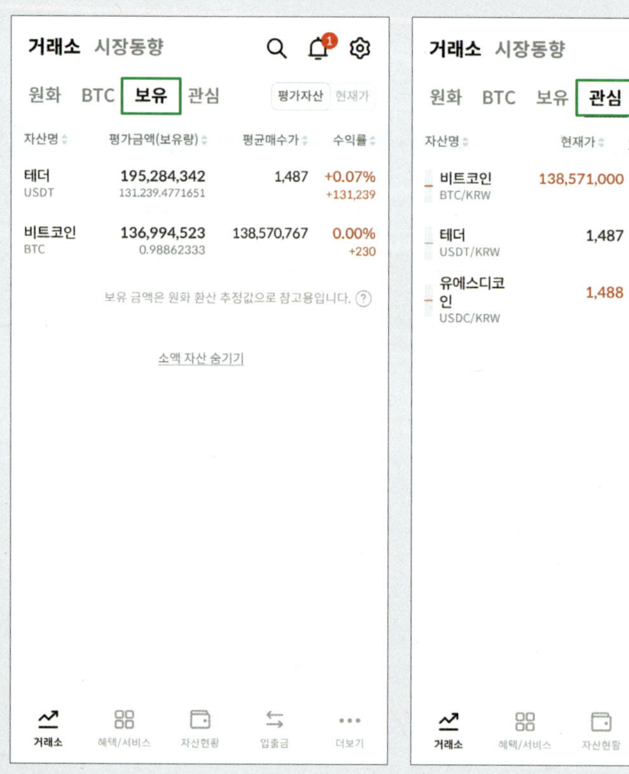

[보유] 화면

[관심] 화면

④ 차트 부분만 중점적으로 살펴보겠습니다. 대체적으로 주식 차트와 비슷한 형태입니다. 1분, 10분, 30분 등의 거래시간을 선택하여 차트를 볼 수 있는데 저는 보통 1분 차트를 참고합니다.

테더 1분 차트

⑤ 화면의 스크롤을 아래로 내리면 테더의 현재 거래량과 호가, 체결내역 등을 볼 수 있고, 오른쪽 부분에서 직접 매수와 매도 주문을 내릴 수 있습니다.

⑥ 현재 수수료 쿠폰이 잘 적용되었는지 궁금하다면 수수료 글자 옆 ⓘ를 클릭하면 확인할 수 있습니다.

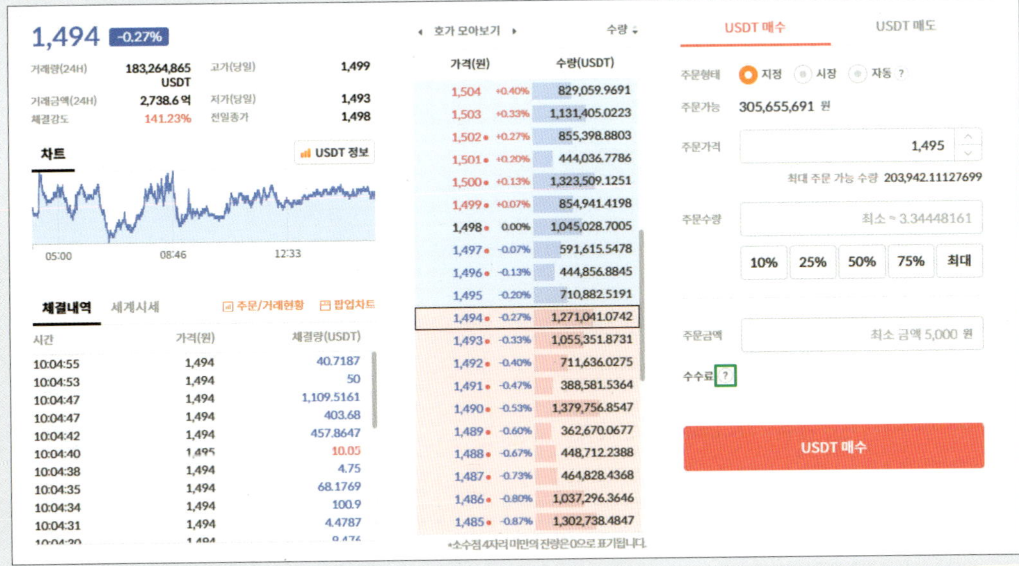

거래 화면

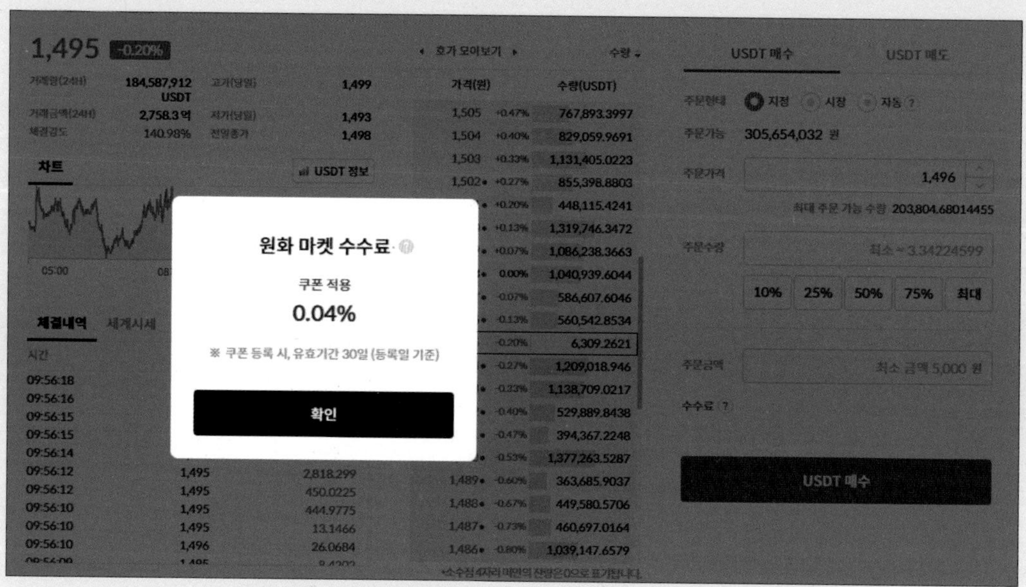

수수료 쿠폰 확인 화면

⑦ 테더를 매수할 때도 주식 거래와 같이 지정가, 시장가, 자동거래를 선택할 수 있습니다. 매수 주문을 할 때는 보통 먼저 주문가격을 정하고, 그다음에 주문 수량을 정하는 순서로 입력합니다.

· 주문 가능: 현재 매수할 수 있는 전체 원화 자금
· 주문 가격: 매수하고자 하는 가격
· 주문 수량: 주문 가격을 기준으로 매수할 수 있는 수량
· 주문 금액: 주문 가격 × 주문 수량

⑧ 주문 가격을 조정하면 주문 수량이 바뀌는 것은 주문 수량이 주문 가능 금액을 주문 가격으로 나눈 값이기 때문입니다.

⑨ 주문 금액 아래 각각의 '%'는 최대 주문 가능 수량 중 해당 비율만큼 구매하는 것입니다. 왼쪽은 주문 수량을 [10%]로, 오른쪽은 [50%]로 설정한 모습입니다. 매도도 매수할 때와 동일한 방법으로 진행합니다.

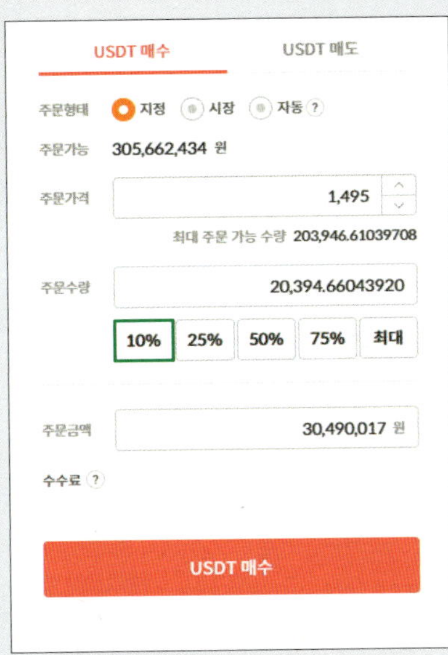

주문 수량 [10%] 설정

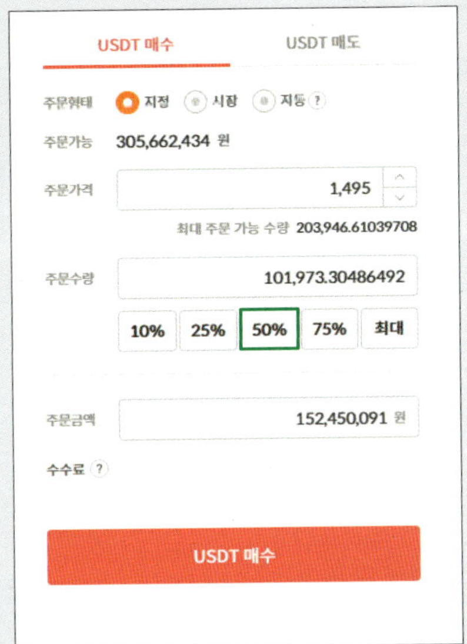

주문 수량 [50%] 설정

⑩ 매수, 매도 주문을 넣으면 주문내역을 확인할 수 있습니다. 아직 체결이 안 되었을 때는 [미체결 주문]에서, 체결된 경우 [체결 주문]에서 그 내역을 확인할 수 있습니다. 아직 체결되지 않은 상태에서 주문을 취소하고 싶다면 오른쪽의 [주문 취소] 버튼을 눌러 취소할 수 있습니다.

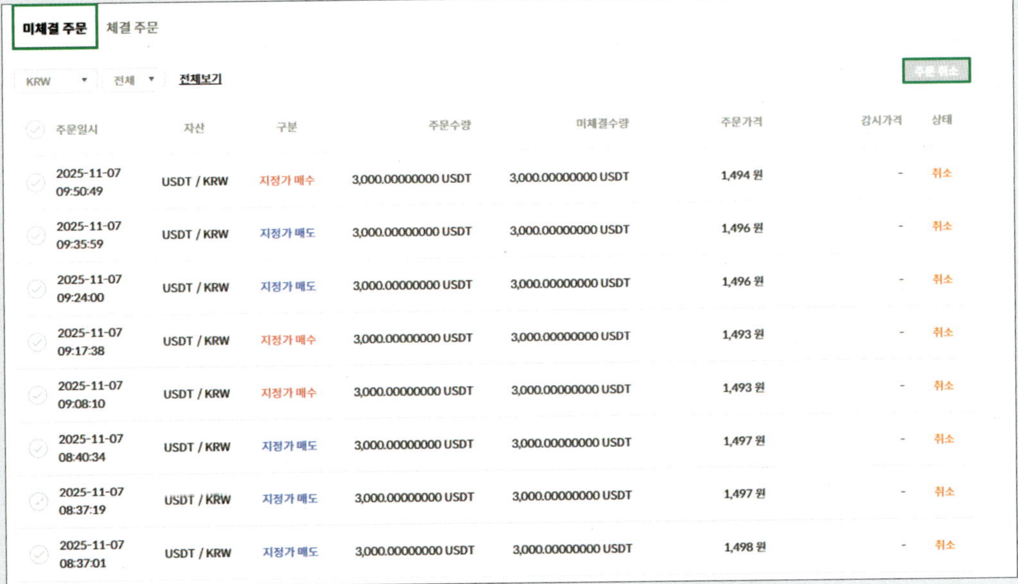

주문일시	자산	구분	주문수량	미체결수량	주문가격	감시가격	상태
2025-11-07 09:50:49	USDT / KRW	지정가 매수	3,000.00000000 USDT	3,000.00000000 USDT	1,494 원	-	취소
2025-11-07 09:35:59	USDT / KRW	지정가 매도	3,000.00000000 USDT	3,000.00000000 USDT	1,496 원	-	취소
2025-11-07 09:24:00	USDT / KRW	지정가 매도	3,000.00000000 USDT	3,000.00000000 USDT	1,496 원	-	취소
2025-11-07 09:17:38	USDT / KRW	지정가 매수	3,000.00000000 USDT	3,000.00000000 USDT	1,493 원	-	취소
2025-11-07 09:08:10	USDT / KRW	지정가 매수	3,000.00000000 USDT	3,000.00000000 USDT	1,493 원	-	취소
2025-11-07 08:40:34	USDT / KRW	지정가 매도	3,000.00000000 USDT	3,000.00000000 USDT	1,497 원	-	취소
2025-11-07 08:37:19	USDT / KRW	지정가 매도	3,000.00000000 USDT	3,000.00000000 USDT	1,497 원	-	취소
2025-11-07 08:37:01	USDT / KRW	지정가 매도	3,000.00000000 USDT	3,000.00000000 USDT	1,498 원	-	취소

[미체결 주문] 화면

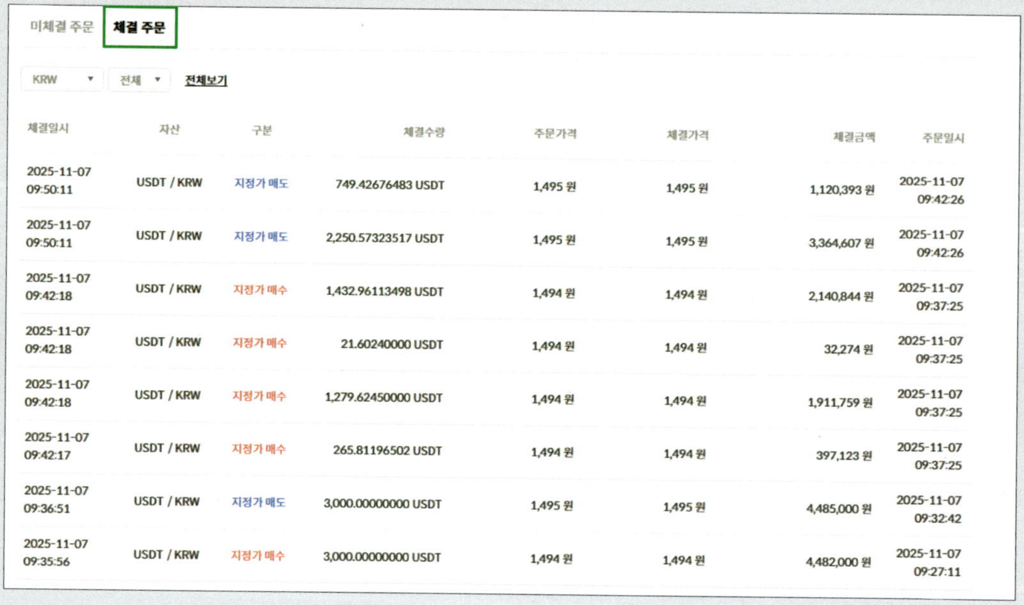

미체결 주문 **체결 주문**

KRW ▾ 전체 ▾ 전체보기

체결일시	자산	구분	체결수량	주문가격	체결가격	체결금액	주문일시
2025-11-07 09:50:11	USDT / KRW	지정가 매도	749.42676483 USDT	1,495 원	1,495 원	1,120,393 원	2025-11-07 09:42:26
2025-11-07 09:50:11	USDT / KRW	지정가 매도	2,250.57323517 USDT	1,495 원	1,495 원	3,364,607 원	2025-11-07 09:42:26
2025-11-07 09:42:18	USDT / KRW	지정가 매수	1,432.96113498 USDT	1,494 원	1,494 원	2,140,844 원	2025-11-07 09:37:25
2025-11-07 09:42:18	USDT / KRW	지정가 매수	21.60240000 USDT	1,494 원	1,494 원	32,274 원	2025-11-07 09:37:25
2025-11-07 09:42:18	USDT / KRW	지정가 매수	1,279.62450000 USDT	1,494 원	1,494 원	1,911,759 원	2025-11-07 09:37:25
2025-11-07 09:42:17	USDT / KRW	지정가 매수	265.81196502 USDT	1,494 원	1,494 원	397,123 원	2025-11-07 09:37:25
2025-11-07 09:36:51	USDT / KRW	지정가 매도	3,000.00000000 USDT	1,495 원	1,495 원	4,485,000 원	2025-11-07 09:32:42
2025-11-07 09:35:56	USDT / KRW	지정가 매수	3,000.00000000 USDT	1,494 원	1,494 원	4,482,000 원	2025-11-07 09:27:11

[체결 주문] 화면

044

비트스플릿 자동 거래 시스템 만들기

자동 매매가 가능한 비트스플릿

스테이블코인 투자는 현금 달러 투자의 강점인 환율의 상방과 하방이 막혀 있어 안전한 투자가 가능하다는 점과 수익에 대한 세금이 없다는 점에서 달러 투자와 매우 닮아 있습니다.

이에 더해 365일, 24시간 거래가 가능하다는 점과 투자 금액의 제한 없이 현금 달러 투자보다 낮은 거래 수수료로 투자할 수 있다는 강점도 지니고 있습니다.

그러나 법적·제도적 안전장치들이 강화되기는 했지만, 여전히 스테이블코인 발행사에 문제가 발생하는 경우 달러와의 가치 연동이 깨질 수 있다는 위험성이 존재합니다. 또한 김프나 역프로 인한 급격한 변동성과 가치 괴리로 인해 손실이 발생할 수 있다는 약점도 있습니다.

하지만 이러한 약점들은 실제로 일어날 가능성이 낮을 뿐 아니라 잘 이용하면 오히려 수익을 극대화시킬 수 있는 요소가 되기도 합니다. 그러므로 스테이블코인 투자는 달러 투자의 대용으로써 큰 매력을 가지고 있다고 할 수 있습니다.

특히 스테이블코인은 현금 달러와 달리 각종 금융 규제에서도 자유롭기 때문에 자동 거래 시스템을 이용해 투자하는 것도 용이합니다. '비트스플릿'이라는 암호화폐 자동 거래 시스템을 이용하면 달러의 분할 매수, 분할 매도, 곧 '세븐 스플릿 투자 전략'을 365일, 24시간 자동으로 실행시킬 수 있습니다.

다음은 제가 실제로 자동 거래 시스템을 통해 스테이블코인을 거래했던 내역입니다. 2개월 동안 약 450억 원의 거래를 했음을 알 수 있습니다.

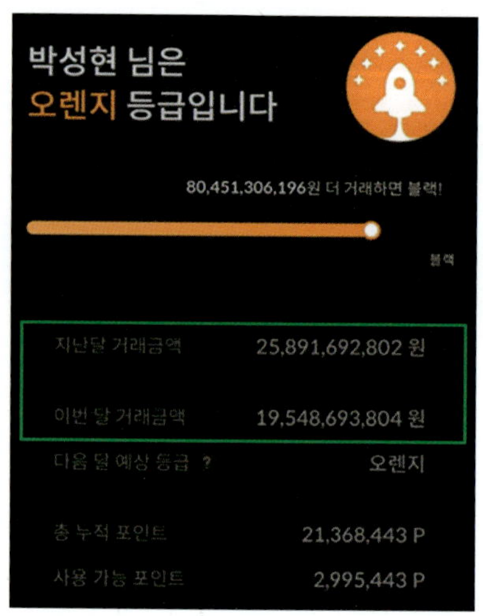

비트스플릿으로 거래한 결과

비트스플릿의 사용법은 매우 간단하고 쉽습니다. 비트스플릿 홈페이지(www.bitspl.it)에서 빗썸이나 업비트 같은 암호화폐 거래소와 연결한 후, 세븐 스플릿 전략을 입력하기만 하면 됩니다.

다음은 스테이블코인 중 USDT를 1,500원 아래에서 1원이 하락할 때마다 1,000달러씩 40번을 나누어 매수하고, 매수한 달러가 2원 오르면 매도하여 수익을 얻을 수 있도록 세팅한 것입니다. 이렇게 세팅만 해두면 거래 시스템이 365일 24시간 자동으로 분할 매수와 분할 매도를 반복하며 수익을 만들어냅니다.

참고로 스테이블코인의 투자 타이밍을 잡는 방법은 기본적으로 달러와 동일합니다. 제가 스테이블코인의 매수 기준점을 1,500원으로 잡은 이유는 1,500원 아래에서만 거래하겠다는 의미입니다.

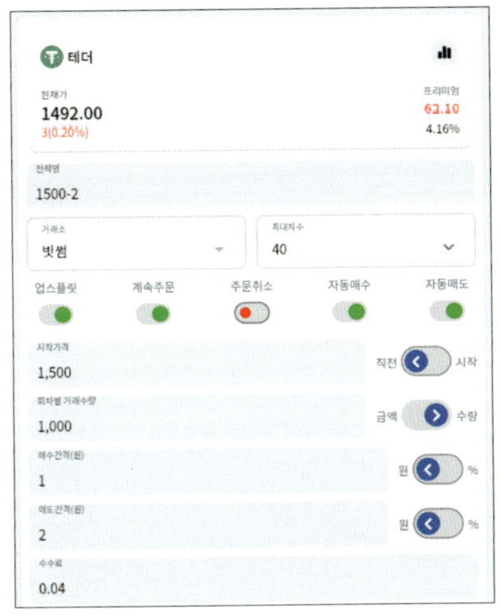

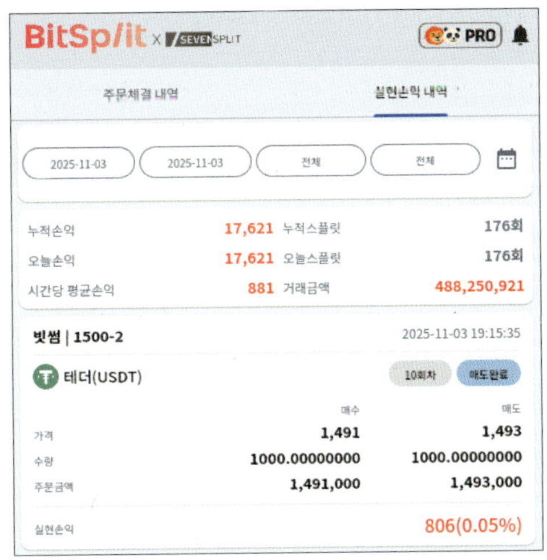

비트스플릿 세팅 값과 그 결과

현금 달러의 경우 현재로서는 각종 금융권 규제 때문에 자동 거래 시스템을 구축하는 것이 어렵지만 스테이블코인은 가능합니다. 저는 대부분은 비트스플릿을 이용해 자동 거래를 하고, 특별한 경우에만 빗썸 등의 플랫폼을 이용한 직접 거래를 하는 편입니다.

스테이블코인 자동 거래의 기준

스테이블코인도 달러 투자와 마찬가지로 매수와 매도 간격을 적절히 세팅하는 것이 중요합니다. 간격을 너무 넓혀 투자 기회를 놓쳐서는 안 되고, 반대로 간격을 너무 좁혀 투자금이 금세 소진되면 투자를 지속하기 어렵습니다.

예를 들어, 매수와 매도 간격을 '10원/10원'처럼 너무 넓히게 되면 회전율이 낮아지기 때문에 수익 실현의 기회가 줄어들고, '2원/2원'처럼 좁히게 되면 투자금이 빠르게 소진됩니다. 이는 거래 간격을 좁히는 대신 회당 투자 금액을 낮추거나 거래 간격을 늘리는 대신 회당 투자 금액을 높이는 방법 등으로도 조절할 수 있습니다. 다만 시장 상황에 따라 전략에 따른 수익 차이가 생기기 때문에 정답은 있을 수 없고, 개인의 투자 취향과 경험에 따른 선택의 문제라고 할 수 있습니다.

그럼에도 불구하고 초보 투자자라면 전체 투자금을 20회 정도로 나누고 '3원/3원' 정도로 세팅해서 투자의 경험을 쌓아보는 것을 추천합니다.

디지털 달러 시대의 달러 투자자에게

우리는 지금, 금융의 판이 바뀌는 거대한 전환의 시기를 살아가고 있습니다. 달러는 여전히 세계 기축통화의 자리를 지키고 있지만, 그것이 물리적인 지폐로 존재하지 않아도 되는 시대가 왔습니다. 스테이블코인은 그런 의미에서 '디지털로 진화한 달러'이며, 우리가 그 흐름 위에서 얼마나 유연하게 움직이느냐에 따라 기회는 얼마든지 내 것이 될 수 있습니다.
처음엔 낯설고 이해하기 어려웠던 스테이블코인이 이제는 오히려 가장 명확하고 투명한 자산 중 하나가 되었습니다. 자동화된 투자 시스템, 낮은 수수료, 24시간 열려 있는 거래 환경 등은 이전의 전통 금융에서는 상상하기 어려웠던 기회이기도 합니다.
물론 투자에는 언제나 리스크가 존재합니다. 하지만 우리는 그 리스크를 이해하고, 감내하며, 전략적으로 대응하는 법을 배우는 과정에서 진짜 투자자가 됩니다. 현금 달러와 스테이블코인 중 어디에 투자하느냐는 중요하지 않습니다. 단순한 선택의 문제가 아니라, 시대를 읽는 감각과도 연결되어 있는 것이라고 할 수 있기 때문입니다.
이 책을 통해 여러분이 스테이블코인을 단지 '암호화폐'가 아닌, 새로운 시대의 달러이자 투자의 도구로 바라볼 수 있게 되었다면 그 자체로도 충분한 시작이라고 생각합니다. 앞으로의 금융 환경은 더 빠르게, 더 유연하게 진화할 것입니다. 그 속에서 우리가 어떤 선택을 하느냐가 미래의 자산을 결정짓게 될 것입니다. 여러분의 현명한 투자와 균형 있는 판단을 응원합니다.

잠깐만요 현금과 스테이블코인 몇 대 몇?

달러를 현금으로 투자할 때의 장점은 투자를 통해 확보한 달러를 외화 정기예금에 넣어 이자 수익을 얻거나 미국 주식 투자에 활용할 수 있다는 것입니다.

달러 스테이블코인도 스테이킹이라는 방식으로 이자 수익을 추구할 수 있으나, 거래소 해킹이나 파산 등의 위험에 노출될 수 있어 큰 금액을 예치하는 것은 부담스러울 수 있습니다.

달러에 직접 투자하느냐 스테이블코인으로 유사 달러 투자를 하느냐의 선택은 수익은 작더라도 안정적으로 투자하느냐, 리스크가 조금 더 있더라도 큰 수익을 추구하느냐의 개인적 선택이지 비율을 어떻게 하느냐의 답은 개인마다 다를 수밖에 없습니다.

다만 저의 경우에는 현재로서는 스테이블코인만이 비트스플릿을 통한 자동화된 시스템 투자가 가능하기 때문에 달러 현금 투자보다는 스테이블코인의 비중이 높을 때가 많습니다. 김프가 3% 이상일 때는 스테이블코인 투자 비중을 줄이고, 역프일 때는 공격적으로 하고 있습니다.

무작정 따라하기

비트스플릿 이용하기

비트스플릿에 대해 자세히 설명하기에는 그 내용이 방대할 뿐만 아니라, 이 책의 핵심 주제인 '달러 투자'와도 맞지 않습니다. 그럼에도 불구하고 이 책에서 스테이블코인을 언급한 것은 스테이블코인이 실물 달러와 동일한 가치를 표방하고 있기 때문입니다. 그래서 달러 투자의 일환으로, 그리고 시대의 흐름에 따른 자산 형태의 변화에 따른 새로운 투자처로 유의미하다고 판단했습니다.

스테이블코인에 대한 본격적인 투자 방법을 알려주기보다는 이렇게 달러에 투자하는 방법도 있다는 차원에서 비트스플릿을 소개하겠습니다.

① 비트스플릿 홈페이지에 접속합니다. 비트스플릿은 회원가입을 해야 사용할 수 있습니다. 그리고 비트스플릿에서 자동 매매를 하기 위해서는 가상화폐 거래소인 업비트 또는 빗썸에도 가입되어 있어야 합니다.

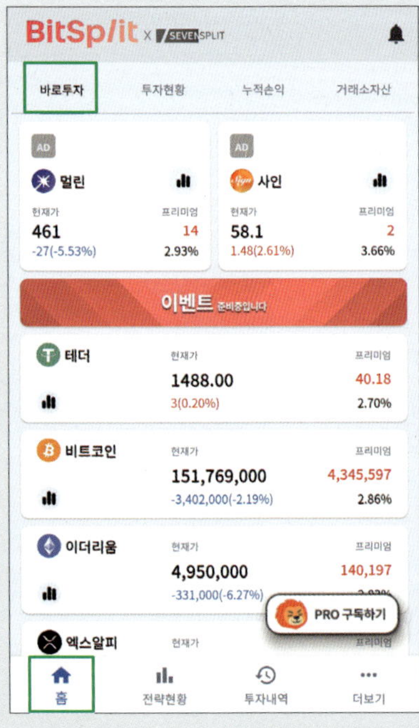

[바로 투자] 선택

[투자 현황] 화면

② 비트스플릿에 로그인하면 보이는 화면입니다. [홈] > [바로 투자] 탭에서는 비트스플릿에서 스플릿 전략을 사용할 수 있는 가상자산의 목록과 현재가, 김치프리미엄 등을 확인할 수 있습니다.

③ [투자 현황] 탭에서는 거래소별 보유자산과 평가손익 현황 등을 확인할 수 있습니다. 연결된 거래소의 계정 정보를 그대로 보여줍니다.

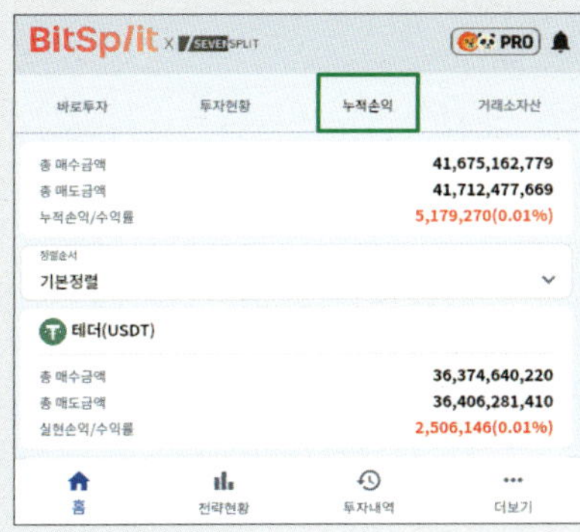

[누적 손익] 화면

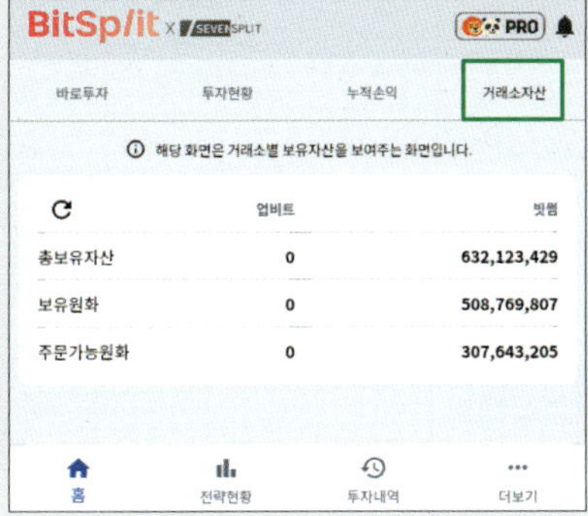

[거래소 자산] 화면

④ [누적 손익] 탭에서는 비트스플릿 전략 투자로 실현한 총 누적손익, 수익률, 거래금액 등을 확인할 수 있습니다. 단, 가상 거래소에서 직접 거래한 내역은 반영되지 않는다는 점을 참고하세요.

⑤ [거래소 자산] 탭은 말 그대로 거래소별 보유 자산을 보여주는 메뉴입니다. 비트스플릿은 현재 업비트와 빗썸을 모두 지원합니다.

⑥ [전략 현황] 화면에서는 설정해둔 비트스플릿 전략과 현황을 확인할 수 있습니다. 아직 전략을 추가하지 않아서 [스플릿 투자하기+] 버튼이 보입니다. 해당 버튼을 누르면 전략을 추가할 수 있는 화면으로 이동합니다.

⑦ [전략 추가하기] 화면입니다. 거래할 가상자산 종목과 거래소, 시작가격과 거래금액 등을 각각 설정할 수 있습니다. 전략별로 자동매수와 자동매도도 켜고 끌 수 있습니다.

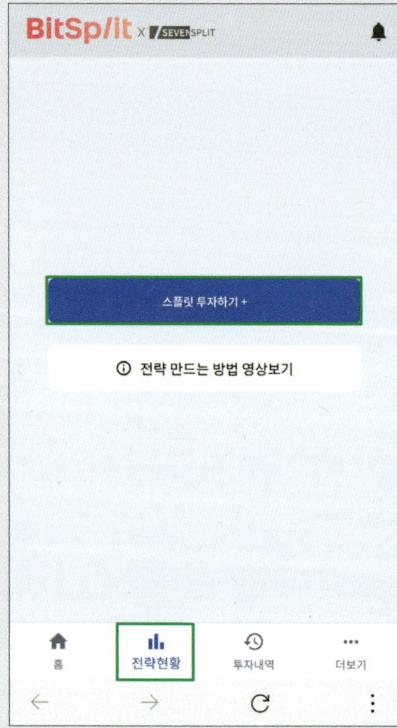

[비트스플릿 전략 현황] 화면

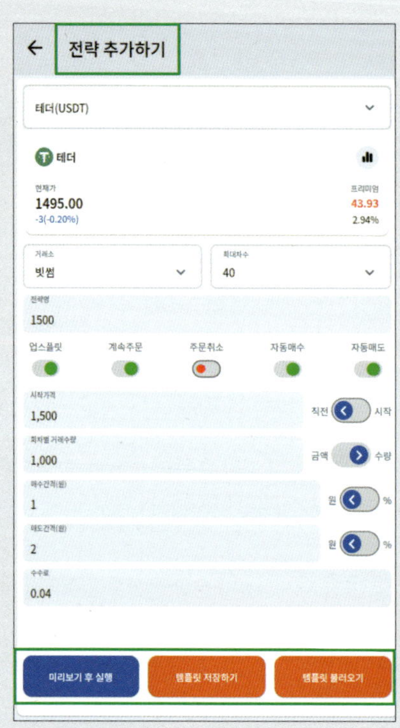

[전략 추가하기] 화면

⑧ 전략 입력 후 화면을 아래로 이동하면 [미리보기 후 실행], [템플릿 저장하기], [템플릿 불러오기] 버튼을 확인할 수 있습니다.

· 미리보기 후 실행: 설정한 전략이 실제로 어떻게 거래되는지를 미리 확인한 후 거래를 시작할 수 있는 메뉴
· 템플릿 저장하기: 해당 전략을 다음에도 이용할 수 있도록 저장해두는 메뉴
· 템플릿 불러오기: 저장된 전략을 선택할 수 있는 메뉴

⑨ [거래 현황 상세]의 [거래 진행중] 탭에서는 거래 진행 중인 내역을, [거래 완료] 탭에서는 거래 완료된 내역을 각각 조회할 수 있습니다.

[거래 현황 상세] > [거래 진행 중] 화면

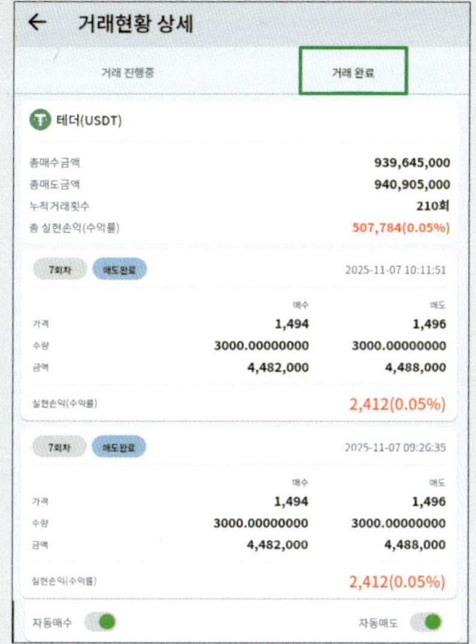

[거래 완료] 화면

⑩ [투자 내역] 화면에서는 [주문체결 내역] 탭과 [실현손익 내역] 탭이 있습니다. [주문체결 내역] 탭에서는 비트스플릿 투자 전략에 따라 자동 주문한 내역을 기간별, 자산별로 조회할 수 있습니다.

⑪ [실현 손익 내역] 탭에서는 비트스플릿 전략 투자로 실현한 누적 실현 손익을 차수별로 확인할 수 있습니다. [주문체결 내역]과 [실현 손익 내역] 모두 가상 거래소에서 직접 체결한 주문 건들은 반영되지 않습니다.

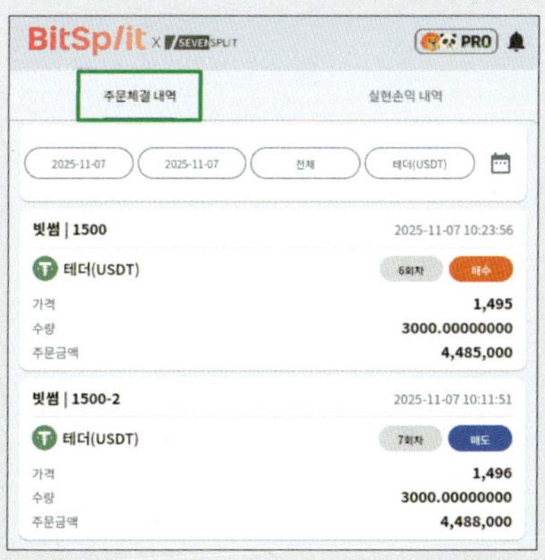

[주문체결 내역] 화면

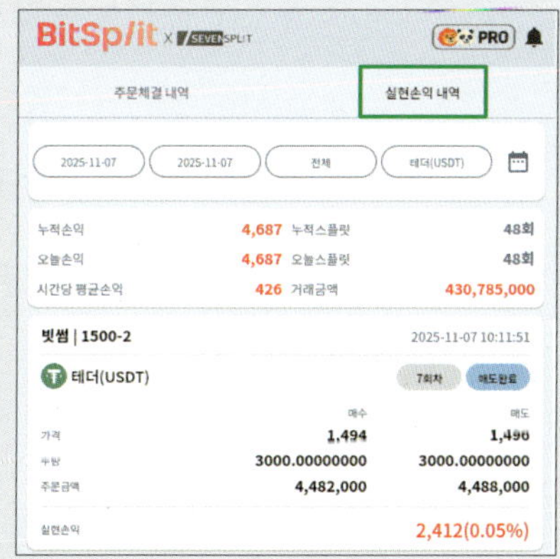

[실현 손익 내역] 화면

⑪ [더보기] 화면에서는 로그인하면 제일 처음 보이는 [홈] 화면의 거래소를 선택할 수 있고 테마, 알림 등 비트스플릿의 환경을 설정할 수 있습니다. 비트스플릿 이용에 대해 좀 더 자세히 알고 싶은 분들은 'wikidocs.net/269467'에서 확인할 수 있습니다.

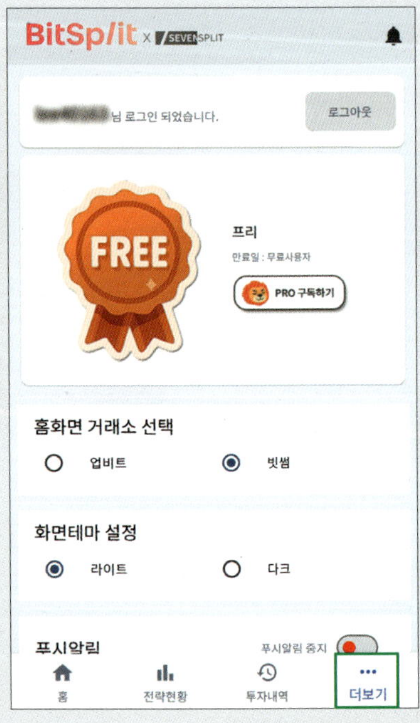

[더보기] 화면